AF550900

Praktischer Journalismus Band 113

Bibliografische Information der Deutschen Nationalbibliothek
Die Deutsche Nationalbibliothek verzeichnet diese Publikation in der Deutschen Nationalbibliografie; detaillierte bibliografische Daten sind im Internet über https://dnb.de abrufbar.

ISSN: 1617-3570
ISBN (Print): 978-3-7445-2106-2
ISBN (PDF): 978-3-7445-2107-9

Umschlaggestaltung und Satz: Bureau Heintz, Stuttgart
Lektorat: Imke Hirschmann
Druck: FINIDR, S.R.O., Tschechische Republik

E-Mail: info@halem-verlag.de
Tel.: 0221-92 58 29-0 · Fax: 0221-92 58 29-29
https://www.halem-verlag.de

PODIUMS-DISKUSSIONEN

Planen und moderieren

Stephan Ferdinand

HERBERT VON HALEM VERLAG | Köln

INHALT

EINLEITUNG

Dieses Buch richtet sich an alle, die Podiumsdiskussionen redaktionell planen und organisieren. Es richtet sich zugleich an diejenigen, die Podien moderieren. Das können Journalist:innen oder journalistische Moderator:innen sein. Das können aber auch Themenexpert:innen sein, die sich auf einmal in der Rolle der Moderator:in wiederfinden, weil das der Verband, die Kammer oder der Verein passend findet. Immer wieder stehen also nicht nur Journalist:innen, sondern auch die Mitarbeiter:innen in den Kommunikations- oder Fachabteilungen von Ministerien, Stiftungen oder Unternehmen vor der Herausforderung: Was muss ich tun, damit die Podiumsdiskussion erfolgreich verläuft? Wie kann ich sie passend planen und moderieren, damit sie verfängt und das Publikum dabeibleibt? Dieses Buch liefert Antworten.

Es berücksichtigt aber auch die Tatsache, dass in vielen Fällen die Moderator:innen einer Podiumsdiskussion schlicht in der Rolle der Dienstleister:in auftreten – für eine bestimmte Sache, oft auch für Auftraggeber:innen, die spezifische Erwartungen an das Podium haben. Dann sind wir eher im Bereich „Public Relations" oder „Marketing" unterwegs. Beide Perspektiven sind im jeweiligen Kontext sinnvoll und müssen nicht gegeneinander ausgespielt werden. Die beschriebenen Techniken im Buch sind für beide Fälle geeignet. Sie sollen helfen, die eigene Rolle zu klären, um kompetent im jeweiligen Umfeld zu agieren. Das Verständnis für die journalistische Herangehensweise ist in jedem Fall ein Türöffner, denn grundlegend für das Gelingen einer Podiumsdiskussion sind journalistische Techniken und eine redaktionelle Denke.

Die Arbeitspraxis lieferte die Idee für dieses Buch. Am Institut für Moderation (imo) an der Hochschule der Medien Stuttgart (HdM) bilden wir mit einem hoch spezialisierten Dozierendenteam seit 15 Jahren berufsbegleitend und im Masterstudium journalistische Moderator:innen im „Qualifikationsprogramm Moderation" aus, für Digitales, TV, Hörfunk und Bühne. Die Fragestellungen im Themenbereich „Podiumsdiskussion" bilden einen Schwerpunkt in dem einjährigen Programm. Immer wieder werden Moderator:innen für ganz unterschiedliche Veranstaltungen angefragt. Zum anderen qualifizieren wir in unterschiedlichen Institutionen und Unternehmen für das Themengebiet „Podiumsdiskussion" weiter.

Die an uns gerichteten Fragen und die Expertise aus der jahrelangen Moderationspraxis fließen in dieses Buch ein – auch und gerade in den Expert:inneninterviews. Sie sind ein „Deep-Dive" aus ganz unterschiedlichen Perspektiven. In ihnen kommen ausnahmslos Praktiker:innen zu Wort, die im Operativen verortet und dem Institut für Moderation an der Hochschule der Medien Stuttgart seit Jahren verbunden sind. Sie wissen, wovon sie reden. Die Expert:innen widmen sich jeweils einem spezifischen Blickwinkel in den passenden Kapiteln. Gleichzeitig greifen Sie dabei immer wieder auf ihre Moderationserfahrung zurück. Der besondere Dank für diesen wertvollen Input geht daher an Hadija Haruna-Oelker, Martin Hoffmann, Prof. Cornelia Krawutschke, Clemens Nicol, Helene Reiner, Roland Wagner und Prof. Ingo Zamperoni. Sie alle eint eine Idee: Ein qualifizierter Diskurs auf Podiumsdiskussionen stärkt die Demokratie. Dieser Gedanke liegt diesem Buch zugrunde.

Stuttgart, Sommer 2024
Stephan Ferdinand

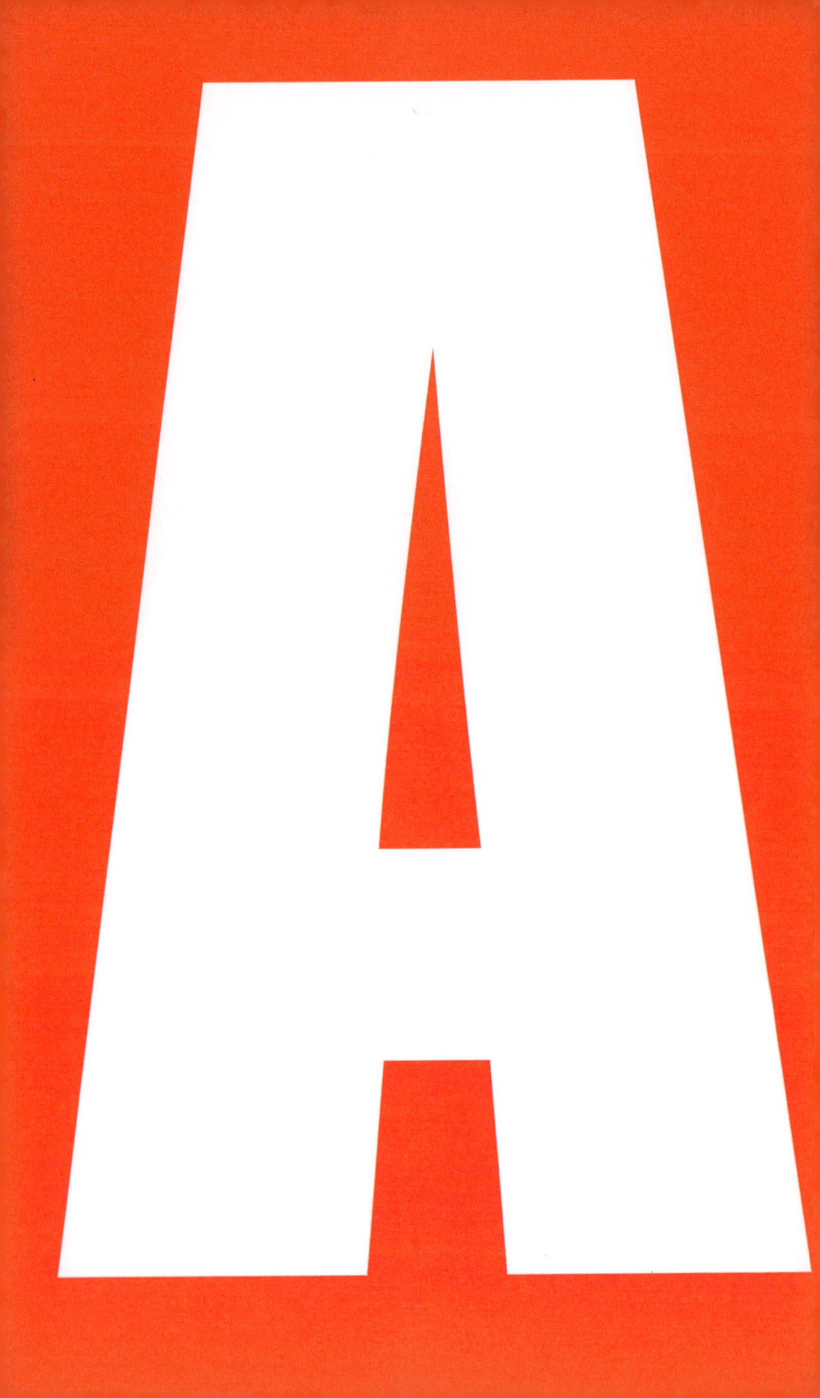

WARUM PODIUMS-DISKUSSIONEN?

A1 PLÄDOYER FÜR DEN LUSTVOLLEN STREIT

Zu Beginn die Impulsvorträge, dann die Workshops und am Ende des Tages die obligatorische Podiumsdiskussion. Das Setting: vier Gesprächsgäst:innen in den schwarzen Sesseln, in der Mitte die Moderatorin, alles wie gewohnt. Fällt den Veranstaltern denn nichts Besseres zum Abschluss ein? Doch dann: Die eigentlich mit allen Wassern gewaschene Politikerin präsentiert sich kratzbürstig, als sie konkret Stellung beziehen soll. Die Moderatorin fordert mit geschickten Analogien die Expertin heraus, plötzlich gelingt es ihr, das komplexe Thema für das Publikum greifbar zu machen. Und als die persönlich Betroffene ihren bewegenden Fall schildert, herrscht im Raum gespannte Stille. Deswegen hören und sehen wir alle gern zu bei der Podiumsdiskussion. Weil wir eben mehr erfahren als nur Infos. Weil wir Stimmungen spüren, weil wir bei den Gesprächsgäst:innen Emotionen entdecken. Weil es beim Podium um mehr geht als die reine Vermittlung der Fakten. Die ist oft nur ein Anlass.

Das Podium ist vielmehr eine Bühne, auf der das Publikum die Protagonist:innen auf unterschiedlichen Ebenen erlebt. Auf der sachlichen und eher objektiven Ebene. Aber dann auf der emotionalen, subjektiven und persönlichen Ebene. Wann wird gelacht? Wie wird gelacht? Wann wird geschimpft? Wie wird geschimpft? Wer verkauft seine Argumente wie? Ist sie fair? Ist er schlagfertig? Wie kontert sie? Souverän? Aggressiv? Trägt er eine Maske? Welche Regung ist bei ihr zu sehen? Warum fliegen die Fetzen? Und warum fliegen sie nicht? Wer ist höflich? Arrogant? Sympathisch? Wie ist die Köperhaltung? Mimik? Gestik?

Mit einem Podium kann das Publikum immer auch ein bisschen „intellektuellen Voyeurismus" betreiben. Die Veranstalter:innen können damit die Zuhörer:innen einfangen. Das Podium hilft dem Publikum, ein geschlosseneres Bild der Protagonist:innen zu erhalten. „Sie hat sich sehr gut verkauft", „er war relativ blass". Punktrichter:innen gleich verleihen die Besucher:innen den Podiumsgästen im Anschluss der Veranstaltung Noten. Man tauscht sich oft über das Wie aus, nicht nur über das Was. In Erinnerung bleiben die originellen Geschichten, die Regungen, das Menschelnde, das Persönliche. Diese Facetten machen das Fachliche und Inhaltliche greifbar und im Idealfall: spürbar.

Fairer Streit kann etwas Lustvolles in unserem Miteinander haben. Das Podium ist durchaus mächtig. Gespannt ist das Publikum genau auf Zwischentöne, die über das Erwartbare hinausgehen. Nur das Podium liefert das. Genau deswegen bleiben die Besucher:innen gern bis zum Schluss. Genau deswegen tun die Veranstalter:innen gut daran, das Podium als festes Programmelement einzuplanen, nach wie vor. Nicht ohne Grund übrigens halten die TV-Sender an dem Talkshow-Format fest, also am Podium nach Fernsehregeln. Ein Millionenpublikum gibt ihnen recht.

Man kann und soll diese mediale Inszenierung politischer Fragestellungen kritisch sehen. Der Schlagabtausch wirkt vielmals inszeniert. Oft grätschen die Diskutant:innen unhöflich in die Runden, um ihre Agenda abzuspulen. Der TV-Talk liefert die Plattform für ritualisierte Diskurse. Dennoch: Aus der öffentlichen Meinungsbildung sind diese Formate kaum mehr wegzudenken. Ob wir wollen oder nicht: Sie prägen unser Bild dessen, was wir unter einem „Podium" verstehen

Das hat Nachteile, denn in kaum einem öffentlichen Podium vor leibhaftigem Publikum wird derart rabiat, rüde argumentiert oder inszeniert – weil die großen Kameras in der Regel fehlen und nicht jeder markige Satz gleich für den X-Tweet verwertet wird. Auf der anderen Seite führt uns die oft unerbittliche Fernsehregie wortwörtlich vor Augen, warum wir dennoch gern zuschauen: Sobald es mit den Emotionen hoch hergeht, fährt die Kamera zu, dokumentiert jede Regung im Gesicht, jedes Zucken, jeden Seufzer – sie verstärkt das Emotionale. Das Learning: Ob im Fernsehen oder auf dem Podium, der „intellektuelle Voyeurismus" funktioniert. Das Format „Podium" funktioniert.

Unter zwei Voraussetzungen: Die Diskussion muss gut geplant sein und sie muss gut moderiert sein. Was so selbstverständlich klingt, wird in der Praxis oft nicht umgesetzt. Durchaus aus verständlichen Gründen. Nicht alle Veranstalter:innen verfügen über redaktionelle Routinen, um abschätzen zu können, welches Potenzial Gesprächsgäst:innen und das Podium entwickeln können. Oft wird weniger nach inhaltlichen Kriterien besetzt als vielmehr nach Proporz. Nicht jede Veranstalterin kann komplett frei agieren. Umso wichtiger ist es zu antizipieren, auf welcher Ebene welche Gesprächsgäst:innen welche Wirkung entfalten. Denn diese wertvollen Momente ereignen sich nicht von allein. Sie sind das Ergebnis eines klugen, redaktionellen Prozesses und einer schlüssigen und kompetenten Moderation.

Kurz gesagt

- Ein Podium vermittelt Objektives und Subjektives.
- Das Podium vermittelt ein geschlosseneres Bild der Protagonist:innen.
- Das Publikum betreibt „intellektuellen Voyeurismus".
- Das Podium ist Plattform für den lustvollen Streit.
- TV-Talkshows stehen für Beliebtheit des Formats „Podium".

A2 DER MENSCH: THE STORYTELLING ANIMAL

Welche Rolle spielen Diskussionen, wenn es darum geht, die Welt zu erfahren? Werfen wir dazu einen Blick darauf, wie wir generell die Welt wahrnehmen. Vereinfacht gesagt nutzen wir dazu eigentlich nur zwei Kanäle. Zu einen ist es ein Mix aus digitalen oder analogen Medien, mit denen wir versuchen, das Geschehen um uns herum einzuordnen. Ein mehr oder weniger indirekter Weg. Immer ist irgendein Medium dazwischen. Mit dem zweiten Kanal verschaffen wir uns das Bild der Welt über das Gespräch, den Dialog, den direkten Austausch mit anderen Menschen.

Diese persönliche Interaktion ist uns wichtig. Denn mit ihr geht es nicht nur darum, Informationen zu gewinnen und einzuordnen. Mit dem Gespräch befriedigen wir auch soziale Bedürfnisse. Im Dialog verbinden wir uns mit anderen, wir bauen eine Beziehung auf, die zu unserem emotionalen Wohlbefinden beiträgt und Teil unserer psychischen Gesundheit ist. Im Gespräch erfahren wir im Idealfall emotionale Unterstützung, es kann Verständnis fördern, Trost spenden oder Mitgefühl zum Ausdruck bringen. Wir können Verständnis für andere Perspektiven entwickeln. Wir lernen uns einzufühlen, entwickeln die Fähigkeit zur Empathie.

Mit anderen Worten: Das persönliche Gespräch ist eine einzige vertrauensbildende Maßnahme für uns Menschen. Es hat eine enorme Wirkkraft und spielt eine zentrale Rolle in unseren zwischenmenschlichen Beziehungen. Ohne Quatschen geht es nicht. Die

Faszination des Gesprächs ist die Erklärung für den Podcast-Hype in den vergangenen Jahren. Wir hören anderen beim Diskutieren zu und glauben nach einer Weile, die Hosts tatsächlich persönlich zu kennen. Mit dem Begriff „Parasoziales Phänomen" umschreiben das die Expert:innen. Der schottisch-amerikanische Philosoph Alasdair MacIntyre hat bereits 1981 für unsere Debattenkultur eine wunderbare Beschreibung geliefert. Der Mensch sei ein „Storytelling Animal", ein geschichtenerzählendes Tier. Das Gespräch ist tief in uns verankert, mit und in ihm werden wir zu Produzent:innen unseres eigenen Lebens.

Wie gehen wir dabei vor? Es lohnt ein Blick auf einzelne Elemente, die uns befähigen, die Welt um uns herum zu verstehen und zu begreifen. Denn ganz viel davon spiegelt sich in Diskussionen auf dem Podium wider.

Mit unseren fünf Sinnen sehen, hören, riechen, schmecken und tasten wir. Mit unseren Sinnen erfassen wir also Informationen und interpretieren sie sofort. Übertragen auf ein Podium: Die Diskutantin in der Mitte spricht mit deutlicher Stimme und engagiertem Nachdruck. „Sie hat aber einen glaubwürdigen Punkt", interpretieren wir. Der Gast daneben drückt sich dagegen nach hinten in den Ledersessel und verschränkt die Arme vor der Brust. „Der mauert", lautet unsere Schlussfolgerung. Diskussionen sprechen also unsere Sinne an, sie sind: sinnlich.

Wir erfahren die Welt durch Kommunikation mit anderen Menschen. Mit ihnen tauschen wir Informationen aus. Das geschieht durch die geschriebene Sprache. Aber das geschieht ebenso durch die gesprochene Sprache, durch Gestik und durch Mimik. Auf diesem Weg teilen wir unser Wissen und unsere Perspektiven mit anderen. Diskussionen tragen dem Rechnung, sie haben genau diesen kommunikativen Zweck.

Wir verstehen die Welt außerdem, weil wir lernen, sie kognitiv zu erfassen. Wir verarbeiten Informationen, indem wir denken, lernen, uns erinnern oder Probleme lösen. Diese mentalen Prozesse finden während der Diskussion auf einem Podium statt. Dort ist häufig genug auch das Thema, was unsere Wahrnehmung von Welt ebenso formt: die Erfahrung. Diskutant:innen schildern ihre persönlichen Erlebnisse. Das befähigt das Publikum, ein tieferes Verständnis für unterschiedliche Aspekte des Lebens zu gewinnen. Diskussionen können also Plattform für die Mehrperspektivität sein. Sie können bildend wirken, weil sie Verständnis für die komplexeren Zusammenhänge schaffen. Dabei beeinflussen kulturelle Hintergründe und Werthaltungen, wie wir die Welt wahrnehmen und interpretieren. Im Idealfall machen Diskussionen genau diese Hintergründe sichtbar.

Kurz gesagt

- Der Dialog befriedigt soziale Bedürfnisse.
- Dialoge dienen dem emotionalen Wohlbefinden.
- Menschen sind „Storytelling Animals".
- Diskussionen sprechen unsere Sinne an.
- Diskutierende teilen Perspektiven und Wissen.
- Diskussionen fördern den kognitiven Prozess.
- Diskussionen sind Plattform für Mehrperspektivität.
- Diskussionen machen kulturelle Hintergründe sichtbar.
- Diskussionen bilden.

A3 KLEINE GESCHICHTE DER PODIUMS-DISKUSSION

Diskussionen finden nie im luftleeren Raum statt. Sie bewegen sich immer in einem Koordinatensystem, das durch kulturelle, gesellschaftliche, soziale oder politische Hintergründe geprägt ist. In diesem Netz bewegt sich das „Storytelling Animal". Dieses Koordinatensystem sieht in westlich geprägten Demokratien anders aus als in anderen Weltregionen oder Staatssystemen. Mit dem Begriff „Diskurs" assoziieren wir hierzulande einen öffentlichen Dialog, der durch den demokratischen Grundgedanken geprägt ist. Ein Austausch, der frei und fair gestaltet ist, der für öffentliche Beteiligung und Rechtsstaatlichkeit steht, der Meinungsvielfalt und Pluralismus spiegelt und die Gewaltenteilung respektiert.

Die in den letzten Jahren immer intensiver geführte Diskussion über die Qualität unserer öffentlichen Diskurse zeigt, dass dieser Konsens längst nicht mehr selbstverständlich ist. Oft genug findet der Austausch mittlerweile in Filterblasen statt. Sie blenden Mehrperspektivisches bewusst aus, um Weltbilder zu kreieren, die die eigene Klientel bedienen. In den technischen Endgeräten steht Verfassungsfeindliches neben Fake News. Noch nie hat es so viele Initiativen zivilgesellschaftlicher Organisationen gegen Hatespeech gegeben wie derzeit. Auch gibt es neue gesetzliche Maßnahmen auf nationaler oder internationaler Ebene, die Menschen vor Hass oder Diskriminierung schützen sollen. All das zeigt, dass das Bekenntnis, Debatten entlang journalistischer Qualitätskriterien und im aufgeklärten Sinne zu führen, sich aufzulösen scheint. Das gefährdet letztlich den gesellschaftlichen Zusammenhalt.

Wohin das führen kann, hat im Januar 2021 die Stürmung des Kapitols in den USA gezeigt. Tausende Anhänger des damaligen Präsidenten Donald Trump akzeptierten das Ergebnis der Präsidentschaftswahl nicht und brandmarkten es als „Wahlbetrug". Über Social Media wurde die Menge angefeuert, die Kongresssitzung zu kapern, auf der das offizielle Wahlresultat bestätigt werden sollte. Die stärkste Demokratie der westlichen Welt stand für Stunden am Abgrund – auch, weil die Fähigkeit zum Diskurs fehlte.

Was also zeichnet kompetente Diskussionen aus, was unsere philosophische und politische Debattenkultur? Auf welcher Grundlage konstruieren und interpretieren wir Ideen, Werte oder Meinungen in der Gesellschaft? Die Podiumsdiskussion verfügt als Instrument des offenen Meinungsaustausches über eine lange Geschichte. Diese spezifische Form des öffentlichen Dialogs hat sich über Jahrhunderte organisch entwickelt. Starten wir also eine kleine Diskussionszeitreise, um zu verstehen, wie tief dieses Instrument in uns verankert ist und welch demokratiestärkendes Potenzial in ihm steckt.

Wir beginnen im antiken Griechenland ca. 800 Jahre vor Christus, in dem der Diskurs ein zentraler Baustein gesellschaftlichen Lebens war. Im Bereich der Philosophie war es neben anderen Sokrates bzw. sein Schüler Platon, der die sogenannten „Sokratischen Dialoge" pflegte. Vereinfacht gesagt war das eine geschickte Gesprächstechnik, mit der Annahmen hinterfragt und Widersprüche in der Argumentation des Gegenübers aufgedeckt werden sollten. Es ging also um Aneignung von Wissen durch die kritische Diskussion. Heute spielen die „Sokratischen Dialoge" als Methode in der kognitiven Verhaltenstherapie immer noch eine Rolle.

Im politischen System des antiken Athens waren der Diskurs und die Demokratie zwei Seiten einer Medaille. Die „Öffentliche Rede" gehörte zu den Kernkompetenzen des antiken Atheners. Schon die Schüler wurden zum Debattieren ermutigt, wurden im Argumentieren, kritischen Denken und der Rhetorik ausgebildet. Das versetzte sie in die Lage, ihre Ideen, Meinungen und Argumente schlüssig darzulegen. Diese Diskurskompetenz befähigte sie zur gesellschaftlichen Teilhabe. Ein Grundgedanke, der unsere westliche Kultur und das demokratische Denken bis heute prägt. Wir würden vom „mündigen Bürger" sprechen, der mitbestimmt und mitgestaltet.

Die „Ekklesia", die Volksversammlung, war dann das räumliche Machtzentrum, in dem sich die Bürger trafen, um rhetorisch gekonnt und mit Überzeugungskunst zu debattieren. Nach dem Diskurs wurden die Beschlüsse per Handzeichen gefasst, im Interesse der Gemeinschaft. Der Versammlungsplatz war die sogenannten „Agora".

Die Idee der „Agora", die lokale Verortung von Diskurs und Mitbestimmung, war eine Leitidee für die architektonische Sanierung und Erneuerung des Landtagsgebäudes in Baden-Württemberg in Stuttgart zwischen 2013 und 2016. Mit ihr wurde der antike Versammlungsplatz neu interpretiert und ein öffentlicher Raum geschaffen, in der die jahrhundertealten Ideen Anwendung finden sollen: Die Agora dient als Treffpunkt für Debatten, für den intellektuellen Austausch, sie ist Symbol für Bürgerbeteiligung und sozialen Zusammenhalt. Architektonisch treffender kann der Begriff der „Diskussion" im Kontext der Demokratie kaum sichtbarer gemacht werden.

Abb. 1: „Die Agora" vor dem Landtag Baden-Württemberg in Stuttgart.

Für unsere Debattenkultur ebenso prägend war im 18. Jahrhundert die Idee der Aufklärung. Mit ihr gingen politische und soziale Umwälzungen einher, die die Grundlage für unser heutiges politisches System bilden. Die Prinzipien von Vernunft, Wissenschaftlichkeit und individueller Freiheit haben nach wie vor Geltung. Zeitungen oder Journale wurden zum wichtigen Träger der Aufklärung und ermöglichten breite politische Partizipation. Die Öffentlichkeit konnte niederschwelliger an politischen Diskussionen teilnehmen.

Auch während der Französischen Revolution scharten sich Menschentrauben um Plakate und Wandzeitungen. Die Zahl der Zeitungen in Frankreich explodierte regelrecht, es entstand eine neue Öffentlichkeit. Das Debattieren in den politischen Klubs gehörte dazu. Der Ruf nach Freiheit, Gleichheit und Brüderlichkeit hat sich auch auf diesem Wege in unser kollektives Gedächtnis eingegraben.

Der konstruktive Streit, die Diskussion ist wesentliches Gestaltungsmerkmal von Demokratien und deren Anerkennung von

Menschenrechten und Rechtsstaatlichkeit. Podiumsdiskussionen atmen heute diesen Geist, wir nehmen sie auch in diesem Selbstverständnis wahr.

In diesem Kontext lohnt auch noch ein genauerer Blick über den großen Teich. Denn unter anderem waren es die politischen Debatten in den amerikanischen Kolonien, die zur Amerikanischen Revolution und schließlich 1783 zur Unabhängigkeit der Vereinigten Staaten führte.

Öffentliche Rededuelle gab es bereits bei den eingewanderten Menschen der ersten Generation. Sie siedelten sich meist in Gruppen an. In der für sie nicht ungefährlichen Umgebung haben sie die gemeinsamen Belange in einer Struktur der lokalen Selbstverwaltung organsiert. Ort dafür war der Gemeindesaal, die „Town Hall". Das Ritual des regelmäßigen öffentlichen Diskurses ist als „Town-Hall-Meeting" in den allgemeinen Sprachgebrauch übergegangen, wenn es darum geht, Dialogformate mit partizipativen Elementen zu beschreiben. Denn diesen Charakter hatten die Meetings auch: Das Abwägen der Argumente und die Diskussionen wurden geführt, um einen Konsens im solidarischen Zusammenleben herzustellen, nicht zwingend einen Mehrheitsentscheid.

Es ging also eher um einen moderierten Prozess. Kein Zufall, dass die Funktion des „Moderators" erstmals in einem Text des amerikanischen Chronisten James Bryce auftauchte. In seinem mehrbändigen Werk *The American Commonwealth* beschrieb er 1888 mit Blick auf die Town-Hall-Meetings die Rolle des „Vorsitzenden, der Moderator genannt wurde". „Der Moderator" als Anwalt der Bürger:innen also, der zwischen den Beteiligten vermittelt und aushandelt. Hier blitzt bereits auf, wie wir die Rolle der Moderator:innen heute verstehen können.

Dieses mittlerweile fast idealisierte Bild des Town-Hall-Meetings findet seine Renaissance übrigens im Fernsehen auch hierzulande, zum Beispiel vor Wahlen zum Bundestag. In einer zum Studio umfunktionierten Backstein-Industriehalle platziert sich dort der oder die Kanzlerkandidat:in einer Partei neben den Moderator:innen in der Mitte des aufgebauten Amphi-Runds. Die Zufallsbürger:innen auf den Rängen sollen frei heraus fragen können. Der oder die Moderator:in steuert sanft – eine Formatkopie, die Bürgernähe und Augenhöhe suggerieren soll. Auch Unternehmen nutzen das Format, um das Gespräch zwischen Geschäftsleitung und Mitarbeitenden zu moderieren. Wir schauen offenbar gern zu. Was heute so innovativ erscheinen mag, ist eigentlich schon uralt.

Denn das Town-Hall-Format ist in der Moderations- und Demokratiegeschichte der USA tief verankert. Für das amerikanische Publikum steht es schon immer für Beteiligung und Teilhabe. Mit Verbreitung der Massenmedien Hörfunk und Fernsehen wurde das Format passend adaptiert. *America's Town Meeting of the Air* hieß die Hörfunksendung, die ab 1935 über 20 Jahre lang live von der NBC und später ABC Radio aus dem New Yorker Rathaus übertragen wurde – vor Publikum. Moderator war George V. Denny Jr., seinerzeit Geschäftsführer der „League for Political Education", die das Programm auch produzierte. Thema der ersten Sendung: *Which Way America: Fascism, Communism, Socialism or Democracy?* Während in Deutschland die Nazis das Radio zur Propaganda missbrauchten, übten sich die Amerikaner zur selben Zeit in der öffentlichen Podiumsdiskussion mit Livepublikum, das klatschte und buhte, dazwischenrief und Fragen stellen konnte. Techniker:innen benötigten nur ein Jahr, um auch Hörer:innen per Telefon zuschalten zu können.

Die Town-Hall-Debates im Fernsehen zählten zu den Höhepunkten der amerikanischen Wahlkämpfe – bis heute. Die erste live übertragene Präsidentschaftsdebatte zwischen dem Republikaner Richard Nixon und dem Demokraten John F. Kennedy hat sich in das kollektive Gedächtnis politisch Interessierter eingegraben. Argumentativ soll Nixon das Duell gewonnen haben. Über den Bildschirm soll indes Kennedy bei dem TV-Podium stärker gewirkt haben, er gewann die Wahl knapp. Was wiederum für die Wirkung des Podiums generell spricht: Es geht nicht nur um die Inhalte, und es kommt nicht nur darauf an, was gesagt wird, sondern vor allem – wie. Nebenbei: Bei den zwei folgenden Wahlkämpfen ist Richard Nixon nicht mehr mit seinem politischen Gegner vor die Kamera getreten. Er zog es vor, für seine Kampagne ein eigenes Format – nur mit ihm – zu entwickeln. Er nannte es *The Nixon Answer: Southern Town Hall.*

Abb. 2: John F. Kennedy und Richard Nixon im TV-Duell 1960.

In diesem Foto vom 26. September 1960 aus dem TV-Studio finden sich alle Beteiligten des klassischen Podiums wieder: die Protagonisten John F. Kennedy und Richard Nixon außen und stehend. In der Mitte der Moderator. Zuhörend in der ersten Reihe ein Panel aus Journalisten, die die Fragen gestellt haben. Diese TV-Debatte ist nicht nur Ausgangspunkt für Politolog:innen gewesen, die klären wollten, ob und wie Fernsehen Wähler:innen beeinflussen kann. Dieses Setting trug vor allen Dingen dazu bei, die Podiumsdiskussion als Plattform zu popularisieren. Podiumsdiskussionen, so wie sie uns heute vertraut sind, wurden also durch die Massenmedien Hörfunk und Fernsehen geprägt.

Kein Wunder, dass wir die Begriffe „Podiumsdiskussion" und „Talkshow" fast synonym verwenden. Viel von dem, was wir mit dem Begriff „Podium" assoziieren, ist durch Fernsehbilder geprägt. Und es hat mit der Art und Weise zu tun, wie die Moderator:innen ihre Rolle verstehen und ausfüllen. Dabei ist das Foto aus dem Studio 1 der CBS aufschlussreich: Es ist nicht nur der allwissende Moderator, der die Fragen stellt, sondern es sind auch die Journalisten in der ersten Reihe. Was wir sehen, ist die frühe Form der „Talkshow", in der die Moderator:innen kein journalistisches Interview führen, sondern – ein Gespräch. „Talk" heißt auch: menschelndes Plaudern. Kompetent und wissend, aber erzählend.

Moderator:innen werden als Menschen sichtbar und spürbar, nicht nur in ihrer Funktion der Fragestellenden. Das hat etwas Unterhaltendes, Leichteres. Informationen über das Gespräch vermitteln – das verfängt beim Publikum. Die Kombination beider Welten – das Journalistische und das Unterhaltende – brachte den langjährigen TV-Moderator Wieland Backes im damaligen Süddeutschen Rundfunk (SDR) in Stuttgart auf die Idee, eine eigene Redaktion mit diesem Namen zu gründen, um dieses Prinzip zum Programm zu machen. Sie hieß und heißt immer noch „Journalistische Unterhaltung". Mittlerweile gehören die Politik-Talkshows zum festen Senderaster. Maischberger und Co. sind zu regelrechten Lebensbegleitern geworden.

Die erste Politik-Talkshow im Deutschen Fernsehen war zugleich eine der ganz erfolgreichen. Der damalige Nordwestdeutsche Rundfunk (NWDR) hat 1953 ein Format aus dem Hörfunk herübergeholt in das boomende Medium Fernsehen. Das Prinzip: Bei einem Glas Weißwein und noch mehr Zigaretten wurde über die Weltpolitik gesprochen – wie am Stammtisch sonntagfrüh. Kompetent geplaudert wurde aus mehreren, oft unbekannten Perspektiven. Meist waren Auslandskorrespondent:innen internationaler Medien zu Gast, auch Politiker:innen. Passend dazu Titel und Sendeplatz: *Der Internationale Frühschoppen* wurde sonntags um 12 Uhr ausgestrahlt und hatte hohe Einschaltquoten. Es war eine der erfolgreichsten Fernsehproduktionen in Deutschland in diesen Jahren. Für die TV-Zuschauer:innen strukturierte die Sendung den Tag. Gekocht wurde vorher, gegessen nachher.

Abb. 3: Werner Höfer moderiert den *Internationalen Frühschoppen* (1956).

Plaudern im Esszimmerambiente und mit heute antiquiert wirkender Rollenverteilung: Die Dame bringt den Wein, der Moderator Werner Höfer sitzt in der Mitte zwischen den Auslandskorrespondenten. Namensschilder sind mit Hand geschrieben. Die halbrunde Thekenkonstruktion deutet ein typisches Podiumsetting an. Es findet sich abgewandelt auch heute noch wieder, etwa bei der Sendung *Hart aber fair*. Die Szenografen mussten damals offenbar einen innenarchitektonischen Konflikt im Studio lösen. Ihnen war klar, dass eine halbrunde Theke nicht in ein Esszimmer gehört. Mit dem gepunkteten Stoff versuchten sie, darüber hinwegzutäuschen und die Theke einigermaßen wohnlich wirken zu lassen. Geschuldet ist dieser Aufbau den Regeln der Fernsehtechnik. Die Kamera – später mehrere – blickt von vorn frontal auf das Geschehen. Säßen die Diskutanten um einen normalen Esstisch herum, hätten sich einerseits die Kameras gegenseitig im Bild und die Zuschauer:innen verlören zudem die Orientierung: Wo ist vorn und wo ist hinten?

Dieses Halbrund gehört damit zum Standard der räumlichen Auflösung einer Podiumsdiskussion – im TV-Studio, aber auch in den meisten Veranstaltungsräumen. Das Publikum blickt in der Regel nach vorn auf die Bühne, wo die Protagonist:innen im Halbrund sitzen. So sind alle für alle sichtbar. Wir gehen auf das räumliche Setting später noch ein.

Für viele Zuschauer:innen war die Sendung Teil der politischen Sozialisation. Der *Frühschoppen* prägte die politische Diskussionskultur in den 1960er- und 1970er-Jahren. Bis 1987 moderierte Werner Höfer die Diskussionsrunde, der das Ziel der von ihm erfundenen Sendung damals in klaren Worten im *Kölner Stadtanzeiger* umschrieb: „Gerade meinen Internationalen Frühschoppen habe ich mir ausgedacht, um schlichte Menschen wie mich mit der Politik vertraut zu machen, um nachzuweisen, dass Politik keine Geheimwissenschaft ist" (Keller 2009: 114).

Heute würden die Medienwissenschaftler:innen das Ziel der Sendung unter dem Begriff „Public Value" einordnen. Immer wieder aber waren Format und Moderator umstritten: Zu dominant moderiere er, zu männlich besetzt sei das Podium. Zu sehr koche der Moderator seine eigene Suppe. Eine vom *Spiegel* recherchierte Publikation Höfers während der NS-Zeit führte dann zur Absetzung des Formats und des Moderators, ein unrühmliches Ende. Über

Jahrzehnte aber hat *Der Internationale Frühschoppen* einem breiten Publikum im wahrsten Sinne des Wortes sichtbar gemacht: Diskussion und Streitlust, die Vielfalt von Perspektiven, Ansichten und Meinungen sind fester Bestandteil einer funktionierenden Demokratie. Und der Moderator dieses Diskurses spielt dabei eine zentrale Rolle.

Kurz gesagt

- Kommunikation in Filterblasen bedient eigene Weltbilder.
- Hatespeech und Fake News gefährden die Demokratie.
- Das antike Athen prägt unser Bild vom öffentlichen Diskurs.
- Das Halbrund der „Agora" ist Vorbild für Diskussionen.
- Die Aufklärung prägt unsere Debattenkultur.
- Podiumsdiskussionen stehen für konstruktiven Streit.
- In „Town Halls" wird der Diskurs erstmals moderiert.
- Hörfunk und TV adaptieren „Town Halls" als Talkformat.
- Die Moderator:in agiert als Anwält:in des Publikums.
- US TV-Duelle sind Vorbild für Podiumsdiskussionen.
- *Internationaler Frühschoppen* ist erster TV-Talk in Deutschland.
- Das Halbrund ist das Standard-Setting für Podien.
- „Podiumsdiskussion" und „TV-Talkshow" sind Synonyme.
- Moderator:innen werden als Persönlichkeit sichtbar.
- Moderator:innen steuern den Diskurs.

A4 DISKURS UND DEMOKRATIE

Eine ehrlich gemeinte Podiumsdiskussion leistet also einen Beitrag zur Meinungsfreiheit, sie stärkt den öffentlichen Diskurs. In diesem Kontext zu diskutieren und zu moderieren bedeutet, eine gesellschaftspolitische Aufgabe zu übernehmen. Es geht nicht nur um die Gesprächsführung oder den Informationsaustausch. Es geht bei der Diskussion auch darum, Orientierung zu geben, für den fairen Meinungsaustausch einen passenden Raum zu schaffen, um unterschiedliche Ansichten sichtbar zu machen. Die Demokratie lebt von Beteiligung und Einmischung, Prozesse werden transparent.

„Keine andere Herrschaftsform braucht eine Verständigung über die Wahrheit so zwingend wie die Demokratie" (Kurbjuweit 2023), schreibt der *Spiegel*-Journalist Dirk Kurbjuweit im Oktober 2023. Weiter: „Nur freier Diskurs kann durch wechselseitige Kontrolle verhindern, dass sich Lügen und andere Unwahrheiten durchsetzen. Deshalb haben Bürgerinnen und Bürger in Demokratien eine bessere Chance auf ein realistischeres Bild von der Wahrheit als Diktaturen" (ebd.). Die Wahrheit ist die Grundlage, Demokratien sind von ihr abhängig. Was passiert, wenn wir uns nicht mehr darüber verständigen können, was Wahrheit ist? Der öffentliche Diskurs ist in der Krise und die Demokratie aus mehreren Richtungen unter Druck.

Obwohl uns Informationen im Überfluss zur Verfügung stehen, fällt es uns – gerade auch deshalb – in diesem Informations-Overflow immer schwerer einzuordnen: Was ist richtig und was ist falsch? Fake News funktionieren, weil sie emotionalisieren und verführerisch einfach zu verstehen sind in der komplexen, oft verstörenden Welt.

Zusätzlich firmieren Lügen unter „alternativen Fakten" und stellen den an der Wahrheit orientierten Diskurs einfach mal ganz grundsätzlich infrage. Die „Kraft des Faktischen" gilt nicht mehr. Desinformationen werden nicht nur in Krisenzeiten gezielt gestreut und befeuern die politische Polarisierung. An den Rändern wird mit der Angst und den Verunsicherungen gezielt Politik gemacht.

Viele suchen vermeintliche Sicherheit in digitalen Räumen, in denen man sich gegenseitig in dem bestätigt, was man sowieso schon immer geahnt hat. Als „Echokammern" bezeichnen die Kommunikationswissenschaftler:innen diese Räume. Von dort ist der Weg zu Verschwörungsmythen nicht weit. Wer hier verführen will, hat es leicht.

Ausgelöst wurden diese Prozesse mit neuen technischen Möglichkeiten, vor allem des Smartphones. Es findet in der Künstlichen Intelligenz eine weitere Dimension der medialen Plattform, die uns noch weniger wissen lässt, wo was herkommt oder ob es echt ist oder nicht. Die Kompetenz, Quellen im digitalen Feed richtig einzuordnen, schwindet mehr und mehr. Auch weil die Bindung zu den sogenannten „klassischen Medien" abnimmt. Die Anonymität im Netz lässt den Diskurs ins Aggressive abrutschen. Hatespeech vergiftet den zivilgesellschaftlichen Dialog. Wem kann ich was warum eigentlich noch glauben?

Podiumsdiskussionen spiegeln gesellschaftliche Prozesse. Dieses veränderte Kommunikationsklima schlägt auch auf Podiumsdiskussionen durch. Der Ton ändert sich, mal subtiler, mal direkter. Wir klären in den folgenden Kapiteln, wie damit umzugehen ist. Fest steht aber das „Jetzt-erst-Recht". Es ist nicht der hohe Grad der Erregtheit, der den Diskurs prägen soll, sondern die Podiumsdiskussion kann mehr denn je ein aufgeklärter, geschützter Raum sein, um Misstrauen abzubauen – damit Skandalisierung keinen Platz findet. In diesem Sinne zeigen Moderator:innen Haltung. Haltung für den Austausch in einer freiheitlichen Gesellschaft.

Kurz gesagt

- Informations-Overflow führt zur Desorientierung.
- Desinformation unterhöhlt die „Kraft des Faktischen".
- Fake News führen zu politischer Polarisierung.
- Anonymität im Netz macht Diskurs aggressiver.
- Smartphone ist technische Plattform für Echokammern und Verschwörungsmythen.
- Moderator:innen tragen gesellschaftspolitische Verantwortung.
- Moderator:innen geben Orientierung.
- Freier Diskurs dient der Wahrheitsfindung.

A5 EXPERTEN-INTERVIEW: PROF. INGO ZAMPERONI

Moderator:innen tragen im wahrsten Sinne des Wortes Verantwortung für einen „guten Ton" in der Öffentlichkeit. Wohl kaum jemand weiß das besser als ARD-Anchor Ingo Zamperoni. Seine Moderationen der *Tagesthemen* verfolgen Millionen Zuschauer:innen.

Der gelernte Journalist studierte Amerikanistik, Jura und Geschichte und volontierte beim Norddeutschen Rundfunk. Er arbeitete unter anderem als Reporter und USA-Korrespondent, bevor er 2017 neben Caren Miosga die Aufgabe des regelmäßigen „Anchor" der *Tagesthemen* übernahm. Seit 2022 ist Ingo Zamperoni Honorarprofessor an der Hochschule der Medien in Stuttgart. Am Institut für Moderation unterrichtet Prof. Ingo Zamperoni zum Thema „Kritische Interviewführung". Dieser Kurs ist Teil des 12-monatigen „Qualifikationsprogramms Moderation", in dem sich Journalist:innen und Studierende des HdM Medienmasters zu Moderator:innen ausbilden lassen. Dafür kooperiert das Institut für Moderation mit dem Südwestrundfunk.

Der bedachte Umgang mit der Sprache ist Ingo Zamperoni dabei ein zentrales Anliegen. In seinem Engagement für die Hochschule der Medien bringt er das zum Ausdruck. Im Frühjahr 2023 verlieh er erstmals den von der Hochschule der Medien ausgeschriebenen „Stuttgarter Moderationspreis", dessen Pate er gleichzeitig ist. Damit werden herausragende Video- und Audioproduktionen in den Kategorien „Journalistische Qualität", „Public Value" und „Präsentation, Sprache und Innovation des moderierten Formats" prämiert. Die Aspekte „Sprache und Präsentation" hat Zamperoni selbst in den Preis eingebracht und mitentwickelt.

Im folgenden Experteninterview spricht er über die Chancen von Podiumsdiskussionen. Zugleich eröffnet er mit seinen Einblicken in die Moderationspraxis das Feld der Praxistipps. Alle Interviewpartner:innen bringen sich mit ihrer Fachkenntnis am Institut für Moderation ein, bei allen besteht eine jahrelange, enge Verbindung. Die vertrauensvolle Zusammenarbeit schlägt sich auch in der inhaltlichen Tiefe und der Offenheit der geführten Gespräche nieder. Sich in die Karten schauen zu lassen lässt man nur zu, wenn das Vertrauen da ist. Deswegen geben wir die Interviews so wieder, wie sie geführt wurden: in der freundschaftlichen Du-Form. Ob das Du oder das Sie passend erscheint, hängt übrigens auch bei Podiumsdiskussionen vom Kontext ab. Das klären wir in Kapitel E.

Abb. 4: Prof. Ingo Zamperoni während einer Vorlesung an der Hochschule der Medien Stuttgart.

Das Zuhören ist das A und O

Warum moderierst du gern Podiumsdiskussionen?

In meinem speziellen Fall ist es so, dass die meisten Interviews in den ARD-*Tagesthemen* sehr „aseptisch" ablaufen. Meine Gesprächspartnerinnen oder Gesprächspartner sind in der Regel nicht im Studio, sondern an einem anderen Ort, oft in Berlin, und über Videoleitung oder Satellit zugeschaltet. Oft haben die nur einen „Knopf" im Ohr, um meine Fragen zu hören, aber kein Rückbild, ich wiederum habe meist nur ein kurzes Vorgespräch, um irgendeinen „persönlichen Draht" aufzubauen.

Bei Podiumsdiskussionen ist das anders, persönlicher. Ich kann in den direkten Austausch mit den Gesprächspartnerinnen und Gesprächspartnern gehen. Mir steht – und das ist der Hauptunterschied zum Schaltgespräch aus dem Studio heraus – zusätzlich das ganze Feld der nonverbalen Kommunikation zur Verfügung. Und es ist ja auch mehr ein Gespräch als ein Interview. Natürlich nutze ich auch beim Podium alle Werkzeuge der Interviewführung. Aber eben nicht eins zu eins, sondern da sitzen ja zwei, drei oder vier Gäste auf dem Podium. Es ist reizvoll, die Bälle in der Luft zu halten, wie ein Jongleur. Schafft man es, die Diskutantinnen und Diskutanten ins Gespräch zu bekommen? Dass sie sich aufeinander beziehen und es nicht nur ein stumpfes Abfragen ist, ein Abklappern der einzelnen Positionen? Im Idealfall entspinnt sich eine wirkliche Diskussion.

Es macht auch deshalb Spaß, weil ich das Publikum als Echokammer habe. Ich spüre ja, ob es gelingt, die Leute zu fesseln, ob alles ankommt, ob sie mitgehen – als Resonanzkörper sozusagen. Erst wenn geklatscht wird, wenn gelacht wird, die Begeisterung da ist, habe ich das Gefühl: Jetzt erst ist es eine richtige Runde. Diese unmittelbaren Feedbacks habe ich in meinem Studio-Alltag sonst nicht. Deswegen sind Podien für mich so reizvoll. Bei Corona übrigens haben viele TV-Talkshows auf das Publikum verzichten müssen. Da hat man deutlich gemerkt, wie sehr dieser Resonanzraum fehlt.

Nicht umsonst hat Caren Miosga in ihrer neuen Sendung wieder Publikum im Studio.

Was ist die Aufgabe einer Moderatorin, eines Moderators bei einer Podiumsdiskussion?

Die erste Aufgabe: Der Moderator oder die Moderatorin muss mit Bezug auf das Publikum moderieren. Sie muss dem Publikum die Linien aufzeigen: Worum geht es? Wer steht für was? Man muss das Publikum abholen und versuchen, die Themen auf einen Nenner zu bringen, es gern auch emotional packen. Die zweite zentrale Aufgabe ist dann die Gesprächsführung. Ich muss es schaffen, „die Bälle in die Luft zu bringen und sie fliegen zu lassen", um im Bild von vorhin zu bleiben. Die Argumente fliegen hin und her, keines verkümmert, keiner wird übergangen oder kommt zu kurz. Es ist wirklich wie eine Jonglage, in der ich das Heft des Handelns immer in der Hand behalte, behalten muss.

Vor allem dann, wenn Diskussionsteilnehmende dominant sind, sich in den Vordergrund spielen oder versuchen, ihre Punkte immer wieder durchzudrücken, versuchen, alles an sich zu reißen. Dann muss ich steuern und schauen, dass die Positionen der anderen zur Sprache kommen, muss die Stilleren oder die Schüchternen einbinden. Die dritte Aufgabe ist die Konversation, das Gespräch. Ich muss es am Köcheln halten, muss quasi immer ein Scheit nachlegen, um ein anderes Bild zu verwenden. Im Idealfall befeuern sich die Diskutantinnen und Diskutanten ja gegenseitig. Falls aber nicht, kann ich vielleicht mit einem Zitat oder einer kontroversen These das Feuer wieder entfachen: „Also wirklich? Sie tun jetzt so, als wäre hier alles Friede, Freude, Eierkuchen in den Fraktionen. Aber wir haben doch gesehen: letzte Woche hätten Sie sich fast zerlegt …"

Dann muss ich als Moderatorin und Moderator – und das ist der vierte Punkt – eine Art Gesprächsregie machen. Ich muss die Redezeit gerecht verteilen. Das Podium darf nicht ausufern, nicht jeder muss jede Anekdote loswerden und nicht jede muss zu allem etwas sagen, obwohl sie könnte oder wollte. Ich dirigiere und steuere im Dienst des Publikums, dessen Anwalt ich ja bin. Dabei bin ich als Moderatorin und Moderator übrigens nicht für die inhaltliche Qualität der Aussagen der Gäste zuständig. Das sind die Gäste schon selbst – natürlich solange sie im Rahmen der freiheitlichen, demokratischen Grundordnung bleiben und nichts Verfassungswidriges von sich geben, dann muss man da schon eingreifen. Aber die Moderatorin, der Moderator ist dafür verantwortlich, dass es verständlich bleibt, interessant oder unterhaltsam. Aber eben auch ob es langweilig war, eine verfahrene oder zu verworrene Diskussion war, mit viel Tohuwabohu. Habe ich einordnen können? Konnten die Gäste einlösen, wofür sie standen? Das sind die zentralen anwaltlichen Aufgaben des Moderators, der Moderatorin.

Worin besteht denn der Mehrwert einer Podiumsdiskussion für das Publikum?

Im Erkenntnisgewinn. Den erzielt das Publikum relativ bequem. Beim Podium sitzen verschiedene Expertinnen und Experten aus einem Bereich gleichzeitig auf der Bühne. Ich muss mir die Positionen also nicht mühsam zusammensuchen, sondern bekomme im Idealfall kompakt ein Thema aus verschiedenen Perspektiven und Sichtweisen beleuchtet. Das Publikum kann sich von den Argumenten treiben lassen und dem „Ping-Pong" folgen. Das ist doch spannend. Erst teile ich die Meinung derjenigen, die da rechts sitzt. Dann redet der links und ich denke: „Stimmt, er hat auch einen Punkt." Vielleicht bin ich immer noch nicht seiner Meinung, aber ich verstehe jetzt besser, aus welcher Ecke der kommt. Wenn das im Publikum passiert, dann ist das Ziel einer Podiumsdiskussion erreicht. Sie dient ja im besten Sinne der Meinungsbildung. Deshalb funktioniert aus meiner Sicht das Format „Podiumsdiskussion" grundsätzlich gut und ist reizvoll.

Schwierig wird es, wenn das Podium zur Plattform für andere Ziele wird. Wenn Diskutantinnen oder Diskutanten versuchen, ihr eigenes Ding durchzuziehen, und nicht drauf eingehen, was die anderen sagen. Oder wenn sich Kontrahenten ständig ins Wort fallen, nur noch überlagern, jeder nur sagt „Jetzt lassen Sie mich aber mal ausreden" und nur noch widerlegen will. Solch ein „Schaukampf" kann zwar auch Teil des Ganzen und unterhaltsam sein. Aber das „Hauen und Stechen" geht eindeutig zulasten der Verständlichkeit.

In welcher Rolle sitzt du auf dem Podium? Mehr als der Journalist oder mehr als Ingo Zamperoni?
Die journalistische Rolle ist die wichtigere. Ich moderiere als Anwalt des Publikums, da geht es nicht um mich. Aber natürlich habe ich persönliche Neigungen, Prägungen und Erfahrungen. Das kann man auch einfließen lassen, zum Beispiel nach dem Motto „Da ist mir neulich etwas Ähnliches passiert", um ein Argument zu illustrieren. Vielleicht passt auch ein persönlicher, frecher Konter oder Kommentar manchmal. Aber das muss dosiert sein. Man sollte sich nicht zu wichtig nehmen und sich lieber zurückhalten. Vor allen Dingen darf es nie so sein, dass das Podium am Ende deine eigene Bühne wird. Wenn der Moderator oder die Moderatorin mehr redet als manche Teilnehmende, dann ist etwas falsch gelaufen.

Also weniger sich selbst präsentieren als vielmehr zuhören?
Das Zuhören ist das A und O, es ist das Wichtigste überhaupt bei Interviews, also auch beim Podium. Mit dem, was ich höre, gehe ich dann unterschiedlich um. Beim Interview ist es ja meine journalistische Aufgabe, den Gegenpart einzunehmen. Ich stelle also eine Einstiegsfrage, die das Gegenüber herausfordert. Bei der Antwort musst du bedingungslos zuhören, um gegebenenfalls mit einem Gegenargument sofort darauf reagieren zu können. Beim Podium muss das nicht so sein. Wenn mich da eine Antwort überrascht oder ich unsicher bin, was sie bedeuten könnte, muss ich ja nicht selbst reagieren. Ich kann die Antwort einfach weitergeben an einen anderen Diskutanten: „Was sagen Sie zu diesem Punkt?" „Sehen Sie das auch so?"

Der Trick also ist, den Ball nicht immer selbst auffangen zu müssen, sondern ihn direkt weitergeben zu können. Das ist bei einem Podium leichter als bei einem Eins-zu-eins-Gespräch. Die Diskutantinnen und Diskutanten sind meist glücklich, ihre Seite darstellen zu können und gehen mit. Als Moderator brauche ich das dann nur aufzugreifen und die Kontrapunkte zuzuweisen. Da reicht es dann manchmal, einfach nur zur nächsten Gesprächspartnerin rüberzunicken und sie macht dann weiter. Man kann auch ein Argument nutzen, um es mit Hintergrundwissen anzureichern, und es dann als Frage weitergeben. Alles das funktioniert aber nur, wenn ich zuhöre. Nur dann kann ich erkennen, wer jetzt wie reagieren könnte. Schwer habe ich es als Moderatorin oder Moderator immer nur dann, wenn da fünf Leute sitzen, die einer Meinung sind. Oder keine Lust darauf haben, auf das einzugehen, was andere gesagt haben. Aber dann muss ich anspornen und rauskitzeln …

… sagt der Profi, der immer weiß, wie er weitermacht. Einem Moderationsneuling treibt aber eher die Sorge um, dass ihm die nächste Frage nicht einfällt …

… na ja, hinter der Stirnplatte rumort es auch bei mir ganz schön manchmal! Zum Beispiel, wenn ein Podiumsgast gefühlt alle Fragen auf einmal beantwortet und man zunächst keine mehr auf dem Zettel hat. Aber für solche Fälle stelle ich dann Fragen, die die jeweilige Position vertiefen können: „Verstehe ich sie richtig, dass Sie …" „Können Sie das vertiefen?" „Haben Sie ein praktisches Beispiel? Können Sie das konkretisieren?" „Was heißt denn das für das Publikum?" „Was müssen wir dann konkret machen?"

Der Schwenk zur Praxis hilft übrigens immer auch den Zuhörerinnen und Zuhörern. Denn oft verläuft eine Diskussion ja eher abstrakt oder theoretisch. Und wenn ich einmal hängen bleibe oder Zeit gewinnen will, dann mache ich das, indem ich bei einem Statement nochmal nachhake: „Was macht Sie da so sicher?"

Welche Rolle spielt die Vorbereitung?

Da gilt bei der Podiumsdiskussion dasselbe wie für Interviews: Nur wenn ich Dinge weiß, fallen mir in den Antworten Dinge auf. Je mehr ich weiß, desto eher höre ich etwas, mit dem ich weitermachen kann. Das heißt für die Vorbereitung: Man kann im Prinzip gar nicht tief genug gehen. Oft ist die Recherche ja auch interessant. Man muss nur der Versuchung widerstehen, das angesammelte Wissen präsentieren zu wollen, sich zu produzieren, nach der Devise: „Schau mal, was ich alles weiß." Da steigt das Publikum aus. Die Recherche ist hauptsächlich für den Hinterkopf. Ich muss das gar nicht alles abrufen, im Gegenteil. Es würde das Podium überfrachten, weil das Publikum in der Regel diese Vorarbeit ja nicht geleistet hat.

Es geht darum, als Moderatorin oder Moderator thematisch sattelfest zu werden. Ich muss merken, wenn jemand Schlitten mit mir fährt. Ich muss ein Gegenargument aufbauen können. Dabei muss man nicht mehr wissen als die Expertin oder der Experte. Kann man meist auch gar nicht, ich werde etwa einen Immunologen auf seinem Feld nicht schlagen können. Mein Gegenüber ist im Zweifel viel tiefer in der Materie drin, er hat immer einen Vorsprung. Darum geht es nicht. Ich muss so viel wissen, dass ich die Dinge einordnen kann. Dann muss ich in der Vorbereitung klären: Welchen Charakter soll das Podium denn haben? Sind es eher Experteninterviews bzw. -gespräche? Dann sind es eher Wissensfragen, die ich stelle. Oder sind es eher Gespräche mit Betroffenen? Dann geht es um persönliche Erfahrungen oder vielleicht sogar Traumata. Oder ist es eher konfrontativ? Oder von allem ein bisschen? Wenn ich das weiß, kann ich klären, welche Punkte für das Publikum relevant sind.

Hilft die Vorbereitung auch bei der Entwicklung eines Gesprächsverlaufs?

Unbedingt. Wenn ich gut recherchiert habe, kann ich besser antizipieren. Wenn ich viel weiß, kann ich vorausahnen, welche Antworten kommen werden. Ich kann den Gesprächsverlauf, das „Ping-

Pong-Spiel" besser vorausberechnen. Wenn ich in der Vorbereitung sehe, dass Gast XY bei einer speziellen Frage in vorherigen Interviews zu ähnlichen Themen immer in eine bestimmte Richtung geantwortet hat, dann weiß ich in etwa, wie er oder sie auf meinem Podium sprechen wird. Ich kann die Folgefragen also vorbereiten. Oder ich kann gezielt mit einem weiteren Argument nachlegen. So läuft die Gesprächsführung in gewisser Weise in meinen Bahnen. Trotzdem muss ich gut zuhören, denn es kann ja sein, dass ein Gesprächspartner in der Zwischenzeit seine Meinung geändert hat.

Wie viel weißt du über deine Gesprächspartner:innen?
Die Biografien sind wichtig und sollte man so gut wie möglich kennen. Ein aktuelles Beispiel dazu: Wenn ich etwa mit einem Israeli in Tel Aviv ein Interview führe, dann sollte ich wissen, dass er selbst bereits vor 20 Jahren im Libanon-Krieg gegen palästinensische Terroristen gekämpft hat. Ein solcher Gesprächsgast ist beim Thema „Krieg" emotional ganz anders beteiligt als jemand, der vielleicht erst vor drei Jahren eingewandert und für den das vielleicht die allererste Kriegserfahrung ist. Um Positionen einordnen zu können, muss ich wissen: Wo kommt jemand emotional her? Was bringt er oder sie mit? Wie wird er auf bestimmte Dinge reagieren?

Es geht also nicht nur um das Fachliche. Im Idealfall bietet ein Gast mehrere Anknüpfungsebenen. Ich muss offen dafür sein, das zu erkennen. Die Vorbereitung befähigt mich dazu. Im nächsten Schritt schaue ich dann praktisch „von oben" auf das Panel: Wie stehen die Protagonistinnen und Protagonisten zueinander? Wer steht wofür? Wo gibt es Gemeinsamkeiten? Wo könnte es Reibungspunkte geben, die ich nutzen kann? Ich muss vorab versuchen, zwischen den Extremen einzuschätzen: Gibt es eher eine laute Runde, in der sich alle nicht ausreden lassen? Oder – das andere Extrem – sind sich alle einig und das wird eine langweilige „Wohlfühlrunde"?

Wie schreibst du das alles auf deine Moderationskarten?

Ich habe verschiedene Sachen ausprobiert. Da muss jeder seine beste Methode finden. Es hängt auch davon ab, wie viele Leute auf dem Podium sitzen. Bei nur zwei Gästen arbeite ich weniger mit Karten als vielmehr mit DIN-A4-Blättern. Da habe ich mehr Platz. Es fällt auch kaum auf, wenn die Blätter auf meinem Schoß liegen. Das ist auch deshalb nicht tragisch, weil jeder im Publikum erwartet, dass ich Unterlagen dabeihabe. Pro Gast lege ich ein Blatt an. Ganz oben steht dick und fett der jeweilige Name. Dann stehen im oberen Drittel der Seite prägnante Zitate des Protagonisten, und zwar nicht nur paraphrasiert, sondern wörtlich. Diese hieb- und stichfesten Zitate kann ich dann an passender Stelle platzieren: „Aber am 6. Juni haben Sie gesagt: …" Dann kommen die inhaltlichen Positionen des Gastes. Und darunter dann mögliche Fragen.

Je nach Thema drehe ich das manchmal auch um: erst die Fragen, dann die Zitate. Bei zwei Gästen springe ich dann zwischen den beiden Seiten mühelos hin und her. Bei mehr als zwei Gästen klappt das aber nicht. Da mache ich es dann so, dass ich mir auf einem Blatt den Gesprächsverlauf skizziere. Es geht los mit einer Einstiegsfragerunde, bei der ich jeden zu Beginn bewusst einmal zu Wort kommen lasse. Die Gäste fühlen sich dann fair behandelt, weil sie alle etwas sagen durften. Das Publikum hat gleich zu Beginn alle einmal sprechen hören und so kurz kennengelernt. Dann notiere ich Pfeiler, Themenblöcke, um die herum ich dann Fragen gruppiere. Daran kann ich mich entlanghangeln und darauf achten, wie die Gäste aufeinander reagieren. Aber oft genug fliegt das alles auch aus dem Fenster, weil sich viele Folgefragen aus den Antworten ergeben und so sich ein viel natürlicherer Gesprächsfluss einstellen kann.

Welche innere Haltung hast du während der Diskussion?

Ich lasse spontane Fragen und Gesprächsentwicklungen unbedingt zu, ich will flexibel in den Themen springen können, das ist wichtig. Man darf es sich als Moderatorin oder Moderator einer Podiumsdiskussion in seinem Talk-Sessel nicht bequem machen. Sondern ich folge gespannt dem Gesprächsverlauf und bin immer bereit für einen Richtungswechsel, für Überraschendes, bin quasi „sprungbereit". Die Amerikaner sagen dazu: „Sitting on the edge of your seat". Man sitzt gewissermaßen auf der Stuhlkante, mit Spannung, Anspannung, um dem Podium folgen und schnell reagieren zu können.

Wie holst du das Publikum ab?
Direkt zu Beginn. Als Moderatorin und als Moderator bist du ja in der Rolle der Gastgeberin oder des Gastgebers, für die Diskussionsteilnehmerinnen und -teilnehmer, aber eben auch für das Publikum. Am besten fällt man nicht mit der Tür ins Haus, sondern versucht bei der Begrüßung zu erklären, warum es gut, richtig und wichtig ist, dass das Publikum jetzt die nächste Stunde ihrer Lebenszeit damit verbringen wird, den Gesprächsgästen zuzuhören. Man muss als Moderator dafür „die Rampe bauen". Das heißt: das Thema würdigen, Spannung herstellen, Vorfreude schüren. Und nicht zwischen den Zeilen vermitteln: „Sorry, das Thema ist trocken, die Leute langweilig, aber da müssen wir jetzt durch, ich kann auch nichts dafür, dass der Veranstalter das jetzt so angeleiert hat."

Wie genau stellst du die Spannung her?
Oft ganz klassisch: Ich stelle die Gäste kurz vor, zusammen mit ihren Positionen. „Das ist die Abgeordnete X von der Y-Partei. A und B sind für sie genauso wichtig wie C und D." Das kennen wir von den Fernseh-Talkshows. Bei Markus Lanz ist es ausführlicher, bei *Hart aber fair* eher kürzer. Dort ist die Vorstellung mit einem Zitat versehen. Auf diesem Weg habe ich ganz schnell die Zutaten für das „Menü Podiumsdiskussion" zusammen, das klingt im Idealfall für das Publikum schon mal schmackhaft! Dann erläutere ich kurz die Themen, indem ich zum Beispiel ein paar zentrale Fragen in den Raum stelle, wenn möglich aus der Sicht des Publikums: „Warum fällt uns X so schwer? Was kommt mit dem Gesetz Y auf uns zu? Das alles

wollen wir jetzt von unseren Diskutantinnen und Diskutanten erfahren." Mit dieser Struktur kann ich in jede Podiumsdiskussion einsteigen, zugleich präsentiere ich mich als Bindeglied zwischen Podium und Publikum. Alle wissen ungefähr, was auf sie zukommt. Ich werbe für Themen und Personen, ich bin Dienstleister in der Sache, in gewisser Weise der „Master of Ceremonies".

Wie behalte ich als „Master of Ceremonies" das Zeitmanagement im Blick?

Ich muss auf Redeanteile achten, von Anfang an. Denn das Herausfordernde bei Podiumsdiskussionen ist meist, die Gesprächsgäste in ihrem Redefluss zu kappen. Diese Situation kommt viel häufiger vor, als die, bei der ich nicht mehr weiß, wie ich bei Einzelnen weitermachen soll. Wenn die erste Diskutantin mit ihrem Statement von fünf Minuten Länge gleich davongaloppiert, dann haben die anderen Gäste unterbewusst oder auch ganz bewusst das Gefühl: „So, die Zeit nehme ich mir jetzt aber auch!"

Da muss man als Moderatorin oder Moderator früh klar machen: „Das sind alles interessante Aspekte, aber uns geht es ja jetzt eher um das Thema X." Unterbrechen ist in einem solchen Fall wichtig, um zu signalisieren, dass es in eine falsche Richtung läuft. Reingrätschen darf und soll man auch, wenn erfahrene Diskutantinnen rhetorisch tricksen, um meiner Frage oder einer anderen Position auszuweichen: „Darauf gehe ich gleich gern ein, aber was ich zunächst sagen will ..." Hier muss ich schnell einhaken: „Ich weiß, Sie möchten dazu tausend Sachen sagen, aber ganz konkret wurde hier Y behauptet. Was sagen Sie dazu?"

Wie unterbreche ich richtig?

Jeder Mensch muss Luft holen. In diese Atempausen kann ich bewusst reingehen. Bei einer Podiumsdiskussion steht mir außerdem die ganze Klaviatur des Nonverbalen zur Verfügung. Ich kann mich zum Beispiel nach vorn zu einer Gesprächspartnerin beugen, im

Sinne von „ich hab's verstanden". Ich kann Handzeichen einsetzen, damit bestätigen oder beschwichtigen. Oder während eines Statements dem Nächsten signalisieren: „Ich habe dich gesehen, du kommst gleich dran." Ich kann zeigen, deuten, nicken. Ganz einfach ist es, wenn ich das Mikro in der Hand halte und damit herumgehe. Dann habe ich, wenn man so will, die „Macht", das Mikro auch wegzuziehen. Auf dem Podium hat aber meist jeder sein eigenes Mikro. Da hilft dann nur die klare Ansage: erst Herr X, dann Frau Y, dann Frau Z.

Wie gehst du mit kritischen Gesprächssituationen um?
Da muss ich zuerst unterscheiden und für mich einordnen: War das jetzt ein Meinungsbeitrag, der das Publikum polarisiert? Oder war es ein Beitrag außerhalb des demokratischen Spektrums, vielleicht auch aus der Richtung „Fake News" oder einfach eine Lüge? Wenn das Publikum murmelnd oder auch empört auf einen Meinungsbeitrag reagiert oder gar eine weitere Ausführung in die Richtung durch Stören unterbindet, dann gehört es gegebenenfalls auch zum Job, auf die Meinungsfreiheit hinzuweisen, darauf, dass dieses Argument auch Teil des Themas ist, und bitte, das zu akzeptieren und sich tolerant zu zeigen. Ich erläutere die Funktion des Podiums.

Man muss so versuchen, die Emotionen herunterzukochen. Aber Volksverhetzendes muss man, wie gesagt, sofort einordnen. Wenn etwa Antisemitisches geäußert wird, dann kann ich nicht einfach so tun, als sei das halt ein Meinungsbeitrag. Genauso wenig, wenn auf einem Podium wissenschaftliche Fakten verdreht werden. Jeder hat das Recht zu einer eigenen Meinung, aber nicht zu eigenen Fakten. Es gibt keine Äquidistanz zu falschen Fakten und Behauptungen. Und erst recht nicht zu Lügen. Da kann man nicht einfach relativieren und sagen, das sei jetzt eben „eine Meinung von vielen".

Wie ordnet das eine Moderatorin oder ein Moderator denn passend ein?

Wichtig ist, dass man nicht selbst emotional mit einsteigt und betroffen kommentiert: „Wie können Sie so etwas behaupten?" Passender ist es, sich auf Fakten zu berufen und – wenn es zum Beispiel um Klimawandel geht – zu sagen: „Das widerspricht allen wissenschaftlichen Erkenntnissen, die es gibt." Wenn man sich als Moderatorin oder als Moderator dazu nicht sicher genug fühlt, kann er oder sie ja den Ball wieder weitergeben an einen der anderen Diskutantinnen und Diskutanten: „Das scheint mir jetzt eine steile Behauptung von Herrn X. Frau Y, kann man das so stehen lassen?" Wenn ich es über mich laufen lassen will, kann ich auch formulieren: „Ich persönlich habe auch eine Meinung dazu, aber um mich geht's hier nicht. Frau Y, was sagen Sie dazu?" Das ist eine Gratwanderung: Man darf nicht selbst zur Zielscheibe werden, muss die Dinge aber auch beim Namen nennen.

Wie gesagt: Etwas, das außerhalb der Verfassung steht, kann kein Meinungsbeitrag sein. Das muss man dann benennen und im schlimmsten Fall das Wort entziehen oder den Diskutanten auffordern, die Bühne zu verlassen. So extrem wird es aber selten. Demokratiefeindliche Botschaften kommen unterschwelliger daher, vielleicht werden gewisse Codes platziert. Unser Job als Moderator ist es erst einmal, sichtbar zu machen: Wofür stehen die einzelnen Panel-Teilnehmer? Anders als beim Eins-zu-eins-Interview muss ich dann die Gegenposition nicht zwingend selbst aufbauen. Die anderen Gäste auf dem Panel werden die Gelegenheit nutzen, um mit ihren Positionen dagegen vorzugehen. Dafür räume ich Platz ein.

Welchen Tipp gibst du neuen Moderator:innen auf den Weg?

Der erste Tipp: Nutze die Minuten vor dem Podium. Es ist ja selten so, dass man sich erst auf der Bühne vor dem Publikum kennenlernt. Meist gibt es einen Raum, wo die Gäste ihre Taschen abstellen. Als eine Art „Warm-up" für das Podium nehme ich dort Temperaturfühlung auf. Ich kümmere mich um die Gefühls- oder Gesprächsatmosphäre. Wie sind die Gäste drauf? In der Regel freut er oder sie sich, dass er eingeladen wurde, um ihre oder seine Position darstellen zu können. Das nutze ich, um mit ihnen den Rahmen abzustecken. Ich hole sie in einem kurzen Gespräch ab, kann ihnen die Spielregeln erläutern, darüber sprechen, wie das nachher laufen wird. Damit baue ich Vertrauen auf. Ich nehme die Gäste wahr und schaue ihnen in die Augen und sage zum Beispiel: „Gut, dass Sie da sind und die Zeit gefunden haben. Schön, dass Sie sich dem Thema stellen, trotz der schwierigen Lage." Ich will ja die Gäste mit in das Boot „Podium" holen. Das geht über das Zwischenmenschliche.

Der zweite Tipp?

Trau es dir zu! Das klingt jetzt so simpel. „Einfach machen und ausprobieren" ist aber der Schlüssel. Nur so erfährt man, wie es sich anfühlt. Die Podiumsdiskussion ist eine von diesen Dingen, für die man nur ein Gefühl entwickeln kann, wenn man sie selbst macht.

Kurz gesagt

- Podiumsdiskussionen ermöglichen direkten Austausch.
- Weites Kommunikationsspektrum durch das Nonverbale.
- Publikum ist Echokammer.
- Podiumsdiskussionen bringen Erkenntnisgewinne.
- Ein Thema aus verschiedenen Perspektiven.
- Moderator:in ist Anwält:in des Publikums.
- Moderator:in hält Bälle in der Luft.
- Moderator:in führt Gesprächsregie.
- Moderator:in ist „Master of Ceremonies".

Checkliste

- ☐ Gesprächsverlauf antizipieren.
- ☐ Gesprächspartner:innen ausrecherchieren.
- ☐ Alle Notizen auf je ein Din-A4-Blatt
- ☐ Vorab Vertrauen zu Gästen aufbauen.
- ☐ Bedingungslos zuhören.
- ☐ Argumente direkt an andere weitergeben.
- ☐ Unterbrechen mit Handzeichen oder beim Luft holen.
- ☐ Fallback-Fragen zurechtlegen.
- ☐ Schwenk in die Praxis hilft, wenn Diskussion stockt.
- ☐ Gespräch „sprungbereit" mitverfolgen.
- ☐ Lügen sind kein Meinungsbeitrag.
- ☐ Verfassungsfeindliches ausschließen.
- ☐ Nicht emotional mit einsteigen.
- ☐ Podium nicht zur eigenen Bühne machen.

B

DIE ROLLE DER MODERATOR:INNEN

B1 ROLLEN-VERSTÄNDNIS

Für Ingo Zamperoni ist die Sache klar: Wenn er ein Podium moderiert, dann in der Rolle, in der ihn das Publikum wahrnimmt und kennt – als Journalist. Er steht für das, was Qualitätsjournalismus ausmacht: die saubere und tiefe Recherche und die kompetenten und klug entwickelten Fragen. Er übersetzt komplizierte Sachverhalte für das Publikum und nutzt dafür eine möglichst verständliche und zielgruppengerechte Sprache, mit der er das Publikum durch das Thema lotst.

Damit wären die wesentlichen Werkzeuge des journalistischen Handwerks beschrieben, die auch alle anderen Moderator:innen nutzen können, um Inhalte für ein Podium aufzuarbeiten und zu präsentieren. Das gilt auch für diejenigen, die nicht über einen journalistischen Hintergrund verfügen. Denn dass es bei der Diskussion kompetent, fair und mehrperspektivisch zugehen soll, ist schlicht die Erwartungshaltung des Publikums. Schauen wir uns das klassische Setting einer Podiumsdiskussion einmal an: vier Diskutant:innen und der Moderator.

Abb. 5: Podiumsdiskussion des Pestalozzi-Fröbel-Verbandes e.V. in Berlin im September 2023. Expert:innen diskutieren die künftige Entwicklung des Verbandes.

Wie nimmt das Publikum den Moderator wahr? Es fragt sich nicht: „Ist er Journalist?" Es fragt sich auch nicht: „Ist er Experte? Programmleiter? Pressesprecher? Professor?" All das kann zwar der Fall sein. Aber in dem Augenblick, in dem sich Moderator:innen in den Sessel in der Mitte setzen, weisen die Zuschauer:innen ihnen die passende Rolle in diesem Augenblick zu: Sie müssen sie nicht erarbeiten, sondern sie wird ihnen vorab zugebilligt, fällt in den Schoß, ist einfach da.

Dieses öffentliche Empfinden steht aber oft genug im Gegensatz zur Selbstwahrnehmung in diesem Augenblick. Sie ist von vielen Unsicherheiten geprägt, im Kopf dreht sich das Lampenfieberkarussell: Bin ich kompetent genug? Habe ich das Thema im Griff? Nimmt man mich ernst? Habe ich die richtigen Fragen? Funktioniert der Einstieg? Ist mein roter Faden schlüssig? Spreche ich deutlich genug? Habe ich die Namen parat? Wird der Diskutant links außen friedlich bleiben? Niemand im Zuschauerraum stellt sich auch nur eine dieser Lampenfieberfragen, im Gegenteil. Die Headline labelt das Podium. Sie prangt auf der Folie über der Bühne: *Mit Fröbel zurück in die Zukunft*. Kein Grund also, die Kompetenz der Fünf auf der Bühne infrage zu stellen. Das Publikum steht zu Beginn einer Diskussion auf der Seite der Moderator:innen. Das verleiht ihnen Autorität und einen gewissen Schutz der Position und der Rolle in dieser Situation. Das zu wissen, nimmt Druck und entlastet. Im Verlauf der Diskussion müssen die Moderator:innen dann zeigen, ob sie dem gerecht werden.

Das Setting auf dem Foto spiegelt unsere Assoziation des Begriffs „Podiumsdiskussion". Wir gehen davon aus, dass hier ein Moderator und vier Expert:innen mit unterschiedlichen Hintergründen die Zukunft eines Verbandes offen und kritisch diskutiert haben. In uns, im Publikum ist dieses Bild der journalistischen, Inhalte getriebenen Moderation tief verankert. Stimmt das gelernte Bild mit der Realität dann nicht überein, kommt es schnell zu Dissonanzen. Die Diskussion wird als „nicht stimmig" wahrgenommen, die Moderator:innen als „inkompetent" oder als „zu unkritisch". Oder er oder sie wird als jemand wahrgenommen, der oder die einfach nur Fragen abspult. Aber vielleicht ist das in bestimmten Fällen genau so gewollt? Deshalb ist es wichtig, vorab zu prüfen, welche Funktion bzw. Rolle Moderator:innen einnehmen sollen, wenn es nicht die journalistisch-kritische ist.

Beispiel 1: Die Rolle der Dienstleisterin

Eine Universität veranstaltet einen Fachtag zum Thema „E-Teaching". Der Tag wird mit einem Podiumsgespräch von einer Stunde Dauer eröffnet. Auf der Bühne sitzen eine Moderatorin und sechs Expert:innen, die alle über spezifische E-Learning-Erfahrungen verfügen. Das Ziel des Podiums für die Universität: Das Themengebiet soll zu Beginn des Fachtages möglichst schlaglichtartig aufgefächert werden – keine Diskussion, sondern eher Präsentationen. Die unausgesprochene Erwartungshaltung im Publikum ist eine andere, wenn es dieses Setting auf der Bühne wahrnimmt.

Die Zuschauer:innen nehmen an, dass die Expert:innen die Vor- und Nachteile ihrer Konzepte untereinander kritisch diskutieren werden. Hier lauert die Dissonanzgefahr. Die Moderatorin erklärt deshalb ihre Rolle als moderierende Dienstleisterin und betreibt gegenüber dem Publikum gezieltes Erwartungsmanagement: „Die sechs Expert:innen schildern ihre E-Learning-Konzepte. Sie erhalten in einer Stunde einen guten Überblick. Kritisch beleuchten werden wir die Konzepte dann später in den einzelnen Panels, nicht jetzt hier auf dem Podium."

Beispiel 2: Die Rolle der Pseudo-Journalistin

Ein Unternehmen will sich auf einer Messe mit einem neuen Produkt präsentieren. Es beauftragt eine Moderatorin, in mehreren Schleifen Podien zu dem neuen Produkt zu moderieren. Es nehmen der Geschäftsführer, der Entwickler, die Vertrieblerin und eine Test-Userin Platz. Die Idee des Auftraggebers: Die Moderatorin soll zwar kritisch fragen, aber immer nur so, dass am Ende eine schlüssige Antwort steht. Das kritische Element hat hierbei eher den Charakter eines Schauspiels. Aus diesem Grund skripten manche Unternehmen Fragen und Antworten vorab. Zum einen, um die Inhalte berechenbar zu halten. Zum anderen aber auch, um die eigenen Mitarbeiter:innen im Gespräch abzusichern. Das Unternehmen kauft die Rolle der „Pseudojournalistin" bewusst ein. Die Moderatorin kann und muss für sich entscheiden, ob sie sich damit im Einklang befindet.

Ein kleiner Exkurs lohnt an dieser Stelle. Im Frühjahr 2023 geriet die bekannte TV-Moderatorin Linda Zervakis in die Schlagzeilen. Das Kanzleramt zahlte ihr eine sogenannte „Kostenpauschale" dafür, dass sie auf einer Digitalmesse den Bundeskanzler interviewte. Der Vorgang brachte einen Stein ins Rollen. Diskutiert wurde in der Medienszene darüber, wann sich wie welche Interessenkonflikte zwischen der journalistischen Rolle und einer bezahlten Moderation ergeben. Linda Zervakis' Management versuchte gegenüber dem Portal t-online am 7.3.2023 zu differenzieren: „Bei den [...] Veranstaltungen ist Linda Zervakis als Moderatorin, nicht als Journalistin tätig geworden." Wie sollen Zuschauer:innen das unterscheiden? Die Vermischung der Rollen ist für Journalist:innen konfliktträchtig. Sie müssen selbstkritisch abwägen, ob die Moderation aus berufsethischer Sicht vertretbar ist.

Beispiel 3: Die Rolle der Expertin

Die Programmleiterin einer Stiftung veranstaltet eine Podiumsdiskussion zum Thema „Frühkindliche Bildung". Sie selbst fördert etliche Projekte und kennt alle Aspekte des Themas in- und auswendig. Sie beschließt, das Podium selbst zu moderieren. In die Diskussion bringt sie immer wieder eigene Erfahrungen ein. Sie fragt also nicht nur in der Rolle der Moderatorin, sondern sie leistet inhaltliche Beiträge als Expertin. Für die Runde ist der fachliche Austausch bereichernd. Für die Moderatorin wird es im Verlauf der Diskussion schwierig. Denn von den anderen Expert:innen wird sie nicht nur als Moderatorin, sondern nun auch als Expertin adressiert, sie muss Position beziehen. Streng genommen müsste sie sich als Moderatorin sogar selbst befragen. Für das Publikum ist die Dissonanz schnell spürbar. Um den Konflikt aufzulösen, hilft es, die Rollen während der Diskussion eindeutig zu benennen: „Ich verlasse jetzt einmal die Rolle der Moderatorin und spreche als Expertin für mein Projekt XYZ."

Die drei Beispiele zeigen: Es gibt nicht „die eine Rolle" für die Moderator:innen von Podiumsdiskussionen. Sie wird bestimmt durch den eigenen Hintergrund, durch die Erwartungshaltung der Auftraggeber:innen und auch durch die Bilder im Kopf des Publikums. Aus alledem setzt sich das zusammen, was man als „Moderationshaltung" bezeichnen kann, nämlich aus der

1. *ethischen Haltung:* Welche Überzeugungen vertrete ich in Bezug auf meine Rolle?
2. *beruflichen Haltung:* Welche Chancen ergeben sich aus meinem professionellen Umfeld für meine Rolle als Moderator:in, welche Interessenkonflikte könnten sich ergeben?
3. *inhaltlichen Haltung:* Für welche thematischen Präferenzen stehe ich und wie prägen sie meine Rolle als Moderator:in?

Kurz gesagt

- Moderator:innen sind Fürsprecher:innen des Publikums.
- Es gibt nicht nur „die eine Moderator:innenrolle".
- Die eigene Rolle kommunizieren.
- Rollenunklarheit führt zu Dissonanzen.

Checkliste

Vorab klären:

- ☐ In welcher Rolle moderiere ich?
- ☐ Wie ist meine ethische Haltung?
- ☐ Wie ist meine berufliche Haltung?
- ☐ Wie ist meine inhaltliche Haltung?

B2 AUFGABEN DER MODERATOR:INNEN

Gehen wir die Aufgaben durch, die sich für den oder die Moderator:in aus drei Perspektiven stellen. Es geht um die

1. Aufgaben für Moderator:innen mit Blick auf den Inhalt,
2. Aufgaben mit Blick auf die Diskussionsteilnehmer:innen,
3. Aufgaben mit Blick auf das Publikum.

Das Aufgabenspektrum zeigt, dass es für Moderator:innen von Podiumsdiskussionen nie nur um Fragen und Antworten geht. Vielmehr teilen sie ihre Aufmerksamkeit auf dem Podium immer in drei Richtungen, auf drei Ebenen gleichzeitig nehmen Moderator:innen das Geschehen wahr. Schauen wir uns auch das in einem klassischen Setting an.

Abb. 6: Ingo Zamperoni moderiert eine Podiumsdiskussion auf dem Wissenschaftsfestival der Stadt Stuttgart.

Auf dem Foto moderiert Ingo Zamperoni im Juni 2022 beim Stuttgarter Wissenschaftsfestival im Rathaus der Stadt Stuttgart ein Podium zum Thema *Seriöser Journalismus in unruhigen Zeiten*. Er hat sich den Sitzplatz in der Draufsicht links außen ausgesucht. Die Farben der Pfeile stehen für die unterschiedlichen Ebenen der Aufmerksamkeit. Der rote Pfeil ist auf den Moderator selbst gerichtet, denn im Kopf des Moderators spielt sich die innere Dramaturgie ab. Das Skript auf dem Schoß und die Gedanken dazu im Kopf binden auf dieser Ebene. Was fragt der Moderator wann, wen und warum?

Die blauen Pfeile stehen für die Aufgaben mit Blick auf die Gesprächspartner:innen. Der Moderator hat im Blick und im Gespür: Wie reagiert welcher Gast auf welche Aussage? Ist sie betroffen? Reagiert er zurückhaltend? Das zu registrieren ist Pflicht für den Moderator, die Reaktionen der Gäst:innen sind sein Gestaltungsmaterial. Er muss es nur mitbekommen.

Die weißen Pfeile schließlich sind in den Raum gerichtet. Der Moderator öffnet sich hin zum Publikum. Seine relativ offene Sitzhaltung bringt das zum Ausdruck. Er schottet das Publikum nicht vom Podium ab, sondern signalisiert den Zuhörer:innen, dass er sie sieht und spürt, sie gegebenenfalls einbeziehen kann und sie adressiert. Er macht seinen Job für sie. Diese Interaktionen in drei Richtungen gehen weit über das hinaus, was ein reines Interview oder ein Zwiegespräch ausmacht. Schauen wir uns die Aufgaben auf den einzelnen Ebenen genauer an.

1. Aufgaben für Moderator:innen mit Blick auf den Inhalt

Gehen wir von einer inhaltgetriebenen Podiumsdiskussion im journalistischen Sinne aus, dann gelten die journalistischen Qualitätskriterien, die sich gut definieren lassen und auch Benchmark für Moderator:innen ohne einen spezifisch journalistischen Hintergrund sind. Auch sie müssen sich ja der Frage stellen: Wann ist eine Diskussion gelungen? Immer dann, wenn die Moderation diese inhaltlich-strategischen Aspekte berücksichtigt:

- Inhalte einordnen.
  Beispiel: „Sie haben gerade Steuersenkungen ins Spiel gebracht. Warum war das in der Vergangenheit nie Thema?"
- Komplexe Sachverhalte verständlich vermitteln, Moderator:innen werden zu Übersetzer:innen für das Publikum.
  Beispiel: „Sie sprechen von der Steuerprogression. Ich darf kurz erläutern: Dahinter steckt die Idee: Wer viel verdient, muss mehr Steuern zahlen als jemand, der weniger verdient."
- Für Hintergründe und Zusammenhänge sensibilisieren und recherchierte Hintergrundinformationen einfließen lassen.
  Beispiel: „Das Thema Erbschaftssteuer emotionalisiert. Am tatsächlichen Steueraufkommen macht es gerade mal 1 % aus, weniger als etwa die Tabaksteuer bringt."
- Fakten und Meinung trennen, die eigene Haltung transparent machen, Subjektives und Objektives kennzeichnen.
  Beispiel: „Erbschaftssteuern sollten bei der Vermögensverteilung eine stärkere Rolle spielen, finde ich. Mit meiner Meinung bin ich nicht allein. Der Verband XY setzt sich für die Reform der Erbschaftsteuer ein. Zu Recht, Frau Y?"
- Bei Kontroversen für Ausgewogenheit sorgen, unterschiedliche Meinungen zu Wort kommen lassen.
  Beispiel: „Frau Z, Sie haben jetzt ausführlich begründet, warum die Erbschaftsteuer aus Ihrer Sicht den Mittelstand gefährdet. Herr Y, wie ist Ihre Haltung dazu?"
- Quellen offenlegen.
  Beispiel: „Die Erbschaftssteuer macht 1 % am Steueraufkommen aus. Diese Zahl stammt übrigens vom Statistischen Bundesamt. Ist das viel oder wenig, Frau AB?"
- Gründe für das Weglassen von Informationen offenlegen.
  Beispiel: „Wir lernen: Andere Steuerarten haben eine viel größere Wirkung auf den Bundeshauhalt. Das soll jetzt aber nicht unser Thema sein, uns geht es heute um die soziale Wirkung der Erbschaftssteuer."

- Die Mehrperspektivität eines Themas sichtbar machen.
  Beispiel: „Bei der Steuer geht es um die Neiddebatte auf der einen Seite, um die Frage einer sozialen Gerechtigkeit auf der anderen Seite. Es geht darum, dass das Thema bei Familien eine Rolle spielt genauso wie in der Wirtschaft, die mit der Steuer um ihr Unternehmenskapital fürchtet."
- Kriterien benennen, die für das Publikum wichtig sind.
  Beispiel: „Neben den ökonomischen Auswirkungen hat die Erbschaftssteuer auch einen gesellschaftspolitischen Aspekt. Welche Bedeutung hat die Erbschaftssteuer für unser Zusammenleben? Was an ihr empfinden wir als gerecht – oder eben nicht? Das geht uns alle an."

Die Intensität und Tiefe, mit der die Moderator:innen in die Übersetzungsleistung gehen, hängt vom Detailwissen des Publikums ab. Je unwissender das Publikum, desto wichtiger ist es, zu übersetzen und zu erklären. Bei einem Fachtag mit lauter Expert:innen im Auditorium ist das weniger wichtig. In diesem Fall besteht die Herausforderung eher darin, Themenkompetenz auszustrahlen.

2. Aufgaben für Moderator:innen mit Blick auf die Diskutant:innen

Die Kernaufgabe der Moderation besteht darin, das Gespräch zu führen und zu leiten. „Leitungsfunktion": Das klingt nach Hierarchie und Macht. Darum geht es nicht, Moderator:innen üben keine Macht aus, aber sie füllen ihre Rolle durchaus machtvoll. Das bedeutet: Die Diskutant:innen erwarten von Moderator:innen, dass sie das Gespräch aktiv steuern, dass sie eingreifen, unterbrechen, verkürzen oder beschleunigen. Die Wechselwirkungen zwischen Gesprächsgast und Moderator:in sind entscheidend dafür, dass dieser Prozess gelingt. Dabei geht es wieder um mehr als nur „Frage und Antwort".

Abb. 7: Moderator Stephan Ferdinand (links) im Gespräch mit einem Podiumsgast.

Der Gesprächsgast rechts im Bild antwortet dem Moderator. Zwischen den beiden besteht auch eine emotionale Beziehung. Der Gast lächelt, der Moderator greift es in seiner Mimik auf. Er hört offenbar amüsiert zu, die Blicke treffen sich, man spricht auf Augenhöhe. Der Gast vertraut dem Moderator und verleiht ihm damit eine Autorität auf Zeit. Er adressiert den Moderator in seiner Gastgeberrolle. Das schützt ihn gleichzeitig für die ganze Runde, denn die Moderator:innenrolle wird nicht infrage gestellt. Das, was Moderator:innen auf dem Podium sagen oder tun, hat Geltung. Sie legen die Regeln fest, nach denen der Austausch stattfindet, sie üben die Kontrolle aus. Das macht einerseits frei und erlaubt Spielräume. Andererseits tragen Moderator:innen ihren Diskutant:innen gegenüber damit eine besondere Verantwortung, der sie gerecht werden müssen. Wann also ist eine Diskussion mit Blick auf die Diskutant:innen gelungen? Immer dann, wenn diese Aspekte Berücksichtigung finden:

Moderator:innen setzen ihre Sinne ein

Um Diskutierende auf einem Podium angemessen wahrnehmen zu können, muss ich „die Ohren spitzen". Es geht also um bewusstes, aktives Zuhören. Wenn ich mich als Moderator:in mit meiner Agenda im Kopf befasse, darüber nachdenke, was ich als Nächstes frage, höre ich schon nicht mehr zu. Die Gefahr: Wichtige inhaltliche Punkte rauschen vorüber und fehlen vielleicht für eine Konfrontation. Moderator:innen werden dann vom Publikum als nicht aufmerksam wahrgenommen.

Moderator:innen schauen zudem genau hin. Sie achten auf die Gestik und die Mimik der anderen Diskutant:innen und schärfen ihre Sinne für die nonverbalen Signale in der Runde. Ablehnung, Zustimmung, Erstaunen oder Protest spiegeln sich in der Körpersprache und dem Gesicht der Diskutant:innen.

Moderator:innen begegnen den Diskutant:innen und ihren Themen mit Respekt

„Respekt" bedeutet dabei keineswegs eine devote oder unkritische Haltung. Es bedeutet vielmehr, dass Moderator:innen ihre Gäst:innen ernst nehmen in ihrer Art, mit allen Hintergründen, Themen und Meinungen, völlig unabhängig davon, ob das von den Moderator:innen persönlich geteilt wird oder nicht. Moderator:innen zeigen ein ehrliches Interesse am Gegenüber. Spüren Diskutant:innen, dass ihnen anders begegnet wird, steigen sie entweder aus oder arbeiten gegen die Moderation und die Diskussionsrunde.

Moderator:innen machen die Anliegen der Diskutant:innen sichtbar

Mit ihrer Rolle sind Moderator:innen deutlich sichtbar auf dem Podium – ganz von allein. Das gilt für die Diskutant:innen nicht zwingend. Für sie müssen die Moderator:innen den passenden Raum schaffen. In Abbildung 7 ist sichtbar, dass der Diskutant diesen Raum nutzt, den ihm der Moderator eingeräumt hat. Moderator:innen schieben die Diskutant:innen nach vorn, nicht sich selbst. Das bedeutet im Umkehrschluss: Moderator:innen dürfen eine Podiumsdiskussion nicht als Plattform für die „eigene Show" missbrauchen. Die „Show" ist vielmehr ein Rahmen für die Diskutant:innen.

Die Diskutant:innen nutzen diesen Rahmen aus, um sich zu platzieren und ihre Anliegen einzubringen. Dafür tragen Moderator:innen mit den passenden Fragen Sorge. Passt hier alles, können sie eines dann nicht mehr steuern: die Qualität der jeweiligen Antworten. Denn dafür zeichnen die Diskutant:innen selbst verantwortlich. Die Diskussionsbeiträge gehen mit ihnen nach Hause, nicht mit den Moderator:innen. Das entlastet Diskussionsleiter:innen und gibt ihnen den gedanklichen Freiraum, mit den Diskussionsbeiträgen zu agieren. Im Vordergrund steht nicht die Frage „Ist der Beitrag gut oder schlecht?", sondern vielmehr die Frage „Was bedeutet er für die Runde und wie gehe ich mit ihm um?".

Moderator:innen leiten mit Empathie, aber ohne eigene Betroffenheit

Moderator:innen übernehmen für ein Podium auch eine soziale Funktion, die die Stimmung der Diskussionsrunde prägt. Sie vollziehen die Perspektiven, Gedanken und Emotionen der Diskutant:innen nach, versetzen sich in sie hinein und entwickeln Verständnis für Erfahrungen und Gefühle der anderen. Im Foto reagiert der Moderator auf den Gast mit einem Lachen. Moderator:innen zeigen also Empathie, grenzen ihre eigene Betroffenheit aber bewusst davon ab, weil es den Fokus des Gesprächs in Richtung der Moderator:innen verschiebt.

Ein Beispiel: Eine ehrenamtliche Helferin in einem Kinderhospiz berichtet über einen Arbeitstag mit einem Mädchen, das nicht mehr lange leben wird. Der Moderator zeigt sich erschüttert: „Ich könnte das gar nicht machen. Das ist ja furchtbar, oder?" So verständlich die Betroffenheit des Moderators erscheint, sie bietet für die Runde keinen Mehrwert. Er kann aber seine Gefühle zum Anlass nehmen – auch stellvertretend für die Gefühle des Publikums –, die Ehrenamtliche zu fragen: „Wie stecken Sie einen solchen Tag weg, was machen Sie mit ihren Gefühlen?" Die Diskutantin erläuterte so befragt die Rolle ihrer Supervision und was sie ihr bedeutet – ein Gesprächsmehrwert, der unmittelbar aus ihrer Lebenswelt kommt.

Sobald Mitleid, Mitgefühl, Trauer, Empörung oder Sorge im Spiel sind, gilt für Moderator:innen, die eigene Betroffenheit abzugrenzen. Je emotionaler das Thema, desto wichtiger diese Distanz zu sich selbst.

Moderator:innen halten sich mit persönlichen Kommentierungen und Bewertungen zurück

Moderator:innen müssen deshalb nicht als abstrakt-unpersönliche Neutren agieren. Vielmehr geht es um die feine Trennlinie zwischen persönlichem Stil und eigener Selbstdarstellung. Bemerkungen, die zu Lasten der Diskutant:innen gehen, werden schnell als übergriffig empfunden. Die scheinbar humorige Schlagfertigkeit des Moderators Thomas Gottschalk auf Kosten seiner Gäste auf der TV-Couch in der Sendung *Wetten, dass..?* wurde immer wieder kritisch diskutiert. Was in den 1990er-Jahren vielleicht noch als „frech" durchging, wird der aktuellen Gesprächskultur nicht mehr gerecht. Sie hat sich verändert und an Breite gewonnen. Der sensiblere Umgang mit Sprache und die Berücksichtigung diverserer Lebensrealitäten führen zu neuer Achtsamkeit und Vielfalt, auch und gerade auf Podien. Moderator:innen können sich hier passend positionieren.

Moderator:innen wirken ausgleichend

Diskussionsleiter:innen kontrollieren den Gesprächsablauf. Dabei achten sie bei den Diskutant:innen auf die passenden Wortanteile. Die können sich je nach inhaltlicher Gewichtung unterscheiden. Wenn es etwa um die Arbeitsbedingungen von Erzieher:innen in der Praxis geht, kann es sein, dass die Erzieher:innen auf dem Podium höhere Gesprächsanteile haben als der Verbandsfunktionär der

Gewerkschaft. Es kommt also nicht auf Gleichbehandlung an, sondern auf den passenden Ausgleich.

Dazu gehört ebenso, diejenigen einzubremsen, die in ihren Statements kein Ende finden. Unterbrechungen sind ausdrücklich erlaubt. Die etwas Stilleren werden stärker einbezogen. Verheddern sich Diskutant:innen in ihrer Geschichte, springen Moderator:innen ein und erzählen Geschichten gerafft zu Ende. Das ist dann der Fall, wenn Diskutant:innen jahre- oder jahrzehntelange Lebensabschnitte schildern. Wo anfangen und wo aufhören? Moderator:innen, die die Geschichte kennen, können in wenigen Sätze einkürzen.

Moderator:innen steuern Gesprächsfluss und -klima

Geht es hoch her und die Fetzen fliegen, steuern Moderator:innen dagegen. Sie strukturieren und weisen Wortmeldungen zu. Das deeskaliert und sorgt für Übersicht.

Umgekehrt lassen Moderator:innen die Diskussion laufen, wenn sie spannend und ergiebig ist. Wenn es gut läuft, „von allein", ist es nicht wichtig, ob und wann Moderator:innen wieder aktiv eingreifen. Der Gedanke: „Jetzt habe ich aber lange nichts gesagt" zählt nicht. In diesem Fall bestätigen Moderator:innen mit ihrer Zurückhaltung den Gesprächsfluss und das Gesprächsklima.

Moderator:innen steuern zudem das Gespräch, indem sie die Gesprächsfäden zwischen den Diskutant:innen knüpfen, nicht bei sich. Beispiel: Erklären sich Moderator:innen mit einem Podiumsgast solidarisch, werden sie selbst Partei und damit sofort angreifbar. Fragen sie indes bei Diskutantin X nach, ob sie auf einer Linie sei mit Diskutantin Y, werden beide Gäst:innen positioniert – und nicht die Moderator:innen. Die setzten sich ansonsten dem Risiko aus, die eigene Position erklären zu müssen. Moderator:innen sind nicht als Aktivist:innen in eigener Sache unterwegs, sondern verstehen sich als Dienstleister:innen für den Gesprächsfluss.

3. Aufgaben für Moderator:innen mit Blick auf das Publikum

Das Publikum hat ein ganz feines Gespür dafür, ob die Diskussion entlang der journalistischen Qualitätskriterien geführt wird. Es ist sozusagen „natürlich kompetent" in seiner Zuhörhaltung. Wenn das Publikum eine Schieflage in der Diskussion registriert, spüren das Moderator:innen unmittelbar. Das Gemurmel im Raum nimmt zu, die Unruhe steigt, vielleicht gibt es vereinzelt Zwischenrufe. Ein Beispiel: Eine Stiftung aus dem Energiesektor veranstaltet ein Podium zum Thema „Handel mit Umweltzertifikaten". Auf dem Podium sitzt eine EU-Kommissarin, ein Landesumweltminister, der CEO eines Energieunternehmens und die Vertreterin einer kritischen Nichtregierungsorganisation. Ein perfektes Tableau. Die Thematik ist komplex und hoch abstrakt. Der Moderator lässt sich daher vom Auftraggeber versichern, dass im Publikum Expert:innen sitzen, denen die groben Linien des Zertifikatehandels und die Wirkung auf Treibhausgasemissionen vertraut sind.

Die Diskussion startet, die Protagonist:innen steigen gern und tief ein, sie diskutieren leidenschaftlich. Nach etwa 30 Minuten aber ist die Unruhe so groß, dass der Moderator direkt ins Publikum fragt: „Was ist das Problem an der Diskussion?" „Wir verstehen kein Wort", schallt es zurück. Der Moderator wurde im Vorfeld falsch instruiert. In seiner Wirkung auf das Publikum hilft ihm das nicht. Er wird vom Publikum für die Schieflage verantwortlich gemacht, nicht der Veranstalter. Wann also ist eine Diskussion gelungen? Immer dann, wenn die Moderation diese Aspekte mit Blick auf das Publikum berücksichtigt.

Moderator:innen kennen den Wissensstand des Publikums

Die Diskussionsleiter:innen wissen in etwa, wer im Auditorium sitzt. Sie fragen die Auftraggeber:innen nach der Zielgruppe. Vielleicht gibt es eine Liste mit Namen und Funktionen der Eingeladenen. Sie hilft bei der Einschätzung des Wissensstands im Publikum weiter. Entsprechend passen Moderator:innen die jeweilige Tiefe ihrer „Übersetzungsleitung" an, je nach Kenntnisstand der Zielgruppe.

Denn grundsätzlich gilt: Moderator:innen sind verantwortlich für den Grad der Verständlichkeit auf dem Podium.

Im Zweifelsfall ist es für Moderator:innen immer passender, auf stärkere Verständlichkeit, denn auf Fachsprache zu setzen. Expert:innen im Publikum sind kaum genervt, wenn Grundlegendes noch einmal erklärt wird, im Gegenteil. Sie fühlen sich in ihrer Expertise meist bestätigt. Genervt sind vielmehr diejenigen, an denen das Podium vorbeirauscht.

Moderator:innen nehmen wahr, was im Publikum passiert

Moderator:innen öffnen damit ihren Wahrnehmungsraum über das Podium hinaus. Die weißen Pfeile in Abbildung 7 stehen auch für das Mindset der Moderator:innen in Bezug auf die Besucher:innen. Was denke ich über das Publikum? Wie empfinde ich es? Schüchtert es mich ein? Wirkt es bedrohlich? Macht es mir vielleicht sogar ein wenig Angst? Gerade diejenigen, die seltener vor Publikum auftreten, kennen solche Gedanken und Gefühle. Auch moderierende Fachexpert:innen, die es eher gewohnt sind, im vertrauten Umfeld zu agieren, verunsichert die Öffentlichkeit zunächst. Schließlich verfügt nicht jede:r über eine Art „Rampen-Gen", das hilft, Publikum als positive Bereicherung wahrzunehmen. Aber man kommt nicht drumherum: Moderator:innen müssen sich den Besucher:innen gegenüber öffnen. Für sie wird moderiert, Diskussionsleiter:innen müssen sie sehen, spüren und ihre Bedürfnisse wahrnehmen.

Kurz gesagt

- Moderator:innen ordnen ein, übersetzen und erklären.
- Sie haben alle Panelist:innen im Blick.
- Sie moderieren empathisch, steuernd und ausgleichend.
- Sie kennen den Wissensstand des Publikums.
- Sie nehmen Stimmungen im Publikum wahr.

B3 QUALITÄTS-KOMPONENTEN DER DISKUSSION

Auftraggeber:innen bewerten und buchen Moderator:innen oft wegen ihrer Wirkung. Man sucht die „lockere Moderatorin", den „frischen Moderator", jemanden, der auch „unterhaltend" oder „seriös" ist, „spontan", „schlagfertig", mit „freundlicher Ausstrahlung". Hinter all diesen Attributen steckt die berechtigte Erwartung, dass Moderator:innen über ihre Persönlichkeit eine Bindung zum Publikum aufbauen. Daneben gibt es aber noch weitere Qualitätskriterien, die für das Gelingen der Diskussion eine ebenso große Rolle spielen. In der Marktforschung, aber auch in der Personalentwicklung, werden sogenannte „Radardiagramme" genutzt, um möglichst viele Variablen gleichzeitig betrachten zu können. Kompetenzen in unterschiedlichen Ausprägungen werden schnell sichtbar, man kann Fähigkeiten gegenüberstellen und vergleichen. Für Feedbacks liefert das Radardiagramm ein tieferes Verständnis für Stärken und Schwächen in der Moderation.

Am äußeren Ring der Abbildung 8 sind die einzelnen Komponenten aufgeführt, die zu einer gelungenen Diskussion beitragen. 29 sind es, jeder Punkt steht für ein spezifisches Kriterium. Wie bei jedem Diagramm können die Variablen und ihre jeweilige Gewichtung diskutiert werden. Sind wirklich alle Kriterien berücksichtigt? Ist der Informationswert genauso relevant wie die Stimme? Die Grafik ersetzt nicht die präzise Analyse der Moderationsleistung und auch nicht die Interpretation der Ergebnisse. Aber sie liefert eine Grundlage, um Muster und Trends zu identifizieren und dann selbstkritisch mit der eigenen Moderation umzugehen. Sie visualisiert gleichzeitig in kompakter Form die unterschiedlichen Elemente einer Podiumsdiskussion aus Sicht der Moderator:innen und des Publikums. Bewertet wird nach einem umgekehrten Schulbenotungssystem. Dabei steht die 1 für „völlig unzureichend“, die 2 für ein „geht gerade so“, die 3 für „mittelmäßig“, die 4 für „gut gemacht“, die 5 für ein „optimal“ und die 6 für „herausragend“. Verschaffen Sie sich im Folgenden zunächst ein Bild über die Qualitätskriterien. Sie reißen an, was an anderer Stelle in diesem Buch vertieft wird. Entsprechend finden Sie am Ende jeder Erläuterung den Verweis auf das passende Kapitel. Im anschließenden „Praxistipp“ wird erklärt, wie Sie das Radardiagramm für sich selbst nutzen können.

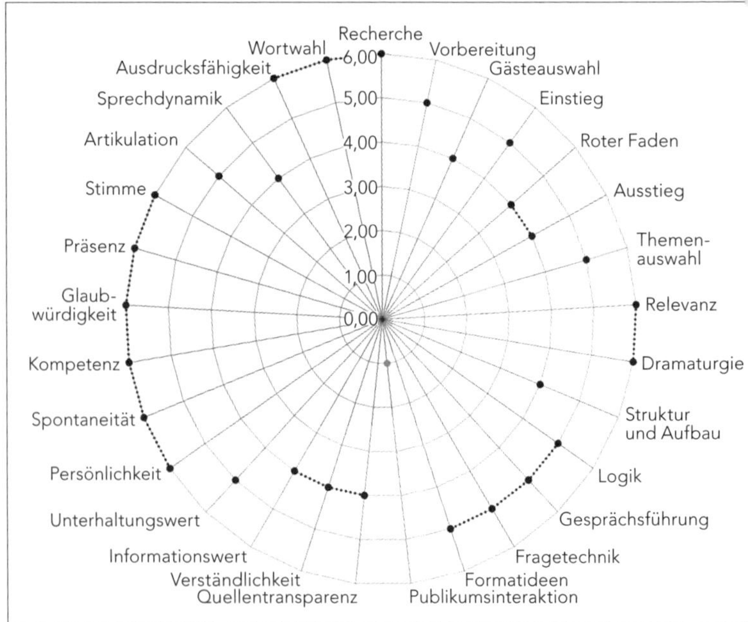

Abb. 8: Qualitätskomponenten im Spinnennetzdiagramm.

Persönlichkeit

Betreten Moderator:innen die Podiumsbühne, wirken sie durch Persönlichkeit und Ausstrahlung. Sind sie sich treu? Oder „verschwinden" Moderator:innen hinter der Rolle, dem Thema und der Fachlichkeit? Präsentieren die Moderator:innen eher ihr eigenes Ding, sodass das Thema in den Hintergrund rückt? Oder verstehen es die Moderator:innen, das Thema mit ihrer eigenen Persönlichkeit zu verknüpfen? Wird spürbar, was sie an dem jeweiligen Thema motiviert? Strahlen Moderator:innen in der Diskussionsrunde soziale Kompetenz aus? Wirken sie authentisch, empathisch und sensibel? Sind sie sich ihrer Vorbildfunktion bewusst? Vertiefendes Kapitel: B.

Relevanz

Während der Diskussion gewichten Moderator:innen die Themen. Wird klar, warum welcher Aspekt angesprochen oder weggelassen wird? Versteht das Publikum, warum welches Thema behandelt wird? Haben die Themen einen Gesprächswert, einen Informations- oder einen Unterhaltungswert? Sind sie praktisch relevant für die Zielgruppe und erfüllen sie die Erwartungen des Publikums? Vertiefendes Kapitel: B.

Quellentransparenz

Der transparente Umgang mit den Quellen macht Wortbeiträge nachvollziehbar und fördert das selbstständige Urteil im Publikum. Transparenz ist Merkmal für qualitätsjournalistisches Vorgehen. Sie beugt Fake News vor, schützt vor Interessenkonflikten und stärkt die Legitimität von Moderator:innen. Wird dem Publikum deutlich, woher die Moderator:innen ihr Wissen haben? Wird klar, aus welchen Quellen welche Fakten stammen? Werden Quellen nach Vertrauenswürdigkeit bewertet? Wird die Vielfalt der Perspektiven mit Quellenangaben untermauert? Vertiefendes Kapitel: B.

Formatideen
Wird das Diskussionsformat zielgruppengerecht umgesetzt und entspricht den Vorstellungen des Publikums? Werden im Gespräch anregende Elemente platziert, die über den reinen Frage-Antwort-Wechsel hinaus gehen? Gibt es Elemente, in denen Diskutant:innen spontan reagieren können? Ist eine Vielfalt an Formen erkennbar? Vertiefendes Kapitel: D.

Gästeauswahl
Alle für das Thema relevanten Positionen sollten sich in der Auswahl der Gäste spiegeln. Kommen die richtigen Betroffenen zu Wort? Sind alle Perspektiven abgedeckt? Sind Expert:innen involviert? Gibt es Menschen auf dem Podium, mit denen sich das Publikum identifizieren kann? Finden sich die Betroffenen wieder? Prominente? Die diverse Zusammensetzung der Diskutant:innen auf dem Podium steht für unterschiedliche Perspektiven und Lebenserfahrungen. Vertiefendes Kapitel: D.

Recherche
Moderator:innen sammeln Fakten und Informationen zum Themenfeld und den Protagonist:innen. Sie bauen Wissen gezielt auf, um kritisch hinterfragen und einordnen zu können. Sie erkennen die unterschiedlichen Perspektiven, um später in der Diskussion zu entscheiden, was zur Sprache kommt und was nicht. Sorgfältige Recherche macht sie sensibel für die Glaubwürdigkeit der Informationen. Sind sie kompetent genug, um Redebeiträge richtig einzuschätzen und zu wissen, wie sie für das weitere Gespräch genutzt werden können? Können Sie ergänzen, wenn Fakten fehlen? Vertiefendes Kapitel: E.

Vorbereitung
Wissen die Moderator:innen über ihre Panelist:innen Bescheid? Wissen sie, wie sie ticken? Was sie antreibt? Wo sie stehen? In persön-

lichen Gesprächen vorab machen sich Moderator:innen ein Bild ihrer Diskutant:innen. Sie werden sich dabei klar darüber, welche Ziele das Podium haben und welche Themen eine Rolle spielen sollen. Sie befähigen sich, den Gesprächsverlauf antizipieren zu können. Die Vorgespräche mit den Diskutant:innen machen sicher und bauen Vertrauen auf. Ist die Vorbereitung in der Diskussion spürbar? Vertiefendes Kapitel: E.

Einstieg

Mit dem Einstieg ziehen Moderator:innen das Publikum in das Thema hinein. Zum Auftakt des Podiums werden das Publikum angesprochen und die Panelist:innen vorgestellt. Dafür überlegen sich die Moderator:innen ein Einstiegsritual. Sie greifen zum Beispiel Aktuelles auf, erzählen eine Geschichte oder provozieren bewusst. Macht der Einstieg neugierig und Lust auf die Diskussion? Wirkt er ermutigend auf Diskutant:innen und Publikum? Vertiefendes Kapitel: E.

Roter Faden

In der Podiumsdiskussion werden mehrere Themenblöcke behandelt. Verknüpft werden sie durch den „roten Faden", der der Diskussion eine innere Struktur verleiht. Es entsteht das, was neudeutsch gern als „Narrativ" bezeichnet wird: eine Abfolge einzelner, kleiner Geschichten, die ein großes Ganzes mit Bedeutung ergeben. Sind die Moderator:innen in der Lage, zwischen den Geschichten zu navigieren? Oder gibt es unnötige Gesprächsschleifen und zu viele Nebenschauplätze? Vertiefendes Kapitel: E.

Ausstieg

Moderator:innen überlegen sich einen Ausstieg. Sie bitten die Teilnehmer:innen auf dem Podium um eine zentrale Botschaft oder gehen noch einmal auf die emotionalen, menschlichen Aspekte des vielleicht abstrakten Themas ein. Manchmal wird auch eine Klammer zum Einstieg hergestellt. Gibt es einen Ausblick, einen Blick in die

Zukunft? Wird Gemeinsames betont? Wird zur weiteren Diskussion aufgefordert? Gibt es eine Konklusion? Vertiefendes Kapitel: E.

Themenauswahl

Die Diskussion ist mit einer Headline überschrieben. Die Wahl der dazu passenden Themen bestimmt darüber, ob das Podium als stimmig wahrgenommen wird. Passen die Themen zur Überschrift? Passen die Themen zur Zielgruppe? Sind die Themen lebensnah, kontrovers, aktuell, originell und machen neugierig? Kommen alle signifikanten Perspektiven zur Sprache? Vertiefendes Kapitel: E.

Dramaturgie

Moderator:innen halten die Spannung für das Publikum aufrecht. Sie sorgen für die Wendepunkte oder kleine Überraschungen. Dabei gehen Zuschauer:innen gern mit. Gelingt es Moderator:innen, diese Dramaturgie umzusetzen? Erzielen sie mit ihren Fragen neben der sachlichen auch eine emotionale Wirkung? Steuern sie Dynamik und Tempo in der Diskussionsrunde? Vertiefendes Kapitel: E.

Struktur und Aufbau

Die Struktur einer Diskussion gliedert eine Diskussion in kleinere Einheiten, die leichter verständlich sind. Sie erlaubt einen klaren Blick auf die wesentlichen Punkte und hilft dem Publikum, sich zu orientieren. Sie hilft zudem, die Zeit einzuhalten. Hat der Aufbau nachvollziehbare Ziele? Kann das Publikum der Diskussion bzw. der Struktur gut folgen und die einzelnen Themenschritte nachvollziehen? Oder wird das Publikum ohne weitere Einordnung mit Fakten oder Meinungen konfrontiert? Vertiefendes Kapitel: E.

Logik

Folgen die Diskussionsbeiträge einer inneren Logik, die für das Publikum schlüssig ist? Oder gibt es logische Sprünge? Ist die Abfolge der Themen organisch oder wirkt sie eher zufällig? Sind die

Übergänge zwischen den Themen stimmig? Lernt und versteht das Publikum die Zusammenhänge? Wird Widersprüchliches erkennbar? Vertiefendes Kapitel: E.

Gesprächsführung

Moderator:innen führen die Diskutant:innen. Sie gleichen Wortanteile aus, befeuern oder befrieden. Sie müssen auch an passender Stelle unterbrechen. Gelingt das? Welchen Gesprächsstil haben sie? Sind sie Freundlich? Auf Augenhöhe? Kritisch? Insistierend, flexibel und anpassungsfähig, wenn nötig? Gelingt es Moderator:innen, die inhaltlichen Bälle im Spiel zu halten? Vertiefendes Kapitel: E.

Fragetechnik

Moderator:innen greifen Fakten auf. Sind alle zur richtigen Zeit präsent und können die passenden Fragen zum richtigen Zeitpunkt gestellt werden? Zum anderen gehen Moderator:innen aber auch einfühlsam mit den Emotionen der Diskutant:innen um. Ist die Kombination aus Fakten und Empathie in den Fragen gelungen? Werden Gespräche mit ehrlichem Interesse geführt oder wird nur abgefragt? Hören Moderator:innen aufmerksam zu und sind neugierig auf die Geschichten und Meinungen der Diskutant:innen? Gibt es reflektierende Fragen, die die Diskutant:innen herausfordern? Vertiefendes Kapitel: E.

Publikumsinteraktion

Das Publikum ist ein großer Seismograf für das Gelingen einer Podiumsdiskussion. Nehmen die Moderator:innen das Publikum angemessen wahr? Schauen sie ins Publikum, um die Stimmung dort zu erspüren? Werden die Themen mit der Lebenswirklichkeit des Publikums verknüpft bzw. abgeglichen? Wird aus der Perspektive des Publikums gefragt und deren Kernfragen aufgegriffen? Kann es partizipieren, indem es beispielsweise Fragen und Beiträge einbringt? Vertiefendes Kapitel: E.

Informationswert

Je höher der Informationswert, desto höher der Erkenntnisgewinn. Ist der Transfer von Wissen gelungen? Erfahren die Zuschauer:innen Dinge, die sie vorher noch nicht wussten? Gelingt es den Moderator:innen, die unterschiedlichen Standpunkte der Diskutant:innen sichtbar zu machen? Erläutern sie, welche neuen Aspekte dazugekommen sind und was bisher bekannt war? Werden Informationen genutzt, um lösungsorientiert zu diskutieren? Vertiefendes Kapitel: E.

Unterhaltungswert

Wenn das Publikum emotional reagiert, ist das im besten Sinne unterhaltend. Überraschendes, Lustiges, Trauriges oder Nachdenkliches führt zu diesen emotionalen Augenblicken, an die man sich später erinnert. Gibt es diese Momente, die dem Podium Leichtigkeit oder emotionale Tiefe verleihen? Sind die Moderator:innen unterhaltsam? Gelingt es ihnen, das richtige Maß ihres Humors einzubringen, um für positive Stimmung zu sorgen? Können die Moderator:innen auch über sich selbst lachen? Sind Begeisterung und positive Energie spürbar? Können sie Mitleid und Betroffenheit kontrollieren? Vertiefendes Kapitel: E.

Spontaneität

Können Moderator:innen schlagfertig auf Antworten der Diskutant:innen reagieren, mit eigenen Rückfragen oder passenden Kommentaren? Erfolgen die Repliken angemessen impulsiv und ohne langes Zögern? Sind Moderator:innen bereit und in der Lage, sich auf neue Gesprächssituationen sofort einzustellen? Zeigen sie sich offen und flexibel auf Veränderungen, die sich in der Diskussion ergeben? Sind sie in der Lage, neuen Gesprächslinien zu folgen, ohne das eigentliche Ziel aus den Augen zu verlieren? Vertiefendes Kapitel: E.

Kompetenz

Strahlen Moderator:innen eine inhaltliche, fachliche Kompetenz aus? Vermitteln sie den Eindruck, dass sie wissen, wovon sie sprechen? Oder wirken die Fragen abgelesen? Wirken sie klar, prägnant und eindeutig in der Kommunikation mit den Diskutant:innen? Strahlen sie Sicherheit aus? Diskutieren sie lösungs- oder ergebnisorientiert? Übernehmen sie Verantwortung für die Gesprächsabläufe? Vertiefendes Kapitel: E.

Glaubwürdigkeit

Stellen Moderator:innen Fakten als Fakten und Fake als Fake dar? Verstehen sie es, Tatsachen und Meinungen zu benennen? Wird Unbewiesenes als solches gekennzeichnet? Trennen Moderator:innen Objektives und Subjektives? Wird ehrlich und klar kommuniziert? Oder wirkt manches beschönigend? Werden Widersprüche angesprochen und aufgelöst? Sind die Moderator:innen transparent in ihrer Gesprächsführung und teilen ihr Wissen, damit die Runde weiterkommt? Zeigen die Moderator:innen Respekt gegenüber Meinungen und Panelist:innen? Vertiefendes Kapitel: E.

Verständlichkeit

Moderator:innen übersetzen komplexe Sachverhalte. Verständlichkeit trägt dazu bei, dass sich das Publikum angesprochen und integriert fühlt. Es wird zudem ermutigt, eigene Standpunkte einzubringen oder Fragen zu stellen. Niederschwellig liefern Moderator:innen Erklärungen oder sorgen dafür, dass Diskutant:innen diese Erklärungen einbringen. So werden Missverständnisse vermieden und Inhalte klarer kommuniziert. Ist das gelungen? Vertiefendes Kapitel: F.

Präsenz

Sprechen Moderator:innen die Diskutant:innen und das Publikum direkt an? Präsentieren Moderator:innen engagiert und erzählend? Oder wirkt es abgelesen und kontrolliert? Ist Begeisterung für die

Situation spürbar? Wirkt der Auftritt der Moderator:innen ermutigend? Prägen sie die Atmosphäre im Raum mit? Ist die Körpersprache authentisch und passend? Vertiefendes Kapitel: F.

Stimme

Podiumsgäst:innen und Publikum sind Spielflächen, die von den Moderator:innen über die Stimme erreicht und einbezogen werden können. Sprechen die Moderator:innen frei? Formulieren sie in Sprechsprache und eher aus dem Bauch und nicht aus dem Kopf heraus? Lösen sich die Moderator:innen von ihren Karten und adressieren die Umgebung um sie herum, ohne auf Vorformuliertes zu schauen? Sind sie stimmlich im Gesprächsmodus und nicht im Präsentationsmodus? Vertiefendes Kapitel: F.

Artikulation

Gute Artikulation ist ein Merkmal professioneller Kommunikation. Sind alle Wörter und Silben hörbar? Wird genuschelt? Oder wird überbetont? Ist die Artikulation zu stark und wirkt dadurch künstlich? Gibt es einen zu starken Singsang, weil auswendig gelernt wurde? Oder hört das Publikum, dass die Moderator:innen hinter dem stehen, was artikuliert wird? Spürt es eine aktive Ansprechhaltung der Moderator:innen? Vertiefendes Kapitel: F.

Sprechdynamik

Moderator:innen beeinflussen die Dynamik einer Diskussionsrunde, indem sie die Lautstärke, das Tempo, die Tonhöhe oder die Betonung ihrer Stimme bewusst einsetzen. Sie verleihen ihren Aussagen damit Ausdruckskraft und halten die Diskussionsrunde lebendig. Auch bewusste Pausen tragen zur Dynamik bei und können die Spannung erhöhen. Mit der Stimme können Stimmungen aufgriffen oder gekontert werden. Lautem kann Leises folgen oder umgekehrt. Gelingt den Moderator:innen eine situationsbezogene Sprechdynamik? Oder kommt alles zu monoton und gleichförmig daher? Vertiefendes Kapitel: F.

Ausdrucksfähigkeit

Ausdrucksfähigkeit bedeutet für Moderator:innen, ganzheitlich aufzutreten, mit dem gesprochenen Wort und der Körpersprache. Der bewusste Einsatz beider Sprachen erweitert das Kommunikationsspektrum. Verstehen es die Moderator:innen, Ausdrucksfähigkeit gezielt einzusetzen? Steuern sie mit sprachlichem Ausdruck, aber auch mit Mimik, Gestik und Blickkontakten das Geschehen? Sendet die Körperhaltung die passenden Signale aus? Ist Bewegung im Spiel? Variieren die Moderator:innen die Körpersprache, hören sie aktiv zu und signalisieren Offenheit? Vertiefendes Kapitel: F.

Wortwahl

Die Wortwahl ist die inhaltliche Visitenkarte von Moderator:innen. Ihr bewusster Einsatz sorgt für Nähe oder Distanz, für Verständlichkeit oder Verwirrung. Sie entscheidet darüber, wie Inhalte beim Publikum ankommen und wie sie interpretiert werden. Die Wortwahl kann höflich oder respektvoll wirken, frech oder aggressiv, parteiisch, erklärend, emotionalisierend oder neutral. Sind die Moderator:innen bei der Wortwahl zielführend? Berücksichtigen sie den Kontext der Diskussion? Wählen sie Wörter, die zur Zielgruppe passen? Verwenden Sie Jugendsprache, obwohl sie schon älteren Semesters sind? Machen sie Witze auf Kosten der Gäste? Oder sind sie witzig, weil sie es können? Achten sie auf gendergerechte Sprache? Vertiefendes Kapitel: F.

Übung Radardiagramm

Das Radardiagramm können Sie doppelt nutzen, um sich selbst als Moderator:in zu qualifizieren. Dabei gehen Sie wie folgt vor:

Schritt 1: Wenden Sie das Radardiagramm auf eine beliebige TV-Talkshow mit einem/r beliebigen Moderator:in an. Schlüpfen Sie in die Rolle des Publikums und bewerten Sie den oder die Moderator:in nach den oben aufgeführten Qualitätskomponenten. Auf diesem Wege schulen sie Ihre Beobachtungskompetenz und entwickeln ein Gefühl für die Qualitätskomponenten einer Podiumsdiskussion. Vielleicht animieren Sie Freund:innen, auch zu bewerten. Sie können die Ergebnisse Ihrer kleinen Marktforschung nebeneinanderlegen und diskutieren.

Schritt 2: Sie bereiten sich mit diesem Buch auf eine eigene „echte" Podiumsdiskussion vor und moderieren sie. Im Publikum platzieren Sie zwei Freund:innen, die Sie bei Ihrer Moderation beobachten. Die beiden füllen das Radardiagramm anschließend aus. Geben Sie ihnen dazu auch die Qualitätskriterien von oben an die Hand. Sie selbst können das Radardiagramm ebenfalls ausfüllen und es mit dem ihrer Freund:innen vergleichen. So erhalten Sie ein strukturiertes Feedback in einem geschützten Umfeld. Sie identifizieren auf diesem Weg Bereiche, die Sie sich gezielt vornehmen können.

Im Beispiel in Abbildung 8 ist eine bekannte TV-Moderatorin erfasst, die von Zuschauer:innen bewertet wurde. In Ihrem Auftreten und mit ihrer Gesprächsführung ist sie herausragend. Interaktionen mit Zuschauer:innen sind dagegen schlecht bewertet, was daran liegen könnte, dass sie im Studio nur als Claqueure auftauchen. Trotz hoher Glaubwürdigkeit der Moderatorin ist der Informationswert nur mittelmäßig. Vielleicht präsentieren zu viele Dauergäste die schon bekannten Phrasen? In der Talk-Sendung werden offenbar abwechslungsreiche Formatideen umgesetzt und die Relevanz der Themen ist hoch. Bei der Gästeauswahl scheint dagegen Luft nach oben. Vielleicht kommen Sie drauf, wer die Diskussionsleiter:in sein könnte? Vielleicht bewerten Sie sie ganz anders? Legen Sie los!

DIE PERSÖNLICHKEIT

C1 DIE EIGENE WIRKUNG

Stehen Moderator:innen mit sich im Einklang? Wirkt ihr Auftritt natürlich oder weniger natürlich? Sind sie glaubwürdig? Sind sie selbstbewusst? Ist etwas aufgesetzt? Haben die Moderator:innen Charisma? Also eine Art Anziehungskraft, die das Publikum bindet, es vielleicht begeistert für das, was in der Diskussion kommt? All diese Fragen sind vor allem eine Sache der Persönlichkeit. Sobald Moderator:innen das Podium betreten, ist also gar nicht die Frage, ob sie wirken, sondern wie.

Das Wie ist ein Faktor, der mit den Sozialen Medien einen Boom erfahren hat. Die vielgerühmte Authentizität, die persönliche Wirkkraft, ist für Influencer:innen zum Kommunikationsmodell geworden. Die eigene Glaubwürdigkeit wird eingesetzt, um zu verkaufen oder für ein Thema zu begeistern. Emotionen werden kalkuliert präsentiert und millionenfach geteilt, manchmal bindet die (scheinbare) Privatheit. Social Media funktioniert maßgeblich über die Persönlichkeit. Wer wahrgenommen werden möchte, muss den Mut haben, sich zu zeigen.

Für Moderator:innen von Podiumsdiskussionen hat das gleich mehrere Auswirkungen. Zum einen kommen sie kaum mehr umhin, sich selbst auf Social Media zu platzieren. Veranstalter:innen von Podiumsdiskussionen suchen häufig nicht nur im Internet, sondern auch auf Social Media nach potenziellen Moderator:innen. Sie wollen sich gleich auch ein Bild darüber verschaffen, welche Persönlichkeit dahintersteckt. Es liegt also nahe, das eigene Bild steuern zu wollen. Ein Vorteil, weil ein Abgleich schon vorab stattfindet: Passt der oder die Moderator:in zum gewünschten Format? Passt das Format zum oder zur Moderator:in? Schnell ist transportiert, mit welchem Content ich wie umgehe, wofür ich stehe, was mich ausmacht.

Der Nachteil: Der Druck, sich passend und persönlich im Netz zu präsentieren, nimmt zu. Manche empfinden das „Personal Branding" als Herausforderung. Denn nicht immer ist klar, wie und mit welchen Inhalten man idealerweise an die digitale Öffentlichkeit tritt. Wie hier die Balance finden? Diese Fragestellung ist Helene Reiner vertraut. Sie ist Journalistin, Moderatorin und DJ und volontierte beim Bayerischen Rundfunk (BR). 2018 setzte sie ihre Idee für das preisgekrönte Social-Media-Format *News-WG* um. Sechs Jahre lang arbeitete sie als Host, Autorin und „kreativer Kopf" für das Format. Außerdem absolvierte sie das Qualifikationsprogramm *Moderation* am Institut für Moderation, für das sie mittlerweile als Dozentin arbeitet. Im folgenden Expertinneninterview gibt sie konkrete Tipps, wie man mit diesen Erwartungen an das „Personal Branding" umzugehen lernt.

C2 EXPERTINNEN-INTERVIEW: HELENE REINER

Abb. 9: Helene Reiner berichtet für das Instagram-Format *News-WG* von der 60. Münchner Sicherheitskonferenz (MSC) im Februar 2024.

Innere Klarheit für das Personal Branding

Wie wichtig ist es mittlerweile, sich selbst als Marke zu präsentieren?
Für irgendetwas zu stehen, um für andere „greifbarer" zu werden, war schon immer wichtig. Im klassischen Marketing liefert eine Marke für die Konsument:innen ein Qualitätsversprechen und ruft im besten Fall direkt Assoziationen hervor. Jetzt sprechen wir aber nicht von Produkten, sondern von Menschen – also von komplexen Wesen mit unterschiedlichsten Charaktereigenschaften, die auch dazu beitragen können, zu einer starken Personenmarke zu werden. Im Vergleich zu früher ist es tatsächlich wichtiger geworden, als „Personality" sichtbar zu sein beziehungsweise sich als Mensch auf eine bestimmte Art und Weise auf Social-Media-Plattformen zu präsentieren. Ich finde deshalb eigentlich den Begriff „Digitales Ich" oder „Digitale Identität" passender als „Marke".

Beeinflussen diese digitalen Identitäten Karrierechancen oder gar ganze Karrieren?
Auf jeden Fall! Vor allem, wenn man freiberuflich arbeitet. Man hat durch Soziale Medien ein mächtiges Tool und unfassbar viele Möglichkeiten, um sein digitales Ich aufzubauen und potenzielle Arbeitgeber:innen darauf aufmerksam zu machen. Ich glaube fast, dass das heutzutage sogar noch wichtiger ist als das berühmte „Vitamin B". Vor allem, wenn man dann noch Reichweite mitbringt …

… „Reichweite" bedeutet die Zahl der Follower …
… die mittlerweile eine wichtige Währung geworden sind und nach denen interessierte Auftraggeber:innen natürlich auch schauen. Das kann man kritisch sehen, weil Reichweite nach klaren Spielregeln von meist amerikanischen Großkonzernen generiert wird. Es ist nun mal so, dass man sich nach diesen Regeln richten muss. Auch die Auftraggeber:innen stehen oft unter dem großen Druck der Reich-

weite. Da scheint es von Vorteil, wenn sie jemanden besetzen, der oder die potenziell viel Publikum mitbringt.

Wie geht man am besten vor, um sein digitales Ich aufzubauen?
Da kommt jetzt das Personal Branding ins Spiel. Dafür muss ich im ersten Schritt innere Klarheit gewinnen und beantworten: Wofür stehe ich und wofür will ich stehen? Dieser Blick auf sich selbst fällt Journalist:innen oft gar nicht so leicht, weil sie es eigentlich gewohnt sind, nicht sich selbst in den Vordergrund zu stellen, sondern die, über die sie berichten. Um herauszufinden, wofür man steht oder stehen möchte, können zum Beispiel Fragen helfen wie: Was fällt mir besonders leicht? Mit welchem Thema könnte ich mich stundenlang beschäftigen, ohne dass mir langweilig wird? In welchen Situationen werde ich oft von anderen um Hilfe gebeten? In einem zweiten Schritt wird dann geklärt, wie man diese Dinge nach außen tragen kann, und damit letztlich beeinflusst, wie andere einen in ihren Köpfen positionieren. Man schreibt sozusagen seine eigene Agenda …

… deswegen ein mächtiges Tool. Nehmen wir ein Beispiel einer Moderator:in, die von Auftraggeber:innen nicht nur über einen klassischen Webauftritt gesehen werden will, sondern auch in den Sozialen Medien. Was kann sie oder er konkret machen?
Sie oder er könnte sich eine für ihre Zwecke passende Plattform aussuchen und dort einen „Content Mix" kreieren: Eine Mischung aus fachlicher Expertise kombiniert mit etwas Persönlichem. Wenn die Person für Finanzthemen brennt, könnte sie zum Beispiel auf ihrem Instagram-Kanal Erklärvideos über ETFs posten. Und dazu ergänzend dem Publikum kleine Einblicke in den Alltag gewähren und am Wochenende ein Foto vom Ausflug in die Berge posten.

Das sind doch aber zwei Welten …
… das ist bewusst so. Die persönlichen Einblicke führen dazu, dass Menschen das Gefühl haben, dich ein bisschen kennenzulernen. Und

sich dann auch vielleicht eher mit dir identifizieren können und dir deshalb folgen oder sich anhören, was du zu sagen hast.

Wie privat muss ich dazu werden?

Um es ganz klar zu sagen: Eine Person, die sich mit diesen persönlichen Einblicken nicht wohl fühlt und auch keinen Ausflug in die Berge mit der Welt teilen möchte, muss erstmal gar nichts und sollte es dann auch nicht tun. Für mich gibt es einen großen Unterschied zwischen „privat" und „persönlich". Mit dem Persönlichen habe ich kein Problem, so richtig privat werde ich dagegen fast nie. Auch das ist Teil der „inneren Klarheit", von der ich vorhin sprach. Es kann helfen, einfach mal runterzuschreiben: Was möchte ich von mir nach außen tragen? Vielleicht meinen Humor? Die Ausflüge mit dem Freundeskreis? Ein spezielles Hobby von mir? Bestimmt hat jede und jeder da ein anderes Gefühl und Bewusstsein für das Private und das Persönliche. Aber ich finde es sinnvoll, sich zumindest Gedanken darüber zu machen und dann auch seine Grenzen zu ziehen …

… der Filmemacher Wim Wenders hat das im Podcast Hotel Matze mal für seine Arbeit ausdifferenziert. Sinngemäß sagt er: „Das Persönliche ist mir nicht heilig. Das Persönliche ist das Material, mit dem ich arbeite. Da sind meine Wurzeln drin. Das kann ich offenlegen und damit kann ich Geschichten erzählen. Das Persönliche kann ich zu etwas machen. Das Private dagegen ist heilig und hat für die Öffentlichkeit uninteressant zu sein …"

… dem kann ich nur zustimmen!

Welche Rolle spielt Authentizität beim Personal Branding?

Ich glaube, dass niemand da draußen auf Social Media zu 100 Prozent authentisch ist. Klar sollte ich den Leuten nichts vorspielen, das kommt meiner Meinung nach nie gut an und wird auch sofort bemerkt. Aber wir sprechen beim Personal Branding ja eher über eine „kalkulierte Authentizität", da ich mir vorher Gedanken darüber mache, welche Seiten meiner echten Persönlichkeit ich nach außen tragen will.

Muss ich mir klarmachen, für wen ich das alles mache? Welche Rolle spielt das Denken in Zielgruppen?
Grundsätzlich möchte man ja nie in einen luftleeren Raum kommunizieren, sondern wissen, wen man anspricht. Das kann übrigens total befreiend sein. Dass man Inhalte für ALLE macht und noch dazu von allen gemocht wird – das wird sowieso niemals funktionieren. Wenn ich dagegen weiß, wen ich ansprechen will, komme ich auch besser damit klar, dass mir andere nicht zuhören. Und die Inhalte werden dadurch auch besser, weil es einen enormen Unterschied macht, ob ich das ETF-Erklärvideo für Börsenprofis mit zig Jahren Berufserfahrung mache oder für Jugendliche. Seine „Community" auf Social Media zu kennen und auch ernst zu nehmen, kann für die eigene Arbeit auf jeden Fall eine große Bereicherung sein. Denn man kann ihr Fragen stellen, sie um Rat bitten oder einfach mit ihr diskutieren.

Welches sind die richtigen Plattformen für das Personal Branding?
Die, auf der die anvisierte Zielgruppe unterwegs ist. Und die einem Spaß macht, was übrigens nicht nur für Social-Media-Plattformen gilt. Auch eine auf besondere Art gestaltete Visitenkarte, ein veröffentlichter Fachartikel, ein Newsletter oder ein Buch können dazu beitragen, zur Personenmarke zu werden.

… Metaebene: Dann betreiben wir hier auch gerade Personal Branding …
… na klar! Aber weil man mit Social-Media-Plattformen potenziell sehr viele Menschen erreichen kann, ist es wichtig, sich mit ihnen zu beschäftigten. Und zu wissen, wo die sind, die man ansprechen möchte. Eine Polit-Bubble wird eher auf X, Blue Sky oder Mastodon sein. Wer junge Leute erreichen will, sollte keinen Bogen um TikTok machen. Und weil man sich nicht zerreißen und auf 20 Hochzeiten

gleichzeitig tanzen kann, darf man auch gern ein bisschen in sich hinein hören und entscheiden, auf welcher Plattform man sich am ehesten zu Hause fühlt. Und welche einem guttut.

Wie war das denn bei dir selbst?

Früher habe ich meine Kanäle möglichst spitz platziert für unterschiedliche Zielgruppen. Ich hatte einen eigenen Instagram-Kanal für meine Musik und meine DJ-Tätigkeit und einen für meine journalistische Arbeit. Dann habe ich gemerkt: Beides gleichzeitig wird mir zu viel. Deswegen gibt es jetzt nur noch einen Account für mich als Person, auf dem ich beides kombiniere: mein liebstes Hobby und meinen Hauptberuf.

Es ist ja auch eine Frage des Zeitbudgets. Jeder Post kostet Zeit. Die ich aber investieren muss, wenn ich sichtbar sein will. Oft haben Moderator:innen ja das Gefühl: Wenn ich nichts poste, dann verschwinde ich schnell von der Bildfläche.

Ja, es ist schon wichtig, dass man kontinuierlich dranbleibt. Manche setzen sich täglich einen Timer oder arbeiten mit Posting-Plänen. Sie helfen, nicht allen Content auf einmal zu verpulvern, sondern zum Beispiel auf Montag, Mittwoch und Freitag aufzuteilen. Man muss aber auch ein Gespür dafür entwickeln, wann es zu viel ist. Ist man überpräsent, nervt es die Leute. Oder einen selbst. Man muss da einfach für sich den richtigen Weg finden.

Hilft es dabei zu wissen, wie die Plattformen funktionieren?

Wenn man es darauf anlegt und zehntausend Follower:innen in einem halben Jahr kriegen will, ist es sogar zwingend, sich ganz genau damit auseinanderzusetzen. Was steckt hinter der Logik der Plattform? Wie funktionieren die Algorithmen darauf? All das ist wichtig, um Reichweite zu generieren. Oft geben die Plattformen selbst Empfehlungen. Aber ich denke, auch hier muss man das immer für sich selbst abwägen, eine gesunde Balance finden und sich auf keinen Fall zu sehr davon verrückt machen lassen.

Wie geht man denn mit dem Druck um, den man sich ja in der Regel selbst macht?

Man sollte wissen: Viele Vorgaben oder Regeln auf diesen Plattformen ändern sich auch schnell wieder und Algorithmen bleiben oft eine Blackbox. Manches kann man einfach nicht erklären und man muss die Schuld dann auch nicht immer bei sich selbst suchen. Zum Beispiel wenn ein Post nicht gut läuft und von niemandem gelikt wird. Außerdem sollte man sich – bei allen guten Vorsätzen, konsequentes Personal Branding zu betreiben – hin und wieder Pausen gönnen. Das eigene Seelenheil sollte immer wichtiger sein als die Angst davor, dass der Algorithmus einen abstraft, nur weil man mal ein paar Tage lang nichts postet.

Wie gehst du denn mit kritischen Kommentaren um?

Kommentare, die unter die Gürtellinie gehen oder Beleidigungen lösche oder melde ich. Inhaltliche Kritik ist etwas anderes. Die darf man gern bei mir äußern und die höre ich mir auch an und gehe darauf ein. Ich hatte zum Glück noch nie einen Shitstorm, aber es gab schon üble Kommentare. Ich versuche, mir dann klarzumachen, dass es nichts mit mir als Person zu tun hat, sondern vielleicht einfach nur Frust ist, den die Menschen in diesen Kommentarspalten abladen wollen. Das sollte man sich also nicht zu sehr zu Herzen nehmen. Einen Lovestorm übrigens auch nicht!

Wie ist es denn bei einem Lovestorm?

Wenn man sich eine Community aufgebaut hat, die das Gefühl hat, sie kennt dich, die dich dann anspricht, als wärst du schon jahrelang ihre Freundin, die deine Sachen likt und dich auch mit Lob überschüttet, dann macht das etwas mit dir. Da wird ja ständig unser Belohnungssystem im Gehirn aktiviert, wenn es einen neuen Like oder Kommentar gibt. Man muss sich auch hier klar machen, dass das alles auf einer Plattform stattfindet, die eben genau mit diesen Mechanismen ihr Geld verdient. Wenn ich mich davon abhängig mache oder meinen Wert als Person nur noch damit begründen kann, wird es meiner Meinung nach problematisch.

„Das Netz vergisst nichts" heißt es. Denkst du das mit?

Niemand vergisst mehr irgendetwas. Auch im Fernsehen „versendet" sich nichts mehr, wie das früher so schön hieß. Wenn ich übers Handy schaue, kann ich eine Bildschirmaufnahme machen und sie direkt danach hochladen. Wenn ich mich ungeschickt auf der Straße verhalte, kann es sein, dass zehn Leute drumherum mitfilmen und es danach posten. Es geht also nicht mehr nur darum, dass ich selbst etwas hochlade. Zumindest das habe ich aber noch selbst in der Hand. Und damit sollte ich verantwortungsvoll und nicht leichtfertig umgehen. Hier hilft eine Impulskontrolle, gerade wenn man eine starke Emotion fühlt. Vielleicht ist es gerade in diesen Momenten ratsam, nicht alles sofort und im ersten Moment mit der Welt da draußen zu teilen. Einmal drüber schlafen, zur Ruhe kommen und sich dann überlegen, was genau man da eigentlich gerade machen möchte – das schützt vor spontanen Fehlern.

Und wenn man doch einmal Mist gebaut hat?

Wenn man seinen Fehler einsieht, dann kann man sich auch ganz ehrlich dafür entschuldigen und hoffen, dass die Community das akzeptiert. Wenn man der Meinung ist, dass es kein Fehler war und man findet den Shitstorm ungerechtfertigt, dann kann man versuchen, ihn einfach auszusitzen. Das haben andere auch schon geschafft: Augen zu und durch und danach einfach weitermachen.

Kurz gesagt

- Moderator:innen wirken durch ihre Persönlichkeit.
- Es ist nicht die Frage, ob sie wirken – sondern wie.
- Personal Branding wird wichtiger, gerade in den Sozialen Medien.
- Digitale Identitäten beeinflussen Karrierechancen.
- Digitales Ich kann Kombination aus fachlicher Expertise und Persönlichem sein.
- Personal Branding bedeutet „kalkulierte Authentizität".
- Bedenken: Das Netz vergisst nichts.

Checkliste Helene Reiner

- ☐ Personal Branding heißt: Wofür will ich stehen?
- ☐ Mit welchem Thema will ich mich präsentieren?
- ☐ Wie will ich mich in den Köpfen anderer positionieren?
- ☐ Privates und Persönliches trennen.
- ☐ Die Plattform der Zielgruppe auswählen.
- ☐ Mit Communitys interagieren.
- ☐ Kontinuierlich posten, aber mit gesunder Balance.
- ☐ Auf Kritik eingehen, Beleidigendes melden.
- ☐ Fehler entschuldigen, Ungerechtfertigtes aussitzen.

C3 PROFESSIONELLE HALTUNG

Moderator:innen sind also immer gleichzeitig Persönlichkeiten, die der Diskussion im wahrsten Sinne des Wortes ein Gesicht verleihen. Noch vor der Frage der inhaltlichen Aufbereitung eines Podiums stehen sie vor der Herausforderung, das Publikum durch die eigene Ausstrahlung und Persönlichkeit zu gewinnen. Umgekehrt besteht auch ein Risiko, es zu verlieren. Es geht also darum, ein Gespür für die eigene Wirkung zu entwickeln, genauer: für die Wirkung der eigenen Persönlichkeit. Mit ihr können Moderator:innen bewusst umgehen und in den Diskussionen passend einbringen.

Von anderen lernen hilft hier weiter. Es gibt etliche TV-Diskussionsformate, in denen ganz persönliche Themen der Gäst:innen besprochen werden. Es geht um Schönheitswahn oder Homophobie, um Burn-out oder Nahtod. Betroffenheit steht oft im Raum. Das zwingt die Moderator:innen geradezu, sich zu den Schicksalen zu verhalten. Wie persönlich wollen und sollen Moderator:innen werden? Wie viel bringen sie sich ein – als Persönlichkeit, nicht in der Rolle als Journalist:in? Schauen Sie unter diesem Blickwinkel einige Sendungen der Diskussionsreihe *Deep und deutlich* des Norddeutschen Rundfunks an, ebenso einige Folgen des Formats *Nachtcafé* des Südwestrundfunks. Bei beiden Formaten für unterschiedliche Zielgruppen sind die Moderator:innen als Persönlichkeiten spürbar. Dennoch nehmen sie zugleich immer auch die Rolle der journalistischen Gastgeber:innen wahr. Eine Gratwanderung, die gelingt. Die Moderator:innen zeigen damit professionelle Haltung.

„Professionelle Haltung" ist ein Begriff, der in ganz verschiedenen Berufsfeldern verwendet wird: in der Pädagogik, in Unternehmen, im sozialen Bereich. Er ist deshalb interessant, weil er – ganz vereinfacht – die Wechselwirkung zwischen Person und Profession zum Thema macht, die Kernfrage also der personalisierten Moderation. Unsere Haltung wird von Werten, eigenen Einstellungen, Normen, Überzeugungen, Gefühlen oder Ansichten geprägt. Sie sind ein „inneres Koordinatensystem", ein ganz individuelles Muster, nach dem wir handeln und urteilen. Dieser Kompass befähigt uns, Dinge wahrzunehmen und einzuordnen. Aus ihm heraus entwickeln wir eine auf die Profession bezogene Haltung. Dazu gehört, dass wir – nach innen – unsere eigene Biografie verstehen und sie selbst reflektieren können. Dazu gehört auch, dass wir – nach außen – Beziehungen gestalten können, etwa zu den Diskussionsgäst:innen, indem wir angemessen reagieren, Empathie oder Offenheit für Diversität entwickeln können.

Das „Innen" und „Außen" der Persönlichkeit ist der Ausgangspunkt für das folgende Experteninterview mit Roland Wagner. Er ist Medientrainer und Coach mit therapeutischem Hintergrund. Zwanzig Jahre lang hat er als Moderator, Redakteur und Reporter beim Kultursender SWR2 gearbeitet. Danach hat er sich auf die Persönlichkeitsentwicklung spezialisiert. Im Zentrum seines Medientrainings steht deshalb die Frage, wie die eigene Persönlichkeit bei Moderatorinnen und Moderatoren wirkt und wie sie sie gezielt einsetzen können. Roland Wagner ist Dozent am Institut für Moderation an der Hochschule der Medien Stuttgart. Sein Workshop behandelt die Frage: „Wie finde ich meine innere Haltung als Moderator:in und wie gehe ich mit Kritik um?"

Die Auseinandersetzung mit der eigenen Persönlichkeit steht bewusst am Anfang der einjährigen Weiterbildung am Institut für Moderation. Es geht darum, rasch den Blick zu weiten. Die Rolle der Moderatorin oder des Moderators tragen wir als Klischee bereits in uns, bevor wir überhaupt aufgetreten sind. Sie gehört aber mit der eigenen Persönlichkeit verknüpft. Diskussionsleiter:innen sollen nicht der Rolle nacheifern. Vielmehr sind Moderator:innen gefragt, denen es gelingt, ihr „Innen" und „Außen" in Einklang zu bringen.

C4 EXPERTEN-INTERVIEW: ROLAND WAGNER

Abb. 10: Roland Wagner beim Coachingkurs *Kritik souverän nutzen* am Institut für Moderation an der Hochschule der Medien in Stuttgart.

Innen und Außen in Einklang bringen

In deinem Workshop sprichst du öfter von einem „Innen" und einem „Außen" unserer Persönlichkeit. Was bedeutet das?

„Innen", das ist unsere Innenwelt. Man kann jederzeit Kontakt mit ihr aufnehmen, wenn man seine Aufmerksamkeit nach innen richtet. Dieses Innen bestimmt, wer wir wirklich sind. Es ist ein Gefühl für mein Selbst, das man auch als bewusste Selbstwahrnehmung beschreiben könnte – quasi unser Kern. Er ist aus Prägungen entstanden und setzt sich aus tief liegenden inneren Anschauungen, Erfahrungen, Vorlieben, Werten und Überzeugungen zusammen. Dieser innere Kern färbt unsere Emotionen, unser Erleben, unsere Gedanken, die wir uns über die Welt machen. Wir sind ja keine Kamera, die kalt irgendetwas aufzeichnet. Es ist, als schauten wir ständig durch eine Art Brille, die für ganz viele Anschauungen steht, die wir im Laufe unseres Lebens angesammelt haben, ganz besonders in der Kindheit. Diese Brille, das ist unsere eigene, ganz subjektive Realität – unser „Innen". Man verarbeitet Reize ganz individuell, je nachdem wer man ist.

Das „Außen" ist die Welt, mit der ich in Kontakt komme. Etwas, das ich mir in meinem Leben bewusst suche, oder manchmal kommt das Außen auch, ohne zu fragen. Wenn ich mich also für ein „Außen" entscheide, indem ich die Rolle der Moderator:in einnehme, vor Mikros, Kameras, auf Bühnen gehe – also auftrete –, dann hat das ja sehr viel mit mir selbst zu tun. Es ist vom spezifischen „Innen" geprägt – für manch andere wäre der Job ja die Hölle auf Erden –, aber Moderator:innen empfinden es in ihrem „Innen" anders, viele zieht diese Rolle magisch an.

So – jetzt beginnt das große Spiel der Interaktion zwischen dem „Außen" und dem „Innen". Im Kontext der Podiumsdiskussion oder der Talkshow sind das zum Beispiel die Diskussionsgäste, die von außen auf mich zukommen und innen etwas auslösen, je nachdem, welche Prägung ich habe. Welche Menschen mag oder bevorzuge ich? Bei welchen fühle ich mich klein – oder überlegen? Welche lehne ich ab? Bei wem werde ich wütend oder sauer? Hänge ich an seinen Lippen oder ist sie mir sympathisch, weil sie mir aus dem Herzen spricht? Für eine Moderator:in ist all das extrem wichtig zu wissen, sonst wird man zum Spielball der Gäste. Ein bisschen was über die eigenen Reaktionsmuster zu wissen, ist aus meiner Sicht entscheidend für eine Moderationspersönlichkeit.

Es geht also um die Frage: Welche inneren Reaktionen und Verhaltensweisen muss ich regulieren, was kann ich einfach laufen lassen? Je besser ich in diesem Wechselspiel zwischen innen und außen aktiv und bewusst mitspielen kann, desto sicherer und selbstbewusster agiere und wirke ich. Es ist das Geheimnis persönlicher Souveränität.

Werfen wir einen tieferen Blick auf das „Innen“: Brauchen Moderator:innen also Selbstkenntnis?

Ja. Kann ich fühlen, wie viel ich selbst wert bin? Oder brauche ich etwas, um meinen Selbstwert immer wieder mal zu bestätigen? Brauche ich den Erfolg, um mich wertvoll zu fühlen? Oder bin ich davon eher unabhängig und bin mit einem stabilen Selbstwert ausgestattet? Weiß ich davon überhaupt? Alles das gehört zur Selbstkenntnis. Dann aber auch die großen Themen, die uns prägen und bestimmen, zum Beispiel das Thema „Freiheit“: Fühle ich mich frei genug, das zu tun, was ich will, oder brauche ich Ansporn, Ermutigung, Erlaubnis? Ein anderes großes Lebensthema ist „Sicherheit“. Fühle ich mich überhaupt sicher? Entsprechend wirke ich auch auf andere eher offen und zugänglich – oder eher zurückgezogen und unsicher.

Das ist ein Thema, mit dem Moderatoren immer wieder konfrontiert werden, weil sie in sehr aufgeregten und aufregenden Situationen bestehen müssen. Ein drittes großes Lebensthema ist die Frage der emotionalen Versorgung. Bin ich eigentlich gut versorgt und weiß, es ist alles da? Oder fehlen Aufmerksamkeit oder Zuwendung? Hole ich mir das von anderen? Sorge ich unbewusst dafür, dass ich Wertschätzung bekomme – und bin ich verletzt, wenn sie nicht kommt? Möchte ich gebraucht werden? Oder bin ich eher ein unabhängiger Typ, der alles allein hinkriegt? Habe ich das Gefühl, ich mache schnell etwas falsch, fühle mich inkompetent, klein oder unsicher, schuldig, mache mir schnell Vorwürfe? Kann ich mich wirklich zeigen, wie ich bin? Oder unterdrücke ich Gefühle? Mit einer harten Schale kann ich nicht authentisch sein. Das sind viele Fragen, ich weiß. Aber es lohnt sich, sie zu stellen und etwas über sich selbst zu erfahren. Selbstkenntnis und Authentizität hängen eng zusammen.

Nun zum „Außen". Moderator:innen treten auf einem Podium in eine Beziehung mit anderen. Worauf kommt es dabei an?

Auf die Beziehungsfähigkeit, also die Fähigkeit, auf andere einzugehen und Beziehungen aktiv zu gestalten. Dazu gehört als Erstes die Fähigkeit zur Empathie. Bin ich in einer kühl-rationalen Familie aufgewachsen, in der Gefühle gar nicht besprochen oder verhandelt wurden? Dann ist meine Grundempathie vielleicht nicht so ausgeprägt, ich bin ein sachlicher, nüchterner Typ und es wird herausfordernd, einfühlsam auf Gäste zu reagieren, wenn das gefragt ist.

In die andere Richtung kann es aber auch zu viel Empathiefähigkeit geben, wenn die Abgrenzung fehlt und man oft ins Mitleid rutscht. Zu große Anteilnahme kann für Moderator:innen ein Problem werden. Da muss ich zwischen Moderator:innenrolle und Person gut unterscheiden können. Beziehungsfähig zeige ich mich auch dann, wenn ich dem Gesprächsgast auf dem Podium Sicherheit und Vertrauen geben kann. Hat er das Gefühl, einbringen zu können, was er mitgebracht hat? Wird sie vor Anwürfen geschützt? Sorgt die Moderatorin dafür, dass ausgeredet werden kann? Moderator:innen sollten auch fürsorglich agieren können.

Eine weitere wichtige Eigenschaft ist der Grad der Seriosität. Was sage ich eigentlich in welcher Form? Bin ich eher zuspitzend und scharf in den Formulierungen? Oder bin ich eher freundlich und sanft? Vielleicht auch ganz neutral? Wie ich mit dem Außen interagiere, wie ich mit anderen in Beziehung gehen kann, prägt das

Image meiner Moderatorenpersönlichkeit und definiert auch die Grenzen ihrer Wirksamkeit.

Wenn es also sinnvoll ist, sich selbst besser zu kennen: Wie stelle ich das denn am besten an?

Das ist eine der größten Lebensfragen überhaupt. Zuallererst braucht es dazu den Willen. Dann Mut. Ganz viel Mut. Weil es nicht einfach ist, zu sich hinzuschauen. Denn interessant wird es ja vor allem da, wo man in seinem Innern auf Verletzlichkeiten trifft, denn die prägen uns besonders stark. Es ist nicht leicht, diese alten Wunden nochmal anzuschauen, um zu verstehen, warum man so geworden ist, wie man ist. Außerdem ist es schwierig, mit der Brille seiner eigenen Prägungen auf der Nase, seine Prägungen zu dechiffrieren. Da wimmelt es nur so vor blinden Flecken.

Ich würde empfehlen, es im Zusammenspiel mit anderen zu machen. Zum Beispiel in Selbsterfahrungskursen. Ein anderer Weg, Tiefe zu erfahren, ist ein tiefenpsychologisch fundiertes Coaching oder ein therapeutischer Prozess. Aber auch eine intime Partnerschaft ist oft einen Vertrauensraum, in dem man sich ehrlich spiegeln kann. Wo, wenn nicht dort, bekommt man ein ungefiltertes, ehrliches Feedback? Dabei muss es gar nicht ums Verändern gehen. Sondern einfach darum zu untersuchen, was genau macht es manchmal schwierig für mich, warum werde ich manchmal unsouverän? Auf welche Punkte drückt die Außenwelt da in mir, welche automatischen Muster werden aktiviert, wo kommt das eigentlich her?

Wer seine roten Köpfchen kennt, kann innehalten, achtsam sein – und damit dann bewusster umgehen. Es gibt ein Zitat, es wird dem österreichischen Neurologen und Psychiater Victor Frankl zugeschrieben, das bringt es auf den Punkt: „Zwischen Reiz und Reaktion liegt ein Raum. In diesem Raum liegt unsere Macht zur Wahl unserer Reaktion. In unserer Reaktion liegen unsere Entwicklung und unsere Freiheit." Dieser Raum ist es, der uns mehr oder weniger präsent wirken lässt. Es lohnt sich, ihn zu erkunden.

Als Moderator:in analysieren wir ja unsere Rolle oft rational: Habe ich die richtigen Fragen gestellt? Gab es einen roten Faden? Aus deiner Sicht lohnt es sich aber genauso, die eigene Persönlichkeit in den Blick zu nehmen.

Was den Gesamterfolg ausmacht, ist es in meinen Augen fifty-fifty. Das Handwerklich-Journalistische ist die eine Hälfte: Gute Recherche zu Themen und Gästen, der Stoff soll gut strukturiert sein, ich habe eine knackige Einstiegsfrage, einen roten Faden, das alles ist total wichtig. Die emotionale Ebene ist die andere Hälfte. Hier entscheidet sich oft der Reiz einer Gesprächsrunde. Passiert da etwas zwischen den Gästen oder zwischen Moderator:in und Gästen? Gibt es Spannung, Reibung, Neugier, frotzeln sie sich an, gibt es zarte oder intime Momente? Diese Qualität kann ich nicht kognitiv steuern, sondern nur durch emotionale Intelligenz.

Also einerseits die intrapersonelle Intelligenz, die Sache mit der Selbstkenntnis: Weiß ich, was ich in anderen auslöse – und andere in mir? Und kann ich damit bewusst umgehen? Und andererseits die interpersonelle Intelligenz, das bedeutet: Ich kann Beziehungen und Emotionalität in einer Talkrunde steuern. Und genau das macht ja oft ihren Reiz aus. Das heißt im Übrigen nicht, dass man alles steuern und regulieren muss, was im Innern reagiert. Wenn ich das Auftreten oder die Aussagen eines Gesprächsgastes empörend finde, kann ich meine innere Empörung auch als Kraftquelle nutzen, Kontra geben, eine Diskussion auch gezielt anheizen oder besonders abgebrühte oder glatte Gesprächsgäste ein bisschen provozieren …

Was ich persönlich wichtig finde und auch an Moderator:innen schätze, ist, wenn sie Gäste davor schützen, sich selbst bloßzustellen oder lächerlich zu machen. Da sehe ich auch eine Fürsorgepflicht und finde es edel, wenn man mal eine Pointe sausen lässt, weil ein naiver oder unerfahrener Gesprächsgast gerade ins offene Messer läuft. Also: Handwerk ist die Basis – aber die Kür in Talkrunden ist emotionale Intelligenz, das Händchen, die Geschicklichkeit im Steuern des Beziehungsgeflechts. Daraus entstehen die großen Momente und das muss eine Moderator:innenpersönlichkeit aktiv steuern können und die innere Freiheit haben zu entscheiden, wo sie hin will – und wo nicht.

Wie stell ich das an? Gerade unerfahrenere Moderator:innen haben genug mit ihrer „inhaltlichen Regie im Kopf" zu tun, da ist wenig Platz für die emotionalen 50 Prozent.

Wie gesagt, fundiertes Handwerk ist die Basis. Wenn ich's aber zu formalisiert angehe, wenn alles schon vorgedacht ist, ich einen übervollen Fragenkatalog in das Gespräch schleppe … und wenn ich vielleicht versuche, alles zu vermeiden, was sich außerhalb meiner Planungen befindet, dann würge ich ja vielleicht auch etwas Vitales ab. Oder es fängt gar nicht erst an, lebendig zu sein.

Das Unerwartete ist doch das Lebendige bei Podien, der emotionale Moment oder die überraschende Konfrontation. Es ist eine große Qualität von Moderator:innen, so etwas angstfrei entstehen zu lassen. Dann sind sie mutig, sie lassen locker. Das funktioniert nur mit einer guten Vorbereitung, sonst wirkt es irrlichternd und orientierungslos. Aber wenn man sich nur im kartierten Gebiet bewegt, bleibt eben alles vorhersehbar, so brav und irgendwie etwas unterspannt. Das Unerwartete zuzulassen ist andererseits riskant, es braucht Mut und darum geht es letzten Endes bei der Präsenz auf Bühne oder Podium: um die Entwicklung von Mut. Den kann ich doch schrittweise entwickeln. Gerade Einsteiger:innen machen oft den Fehler, dass sie sich zu sehr unter Druck setzen, weil sie alles auf einmal wollen. Besser ist es, eine Kompetenzstufe nach der nächsten zu erklimmen.

Welche Kompetenzstufen sind das?

Im sogenannten „Kompetenzstufenmodell" fangen wir alle mit der Stufe der „unbewussten Inkompetenz" an. Das heißt, ich weiß gar nicht, wie etwas geht, zum Beispiel mit dem Moderieren. Und ich weiß auch nicht, dass ich nichts weiß. Ich mache einfach mal. Und diese Unbefangenheit legt oft das Talent frei, wenn man welches hat. Wow, das war ja gar nicht schlecht! In der nächsten Stufe fange ich an, mich mit dem Thema zu beschäftigen, ich erfahre, was dazugehört. Etwa, weil ich ein Buch übers Moderieren lese. Das ist die Phase der „bewussten Inkompetenz". An diesem Punkt geht meine Performance übrigens oft nach unten, weil ich mir jetzt bewusst machen kann, was ich alles nicht weiß und nicht kann. Ich erkenne, dass bestimmte Dinge, die ich bisher gemacht habe, irgendwie Murks waren. Das verunsichert, plötzlich fehlt das Unbefangene.

Aber zumindest weiß ich in der Theorie nun, wie es gehen könnte.
Ja. Ab hier beginnt ein Lernprozess, bei dem ich mich selbst immer besser verstehe und spüre, wie die Dinge zusammenpassen. Mit jedem Podium, mit jeder Moderation wachse ich weiter, lerne dazu und werde besser. Ich schaffe mehr und mehr auch, Freiräume entstehen zu lassen, die ich für mich und die Diskussion nutzen kann. Langsam erkenne ich meine eigene Farbe, meine spezifischen Qualitäten und kann sie einsetzen. Das ist dann die dritte Stufe, die sogenannte „bewusste Kompetenz". Aus ihre heraus entstehen eben der Mut und die Leichtigkeit, mit der ich dann lockerlassen kann. Aber das ist noch nichts, womit sich Einsteiger unter Druck setzen müssen.

Was zeichnet dann die vierte Stufe aus, die „unbewusste Kompetenz"?
Gabi Bauer zum Beispiel ist für mich ein Beispiel für unbewusste c-Kompetenz. Ihre Fragetechnik ist meisterhaft, unbewusste Kompetenz par excellence. Oder wie Caren Miosga mit ihren Gästen zwischen verschiedenen Stimmungen wechselt. Diese Meister:innen ihres Fachs, sie denken nicht mehr so sehr drüber nach, was jetzt richtig wäre oder passen könnte. Sie machen einfach intuitiv das Richtige. Sie sind sozusagen „lebende Kompetenz" in ihren Talks, in denen dann viel entstehen kann. Ein Beispiel wäre Sandra Maischberger und ihre Schlagfertigkeit. Sie kann entstehen, weil der Geist

leicht ist – und so schnell reagieren kann. Sie muss nicht viel überlegen, ist das richtig oder falsch, zu scharf, zu schwach – sie weiß es schon und sagt es einfach. Wer sich anstrengt, was Originelles zu suchen, ist zu langsam für Schlagfertigkeit.

Es geht also um beides: die Moderationsrolle mit der eigenen Persönlichkeit zu verknüpften. Wo liegt da das richtige Maß für die oft bemühte Authentizität?

Das hängt vom Individuum ab und von der Frage, wie viel Sicherheit ich brauche, wie frei ich mich fühle – und wie viel ich eigentlich von mir zeigen will. Authentizität ist ja kein Selbstzweck und auch nicht der heilige Gral der Moderation. Bin ich unsicher, gerade anfangs, dann ist es sinnvoll, wichtig und vollkommen in Ordnung, stärker in die Moderationsrolle zu gehen und nicht so viel von seiner eigenen Persönlichkeit, von seiner eigenen Verletzlichkeit zu präsentieren. Wenn sich das riskant anfühlt, kommt sofort Angst als Begleiterin und dann würde es auch nicht besonders gut wirken, persönlicher zu werden. Deswegen kann jemand trotzdem eine hochprofessionelle Moderationspersönlichkeit sein. Wenn die Moderation in der Rolle gut gelingt, werde ich sicherer und entspannter und erwerbe mir eine – ich nenne das Rollenauthentizität. Das reicht für einen professionellen Job vollkommen aus.

Dann gibt es andere, die stark über ihre persönliche Strahlkraft wirken. Sie sind ganz sie selbst. Das Publikum spürt eine große Nähe zu diesen Menschen. Sie brauchen nur wenig Rolle und agieren stark aus ihrer Persönlichkeit heraus. Beides ist okay: Mehr Rolle ist okay, mehr Persönlichkeit ist okay. Es gibt kein Rezept. Nur die Frage: Womit fühlt sich die Moderator:in wirklich wohl und sicher? Für das richtige Maß spielt hierbei auch noch ein weiterer Aspekt eine wichtige Rolle: die Kritikfähigkeit.

Moderator:innen sind ja mehr oder weniger der öffentlichen Kritik ausgesetzt. Fairer Kritik genauso wie unter Umständen Shitstorms im Netz.

Ja, sie müssen je nach Job damit rechnen, dass sich ein paar hunderttausend Leute eine Meinung über sie bilden. Das bedeutet ja, alles, was ich von mir selbst hineingebe, setze ich der Urteilsbildung von außen aus. Insofern kann die Rolle ein superguter Schutz sein. Wie ein Mantel, den ich abends an den Kleiderhaken hängen kann, wenn's kritisch geworden ist. Ich streife die Rolle ab und nehme dann auch nicht so viel mit in den Schlaf. Wenn ich aber als Moderator:in überwiegend ich selbst bin, dann wird's besonders eng, wenn Kritik kommt. Und dann besteht die Gefahr, dass ich nicht wirklich kritikfähig bin oder versuche, die Kritik sogar zu vermeiden. Weil sie halt gleich den Kern der Persönlichkeit berührt, die wunden Punkte. Und dann tut's besonders weh. Das ist der Preis der Authentizität.

Ja, immer wieder dieser schillernde Begriff „Authentizität". Wann ist man denn authentisch?

Jede Persönlichkeit wird durch eine große Polarität geprägt. Auf der einen Seite sind die Verletzlichkeiten, die Wunden, die wir in uns tragen, Situationen, in denen wir uns unsicher, hilflos, isoliert, einsam oder abgewertet gefühlt haben oder, oder … Für diese spezifischen Situationen – bei jedem Menschen etwas anders – baue ich mir dann einen Schutz auf, damit ich hier möglichst wenig verwundbar bin. Harte Schale, weicher Kern sozusagen. Dieser Schutz kann darin bestehen, ganz bewusst sehr sicher aufzutreten.

Auch wenn das am Anfang gespielt ist, merke ich, dass es funktioniert, dass ich damit durchkomme. So entsteht dann langfristig das scheinbar Paradoxe: Warum bin ich denn so eine tolle Moderator:in geworden? Warum habe ich so einen souveränen Persönlichkeitsteil entwickelt? Natürlich nur, weil ich auch das Gegenteil in mir trage. Man könnte auch sagen: In der Persönlichkeit ist nichts ohne sein Gegenteil wahr. Keine Charaktereigenschaft entsteht durch Zufall, sondern nur, weil ich das Gegenteil auch habe; als Angst, als Sorge oder als anderes ungutes Gefühl in mir. So erklärt sich, dass Schauspieler oft sagen, sie seien eigentlich schüchtern.

Authentizität empfinden wir dann, wenn wir nicht nur die beschützenden Seiten eines Menschen sehen, sondern von dem Kern der Persönlichkeit etwas mitbekommen, der da beschützt wird. In diesem Kern liegen unsere Empfindsamkeiten, unsere Weichheit, auch das, was nicht so perfekt ist, was wir als Schwäche empfinden. Was aber den Menschen eben sehr nahbar macht. Ich habe das Gefühl: So ist sie/er also wirklich. Das empfinden wir als authentisch, weil es vollständiger ist.

Da sind wir ja wieder am Anfang: Um das zeigen zu können, brauche ich Selbstkenntnis und Selbstakzeptanz. Erst dann traue ich mich, das mit nach außen zu tragen, oder?

Ja, genau das macht dann übrigens eine präsente und souveräne Moderator:in aus. Souveränität in der Moderation heißt ja nicht, keinen Fehler zu machen oder jede Situation spontan richtig bewältigen zu können. Talkshows oder Podiumsdiskussionen sind ja amorphe und lebendige Gebilde. Da ist es wichtig, Unsicherheiten zeigen zu können, denn sie können ja sogar wertvoll für den Gesprächsprozess sein: „Also, wenn Sie das jetzt sagen, Frau XY, dann verunsichert mich das ein wenig. Ist die Lage wirklich so schlimm?" oder „Jetzt bin ich baff, dass sie das sagen, ich hatte genau das Gegenteil erwartet.".

Als Moderator:in ist es gut, um die eigenen Unsicherheiten zu wissen. Man kann mit ihnen arbeiten, sie regulieren, herausfinden, wo sie wertvoll sind und wo sie gebraucht werden. Die eigenen empfindsamen Seiten wohldosiert zur Verfügung stellen zu können, ist ein wertvoller Teil von Authentizität und Souveränität. Umgekehrt braucht es enorm viel Kraft, Unsicherheiten dauerhaft zu unterdrücken, zu verstecken und zu überspielen.

Noch einmal zurück zu dem „Raum zwischen Reiz und Reaktion". Welches Potenzial steckt da für Moderator:innen drin?

Dieser Raum beschreibt im Prinzip eine Art Zeitspanne. Schritt 1: Der Gast sagt etwas und erzielt bei mir damit eine Wirkung – das ist der Reiz. Schritt 2: Ich reagiere darauf. Dazwischen entsteht eben ein Raum, der für eine Moderator:in wertvoller Gestaltungsraum sein kann, im wahrsten Sinne des Wortes. Ich kann ja entscheiden: Wenn die Spanne kurz ist, zwischen Reiz und Reaktion, kann das einen Wert auf einem Podium haben. Beispiel: Ich reagiere spontan auf eine unwahre oder provokante Aussage eines Gastes.

Ich kann diesen Raum aber auch vergrößern und halten. Beispiel: Ein Podiumsgast sagt etwas und ich merke, das berührt etwas in mir. Ich kriege ein Magengrummeln, in mir zieht sich etwas zusammen oder ich rege mich sogar leicht auf – der Körper ist hier der Monitor unserer Gefühle. Wenn ich aufmerksam den Reiz bemerke, brauche ich als Nächstes den Raum des Innehaltens, um zu überlegen: Was mache ich mit diesen Emotionen? Ist da etwas Wertvolles drin für das Podium oder das Publikum – oder für mich? Falls nicht, kann ich schnell darüber hinweggehen, dann mache ich die Regung in mir bewusst nicht zum Thema.

Ich kann aber auch den Raum öffnen, meiner Wahrnehmung vertrauen, ihr folgen und die eigene Empfindsamkeit zur Verfügung stellen, indem ich etwa sage: „Das überrascht mich, das hätte ich nie erwartet, warum sagen Sie das?" Aus meiner Sicht entstehen genau so die wirklich großen Momente in einer Talkshow oder auf einem Podium: durch empathische Qualität. Ich registriere die feinen Schwingungen auf meinem inneren Monitor und spreche sie an, zum Beispiel in Form einer Kontaktaussage: „Das war eine schwere Zeit für Sie." Das kann in einer Gesprächsrunde viel öffnen und es entsteht vielleicht, wie die Briten sagen würden: „The very moment".

In dem Moment versuche ich nicht, alles richtig zu machen, sondern moderiere emotional-intelligent – also nicht nur kognitiv, journalistisch, sondern offen und mit ein bisschen Risiko. Genau dafür brauche ich den Raum zwischen Reiz und Reaktion. In diesen Augenblicken werde ich übrigens auch als Mensch spürbar. Bleibe ich allein bei meiner Rolle als Journalist:in, bleibe ich eben ein:e Fragensteller:in.

Darf ich das überhaupt?

Ja, unbedingt! Ich bin ein großer Fan von Vielfalt. Also zwischen provokanten Moderator:innen und sehr empathischen, ruhigen, raumgebenden Moderatoren bildet sich die ganze bunte Palette der Medienlandschaft ab. Für alle ist da Platz. Da gibt es wenig richtig oder falsch, vielmehr nur vieles, was möglich ist.

Als Moderator:in eines Podiums habe ich ja noch eine weitere Ebene vor Augen: das Publikum. Welche Rolle spielt das?

Das Publikum hat es gut, es muss sich die ganzen Gedanken einer Moderator:in gar nicht machen. Es braucht nur schauen, zuhören, mitempfinden. Das Publikum hat deshalb oft ganz feine Antennen. Es ist wie so eine Art Resonanzboden im Instrument: ein ganz großer Qualitätsfaktor. Für Moderator:innen ist das eine Chance. Wenn ich in die Gesichter schaue, nehme ich auf, was dort passiert, damit erhalte ich eine Rückbindung, über die ich wertvolle Informationen bekomme. Die entscheidende Frage: Bin ich in der Lage, in diese Gesichter zu schauen?

Gerade Menschen am Anfang einer Moderator:innenkarriere fühlen sich den Blicken oft ausgesetzt. Da hilft es, sich diese Gesichter erstmal als eine Masse vorzustellen. Man muss hineinwachsen und ein Fundament entwickeln, um das an sich heranlassen zu können, was andere in ihren Blicken spiegeln. Nicht nur die zufriedenen Blicke, sondern auch die Irritationen. Um damit dann weiterzumachen: Okay, da ist offenbar irgendwas, was ich rückfragen oder aufgreifen sollte. Denn wenn das Publikum irritiert ist, hat das fast immer was mit dem Bühnengeschehen zu tun. Darauf dann zu reagieren, diese Spontaneität und Souveränität entwickle ich nur, wenn ich die Blicke halten kann und nicht verunsichert denke: „Was habe ich falsch gemacht?" In diesem Fall wäre es besser, noch nicht so viel hinzugucken. Ich denke, da muss man langsam hineinwachsen.

Welchen Tipp gibst du jungen Moderator:innen mit auf den Weg?
Das kann ich relativ klar sagen: Versuche, neugierig zu sein. Das ist das Wichtigste. Damit meine ich so eine neugierige Offenheit, die ans Herz angebunden ist. Das sage ich bewusst so kitschig! Es gibt ja einerseits die kalte Neugier, das pure Erkenntnisinteresse. Das ist journalistisch wichtig und auch gut so. Aber gerade für Gesprächsformate, für Interviews, Talks und Diskussionen ist es extrem wichtig, dass da auch eine Neugier von Herzen kommt, warmherzig und angebunden an das Erkenntnisinteresse. Wenn es einer Moderatorin oder einem Moderator nicht nur um die Sache geht, sondern auch darum zu verstehen, warum wer wie tickt, warum wer wie schaut, was hinter kleinen Bemerkungen oder mimischen Regungen steckt, kann daraus ganz viel entstehen.

Kurz gesagt

- Lernen, Gespür für die eigene Wirkung zu entwickeln.
- Person und Profession prägen professionelle Haltung.
- Lernen, eigene Biografie zu verstehen und einzuordnen.
- Selbstkenntnis und Authentizität hängen zusammen.
- Interaktion mit dem Außen prägt Moderator:innen.
- Kür der Moderation ist die emotionale Intelligenz.
- Unerwartetes ist das Lebendige beim Podium.
- Mutig kann sein, wer sich gut vorbereitet hat.
- Kompetenzstufen schrittweise erklimmen.
- Moderationsrolle lässt sich mit Persönlichkeit verknüpfen.
- Souveränität heißt, auch Unsicherheiten zu zeigen.
- Publikum ist ein Resonanzboden.
- Offene Neugierde muss von Herzen kommen.

PODIUMS-DISKUSSIONEN PLANEN

D1 DER REDAKTIONELLE BLICK

Was ist das Ziel der Diskussion? Im journalistischen Kontext sprechen wir von der redaktionellen Planung. Wir schauen also auf alle Schritte, die vorab nötig sind, damit das für das Publikum alles stimmig erscheint. Die Moderator:innen sind in diesem Falle übrigens oft genug beratend unterwegs. Sie helfen den Veranstalter:innen etwa, das Podium kompetent zu besetzen, ein passendes Format zu entwickeln oder das Publikum zu integrieren. Und umgekehrt: Für die Veranstalter:innen ist es wichtig, sich alle redaktionellen Schritte präzise zu überlegen, um Moderator:innen passend briefen zu können. Denn in der Außenwahrnehmung, für das Publikum ist es eindeutig: Mit ihrem Auftreten werden Moderator:innen zu Identifikationsfiguren für die Veranstalter:innen, für die Gäst:innen auf dem Podium und für das Thema – von der ersten Sekunde an. Moderator:innen schon in der Planung „mit der Idee dahinter" aufzuladen, trägt maßgeblich zum Erfolg der Diskussionsrunde bei. Bei Auftraggeber:innen führt das zu einer größeren Planungssicherheit, sie können von den Erfahrungen der Moderator:innen profitieren. Bei den Moderator:innen stärkt es die Themen- und Ablaufsicherheit. Es kommt immer wieder vor, dass die Moderation erst dann besetzt wird, wenn die Planungen des Podiums bereits abgeschlossen sind, in der Annahme, dass es die Moderator:innen dann im gewünschten Sinne werden ausrichten können. Das ist eine vertane Chance zur Professionalisierung.

D2 FORMAT UND CHARAKTER DES PODIUMS

Die erste Frage lautet: Welches Format hat das Podium? Daraus ergeben sich die redaktionellen Anforderungen für die Veranstalter:innen. Zugleich können Moderator:innen den Kontext ihrer Moderation mit Blick auf das Publikum abschätzen. Ist es also ein(e)

- Expert:innenrunde,
- politische Debatte,
- Bürger:innendialog,
- Branchenforum,
- Fachkongress,
- Informationsveranstaltung,
- Wissenschaftssymposium,
- Produktpräsentation oder
- Biografiepodium?

Das sind nur einige Formatbeispiele, nicht immer aber sind die Formate so klar und eindeutig. Das müssen sie auch nicht sein, denn manchmal ist es zum Beispiel sinnvoll, persönlich Betroffene und Expert:innen gemeinsam auf einem Podium zu wissen. Formatüberlegungen sollen helfen einzuordnen, um im zweiten Schritt zu klären: Welchen Charakter soll das Podium haben?

Ist die Diskussion eher informativ? Oder konfrontativ? Geht es um Wissensvermittlung? Oder um persönliche Schicksale? Geht es um die Gegenüberstellung provokanter Thesen? Soll beides gelingen? Wenn klar ist, was gewollt ist, können Moderator:innen gezielt Erwartungsmanagement beim Publikum betreiben, indem sie auf den Charakter der Runde Bezug nehmen und ihn erläutern: „Heute wollen wir zum Thema XY möglichst viel Neues erfahren." ist informationsbezogen und etwas anderes, als zum Auftakt zu formulieren: „Heute werden die unterschiedlichen Positionen zum Thema zur Sprache kommen. Wie Sie wissen, liegen sie weit auseinander." Mit einer Einordnung lassen sich Enttäuschungen und Missverständnisse auf allen Seiten vermeiden. „Das war wenig konfrontativ." ist im Falle einer Informationsrunde keine Kritik, sondern ein Lob. Wollten die Veranstalter:innen dagegen eine konfrontative Diskussion, wäre die Kritik berechtigt.

Die drei folgenden Beispiele mit jeweils unterschiedlichem Charakter zeigen, wie wichtig die redaktionelle Positionierung eines Podiums vorab ist, für die Veranstalter:innen und für die Moderation.

Beispiel 1: Die unterschiedlichen Lebenswelten

Eine Stiftung organisiert gemeinsam mit einem Theater ein Podium, auf dem die Bedeutung von Bürgerbeteiligung für die Demokratie diskutiert wird. Dazu haben die Veranstalter:innen drei Gäst:innen eingeladen: eine ehemalige Bundesministerin, eine junge Bundestagsabgeordnete mit Migrationshintergrund und eine Buchautorin mit analytischem Blick auf eine neue Politiker:innengeneration. Die drei gehen wenig in den Dialog, sprechen dafür aber intensiv über ihre eigenen Lebenswelten. Das Publikum ist aufmerksam und erfährt Neues aus unterschiedlichen Blickwinkeln – ein Mehrwert. Sie ergeben sich aber weniger durch die Diskussion als durch die Viten der Gäst:innen. Lebenswelten in den Vordergrund zu stellen, war hier eine bewusste, redaktionelle Entscheidung und sollte den Charakter des Podiums prägen.

Beispiel 2: Die konfrontative Gesprächsrunde der Funktionär:innen

Eine Kammer lädt im Vorfeld von Tarifverhandlungen zu einer Podiumsdiskussion. Es nehmen Platz: ein Vertreter des Arbeitgeberverbandes, eine Gewerkschafterin, der Hauptgeschäftsführer der Kammer, eine Wirtschaftswissenschaftlerin und eine Politikerin. Bei dieser Runde steht die Funktion der Diskussionsteilnehmer:innen im Vordergrund. Das redaktionelle Anliegen ist eindeutig: Die beiden unterschiedlichen Positionen von Arbeitnehmer- und Arbeitgeberseite sollen die Diskussion prägen. Die Runde ist auf Konfrontation ausgelegt, Einordnendes wird von dem Ökonomen und ggf. von der Politikerin erwartet.

Populäre TV-Talks funktionieren nach diesem Schema. Die Funktionär:innen kennen die Erwartungen, die redaktionell an sie gestellt werden. Sie erfüllen die Rolle, indem sie es bewusst auf den Streit, den berechnenden Disput und die gezielte Provokation ankommen lassen. Ob es im Diskurs weiterführt, können die Zuschauer:innen jede Woche neu entscheiden. Als Bezugsgröße sind die manchmal krawalligen TV-Formate indes nicht geeignet. Denn Podiumsdiskussionen im Gemeindehaus oder auf dem Fachkongress sind selten auf Provokation und „Show" ausgelegt. Was sich aber von den TV-Sendungen lernen lässt: Je stärker die Rolle der Funktionär:innen auf dem Podium ist, desto konfrontativer darf es werden.

Beispiel 3: Das informationsbezogene Podium

Nehmen wir noch einmal das Foto mit Moderator Ingo Zamperoni in Kapitel B2 auf Seite 56 Er moderierte im Stuttgarter Rathaus vor 300 Zuschauer:innen ein Podium unter dem Titel *Seriöser Journalismus in unruhigen Zeiten*. Im Halbrund saßen eine Radiojournalistin, der Intendant einer öffentlich-rechtlichen Anstalt, ein Wissenschaftler und ein Zeitungsjournalist. Sie alle haben ihre Erfahrungen im Umgang mit Fake News und Hatespeech geschildert. Sie waren sich einig darin, wie es den Qualitätsjournalismus und die Demokratie herausfordert. Die Erfahrungen und Positionen der Diskutant:innen haben sich ergänzt, sich gegenseitig bereichert. So entstand nach und nach ein umfassendes Bild der Themenstellung, viele Informationen konnten vermittelt und Zusammenhänge erklärt werden – ein Mehrwert für die Zuschauer:innen.

Es lohnt also, sich vorab redaktionelle Gedanken darüber zu machen, welches Format und welchen Charakter das Podium haben soll.

Thema und Ziele

Wie lautet das Thema des Podiums? Welche Ziele verfolgt die Diskussion? Das klingt trivialer als es ist. Wir alle haben schon Podien erlebt, die wenig strukturiert wirkten, vielleicht beliebig oder sogar wirr. Greifen wir also in die journalistische Handwerkskiste, um die Ziele auszuformulieren. Wir benötigen: eine Überschrift und einen Teasertext mit etwa 500 Zeichen (mit Leerzeichen), der Thema und Ziele beschreibt. Er führt allen Beteiligten – den Gäst:innen, den Moderator:innen und dem Publikum – griffig vor Augen, worum es in dem Podium gehen soll. Erarbeiten Sie als Moderator:in diesen Text und stimmen Sie ihn mit den Veranstalter:innen ab. Er ist eine inhaltliche Selbstüberprüfung: Gelingt es, die Kernbotschaft des Podiums in wenigen, präzisen Sätzen zu beschreiben, steht das inhaltliche Gerüst. Aus ihm heraus können Sie Themenfelder für die Diskussion entwickeln, Sie können ihn für die Anfragen oder die Vorabgespräche mit den Diskutant:innen nutzen. Als Veranstalter:in können Sie damit gezielter Moderator:innen anfragen, später ist er Steinbruch für die Bewerbung in den Sozialen Medien, in Newslettern, auf der Website, für Pressemeldungen oder Drucksachen. Oder die Moderator:innen nutzen ihn als Einstieg ins Podium.

Für die Podiumsdiskussion eines Fachkongresses zum Thema „Stromverteilnetze" kann der Teasertext zum Beispiel so aussehen:

Ein Praxisbeispiel

Überschrift: *Stromnetze für die Energiewende fit machen*

Teasertext:
Das Ziel der Klimaneutralität ist formuliert. Die Energiewende hat Fahrt aufgenommen. Derzeit sind die Stromnetze dafür aber nicht ausgelegt. Einig ist man sich: Ohne den Ausbau der Netze bis zum Endverbraucher gelingt die Energiewende nicht. Die Podiumsdiskussion mit Expert:innen aus Energiebranche, Verbänden und der Politik klärt: In welchem Umfang müssen Energieversorger und Netzbetreiber investieren? Wo kommt das Geld dafür her? Und wie schnell kann es gehen? (467 Zeichen)

Mit diesem Teaser ist das redaktionelle Feld für die Podiumsdiskussion abgesteckt. Drei Kernfragen sind formuliert (Investitionsbedarfe, Finanzierung, Zeitachse), sie werden später den Rahmen für die inhaltlichen Themenblöcke der Diskussion bilden. Zugleich wird der Charakter des Podiums umschrieben. Das Podium soll „klären", also Positionen sichtbar machen. Das Format ist ebenfalls erwähnt: Es wird eine Expert:innenrunde.

Ob Ihnen der Teasertext verständlich gelungen ist, können Sie überprüfen lassen. Tragen Sie ihn zum Beispiel einer fachfremden Person vor. Sie soll Ihnen anschließend wiedergeben, worum es geht. Gelingt das, funktioniert der Text. Sie können ihn auch von einer KI überprüfen lassen. Derart gerüstet, ist die Wahrscheinlichkeit zumindest höher, dass das Publikum einen Mehrwert aus der Diskussion ziehen kann.

Zielgruppen und Publikum

Apropos Publikum: Wer sitzt da eigentlich? Davon hängt ab, in welchem sprachlichen Code das Podium unterwegs ist. Der Wissensstand und die Kompetenz des Publikums bestimmen darüber, wie viel die Moderator:innen erklären und übersetzen müssen. Als Anwält:innen des Publikums gehört das zu ihren Aufgaben, in Abschnitt B2 wurde es beschrieben. Den Umweltexpert:innen im Publikum muss der marktwirtschaftliche Prozess des Zertifikatehandels nicht erklärt werden, den Laien dagegen schon. Dabei gilt: Bei einem gemischten Publikum mit unterschiedlichem Wissensstand orientieren sich Moderator:innen immer am niedrigeren Wissensstand. Die Übersetzungsleistung für die Zielgruppe gibt den Moderator:innen zusätzlich ein rhetorisches Mittel an die Hand, um Gesprächsrunden zu steuern. Mit der der Frage „Habe ich richtig verstanden, dass ...?" zwingt die Moderation Gesprächspartner:innen höflich in die persönliche oder thematische Positionierung und kann den Code dabei anpassen.

Das geht nur, indem die Moderator:innen ihre Aufmerksamkeit teilen. Mit einem halben Ohr sind sie auf dem Podium, mit dem anderen beim Publikum. Sie hören auf Stimmungen, das Gemurmel, Seufzer, die Lacher. Sie haben das Publikum nicht nur im Augenwinkel im Blick, sondern fixieren es zwischendurch bewusst. Sie schauen – im wahrsten Sinne des Wortes – nach der Befindlichkeit in den Gesichtern. Kommt alles an? Sind alle aufmerksam und neugierig? Oder wirken sie ratlos? Moderator:innen suchen auf diese Weise aktiv den Kontakt zu denjenigen, für die das Podium gemacht wird.

Die Nähe zum Publikum als Bereicherung zu empfinden, ist eine Frage der Erfahrung und des inneren Mindsets. Ungeübte Moderator:innen verunsichert das Publikum zunächst. Schwarmreaktionen schüchtern ein, das Publikum scheint schwer einschätzbar. Roland Wagner hat in seinem Expertengespräch in Kapitel C4 erläutert, was wir für dieses Mindset benötigen: Mut. Nur wenn ich mich öffne, gelingt es, einen Kontakt zum Publikum aufzubauen, Moderator:innen gestalten idealerweise einen Dialog mit dem Publikum – im indirekten, aber auch im direkten Sinne. Mit der Zeit spüren sie das Wohlwollen des Publikums, die offene Neugier. Wenn gelacht wird, lachen sie mit. Wird gemurmelt, greift man die Skepsis auf: „Ich glaube, für das Publikum scheint das gar nicht eindeutig …" Sie werden spüren: Es macht Lust, für das Publikum da zu sein. Das Publikum ist in der Regel Sparringspartner und nicht Feind der Moderation. Vor dem Publikum muss man keine Angst haben, im Gegenteil, mit ihm zusammen wird die Moderation erst richtig zum Vergnügen. Das zu wissen, beruhigt und macht souveräner.

Checkliste

- ☐ Moderator:innen früh in redaktionelle Planung einbeziehen.
- ☐ Formt und Charakter des Podiums vorab festlegen.
- ☐ Je mehr Funktionär:innen, desto konfrontativer.
- ☐ Mit Teasertext (500 Zeichen) Ziele formulieren.
- ☐ Teasertext nutzen, um Diskussion zu strukturieren.
- ☐ Wissensstand des Publikums vorab überprüfen.
- ☐ Sprachlichen Code und Übersetzungstiefe anpassen.
- ☐ Für Podium und Publikum da sein, Aufmerksamkeit teilen.
- ☐ In den Kontakt mit dem Publikum gehen (Blicke).

D3 GESPRÄCHS-GÄST:INNEN

Wie ist das Podium zusammengesetzt? Die Entscheidung über das Panel der Diskussionsgäst:innen erfolgt in der Regel nach fachlicher Expertise. Was können die Einzelnen zum Thema beitragen, verfügen sie über genug Kenntnis und Erfahrung? In der Recherche der Gäst:innen scheint das die „sichere Bank". Wenn Expertise da ist, stärkt das die Glaubwürdigkeit des Podiums und ermöglicht eine fundierte Ansprache des Publikums. Es spielt aber nicht nur eine Rolle, was die Expert:innen sagen, sondern auch wie und aus welcher Prägung heraus. Gäst:innen haben immer „mehrere Hüte" auf.

Neben dem Rationalen spielt auch die emotionale Ausstrahlung eine Rolle. Ist er schlagfertig? Ist sie die Präzise? Ist er der laute Typ? Ist sie eher sachlich? Ist er dominant? Ist sie die Rebellische? Hat er Humor? Ist sie die Stille? Ist er der Geschichtenerzähler? Ist sie sympathisch? Provoziert er? Oder ist sie die Sympathieträgerin? Merkmale, die in der Psychologie mit dem Begriff „Persönlichkeitstypologie" beschrieben werden. Wer die Typologien kennt, kann einschätzen, wie die Diskutant:innen auf dem Podium wirken, für sich, aber auch auf die ganze Runde. Mit zwei Dominanteren wird das Gespräch schnell lebhafter, aber vielleicht drücken sie die anderen an die Wand? Eine humorvolle Diskussionsteilnehmerin wirkt unterhaltsam, vielleicht kann sie bei heiklen Themen dazu beitragen, Stress aus der Runde zu nehmen? Wenn es verwirrend wird, kann die Präzise vielleicht sortieren?

Bei der Zusammensetzung des Podiums geht es also darum, Gäst:innen ganzheitlich zu sehen, sie kennen- und einschätzen zu lernen, über das Fachliche hinaus. Was treibt sie an? Können sie von einem Kontext in einen anderen übertragen? Worauf reagieren sie? Aus welchen Motiven heraus handeln sie? Welche biografischen Einflüsse gibt es?

Zusammensetzung kann auch heißen, die soziodemografischen Faktoren genauer unter die Lupe zu nehmen. Dabei kann es um Herkunft, Alter, Geschlecht oder Zugehörigkeit zu einer bestimmten Gruppe gehen, um den Bildungsstand, das Einkommen oder den Beschäftigungsstatus. Nur Männer auf dem Podium wären gestrig. Nur Boomer gehen vielleicht selbst dann nicht, wenn Boomer Thema sind. Die Vielfalt der Perspektiven ist eher gegeben, wenn Gäst:innen aus verschiedenen Lebenswelten kommen, mit ganz unterschiedlichen Hintergründen. Das trägt insgesamt zur Ausgewogenheit der Diskussion bei, setzt aber in der Planung voraus, dass Veranstalter:innen diese Lebenswelten kennen und sie einschätzen können. Auch sie bewegen sich in ihrem vertrauten Umfeld, der Blick darüber hinaus ist ungewohnt.

Vor diesem Hintergrund sind Vielfalt und Diversität nicht immer Selbstläufer. Mit offenem Blick Informationen sammeln und recherchieren hilft hier, auch Netzwerke mit anderen Perspektiven einzubeziehen. Das trägt zu einer glaubhaften Auswahl der Gäst:innen bei, denn das Publikum spürt, ob Personen vordergründig eingeladen werden, um eine bisher vernachlässigte Gruppe zu repräsentieren. Oder ob sie da sind, um aus ihrer Lebenswelt heraus tatsächlich etwas beizutragen. Im Expertinneninterview mit Hadija Haruna-Oelker in Kapitel E6 wird das Thema vertieft.

Anzahl der Gäst:innen

„Fünf ist schon eine(r) zu viel", meinen viele erfahrende Moderator:innen. Eine eindeutige, absolut perfekte Zahl gibt es nicht, aber eine Faustformel: Je mehr Gäst:innen auf dem Podium sitzen, desto weniger Redeanteil haben sie. Sitzen dort viele, werden sie versuchen, möglichst viel in kurzer Zeit unterzubringen. Damit wird die

Diskussion monologischer, es reiht sich Statement an Statement. Je kürzer der individuelle Redeanteil, desto geringer die Chance auf Dialogisches. Vielleicht ist ein solches „Statement-Format“ ja gewünscht, dann wäre es eine bewusste redaktionelle Entscheidung. Meist ist es anders. Nach dem überfüllten Podium wundern sich so manche Veranstalter:innen, dass gar keine richtige Unterhaltung zustande kam. Im ungünstigsten Falle machen sie dann die Moderator:innen dafür verantwortlich. Das Dilemma aber entsteht bereits bei der Planung. Veranstalter:innen sind oft im Zugzwang und müssen mehr Gäst:innen einladen, als es der Runde guttut.

Ein Beispiel: Die Fachabteilung eines Ministeriums möchte eine bildungspolitische Diskussion zum Thema „Zukunft der frühkindlichen Bildung im Land“ veranstalten. 90 Minuten soll diskutiert werden. Hauptzielgruppe sind die Erzieher:innen im Land und darüber hinaus alle, die mit frühkindlicher Bildung zu tun haben. Das redaktionelle Team im Ministerium formuliert im ersten Schritt den Teasertext, um sich klarzumachen, wohin es mit der Diskussion inhaltlich will:

Ein Praxisbeispiel

Überschrift: *Frühkindliche Bildung stellt die Weichen*

Teasertext:
Am Anfang der Bildungskette steht die frühkindliche Bildung. Sie entscheidet über die Bildungschancen der kommenden Generation. Die alarmierenden Ergebnisse der PISA-Studie rütteln auf. Muss schon früher mehr getan werden? Das Podium „Frühkindliche Bildung als Schlüsselkompetenz“ diskutiert zu diesen Fragen: In welcher Qualität werden Bildungspläne umgesetzt? Was hat sich mit dem Rechtsanspruch auf einen Kitaplatz verändert? Welche gesellschaftliche Anerkennung erfährt das Fachpersonal?

Der Teasertext steht, entlang der Kernfragen überlegt das Team nun, welche „Stakeholder" für die einzelnen Themenblöcke stehen. „Stakeholder", das sind in diesem Falle Transferfiguren, die einerseits für die Lebens- und Arbeitswelt der Betroffenen stehen, andererseits für die der Institutionen und der politischen Entscheidungsträger:innen. Auf diese Weise erhofft man sich ein vitales Gespräch, in dem die unterschiedlichen Perspektiven deutlich werden und konstruktiv aufeinandertreffen. Auf einem Whiteboard schreiben sie ihre Transferfiguren auf:

1. **Elternverteter:in**
   Spricht für Kinder und Eltern und deckt die Betroffenenperspektive mit diesen Themen ab: Qualität der Betreuung, Gruppengrößen, Öffnungszeiten, fehlende Plätze.
2. **Erzieher:in**
   Spricht für ihre/seine Berufsgruppe aus der Betroffenenperspektive zu diesen Themen: Umsetzung Bildungsplan, Personalmangel, Arbeitsbelastung, Zusammenarbeit Eltern, Image und Engagement. Sie oder er ist idealerweise Mitglied in einem Kitaverband.
3. **Kitaträger**
   Träger bieten Kitaplätze an und sprechen sowohl aus der Sicht einer Institution als auch der des Arbeitgebers: Versorgungsdichte, Arbeitsbedingungen, Einkommen, gesetzlicher Rahmen.
4. **Wissenschaftler:in**
   Ordnet zu diesen Themengebieten ein: Qualität, Rolle der frühkindlichen Bildung für die Kinder, Akademisierung des Berufsfeldes, PISA. Wissenschaftler:innen bilden in diesem Kontext die Brücke zwischen Betroffenen und Institutionen.
5. **Vertreter:in Ministerium**
   Minister:in, Staatssekretär:in oder Vertreter:in der Fachabteilung stehen für die Umsetzung des von der Politik vorgegebenen Rahmens. Sie sind Verwaltung. Sie laden ein.

6. **Politiker:in**
   Verabschiedet Bildungspläne und entscheidet über Ressourcen. Jede Fraktion hat bildungspolitische Sprecher:innen mit jeweils unterschiedlichen Perspektiven.
7. **Verbandsvertreter:in**
   Das Landesjugendamt entwickelt Kitas, erteilt Betriebserlaubnisse, bildet fort, schafft Netzwerke. Sie oder er setzt Verwaltungsentscheidungen vor Ort um und kennt die Belange des Fachpersonals in den Kitas.
8. **Gewerkschaftsvertreter:in**
   Als institutionelle Vertreter:in steht sie oder er für die Themen Arbeitszeiten, Gehälter, Arbeitsbedingungen, Qualitätsfragen, Ausbildung.
9. **Stiftungsvertreter:in**
   Steht für innovative Konzepte, die in die Zukunft weisen, für unabhängige Expertise und für Input von außen.

Die Liste wird immer länger, eine Vertreterin des Gemeinde- oder Städtetages noch dazuzuschreiben, verwirft das Team – es sind schon viel zu viele. Neun Personen plus Moderator:in: Das wird nicht funktionieren. Dabei hat aber doch jede einzelne Person und jede Perspektive eine inhaltliche Berechtigung. Dazu kommt noch ein weiteres Problem. Hinter vielen Gäst:innen verstecken sich eigentlich gleich mehrere. Kitaträger zum Beispiel sind Städte und Kommunen, Kirchen oder freie Träger, alle mit jeweils unterschiedlichen Schwerpunkten. Lädt man einen ein, sind die anderen womöglich vergrätzt. Die Fachabteilung will neutral bleiben, weiß aber, dass die Entscheidung für eine Seite von den anderen sofort interpretiert wird.

Noch intensiver diskutiert das Team die Wahl der passenden Politiker:in. Natürlich soll die Legislative aufs Podium, da ist man sich einig. Aber wie soll das gehen bei fünf Fraktionen? Jede einzelne hat bildungspolitische Sprecher:innen. Nur die von der CDU zu nehmen bedeutete, alle anderen Fraktionen gegen sich aufzubringen. Aber auf die Stiftung kann man doch noch am ehesten verzichten? Von wegen, wird eingeräumt. Sie hat die komplette Akademisierung mit Millionenbeträgen angeschoben – was für ein fatales Signal, sie beim Podium nicht zu platzieren. Das Bespiel zeigt, in welchen Zwängen sich Veranstalter:innen oft bewegen. Das erklärt, warum viele Podien überbesetzt sind. Erfüllt werden in solchen Fällen die Erwartungshaltungen der Stakeholder:innen, nicht die des Publikums.

An genau dieser Stelle geht die Schere dann auf: Das Publikum weiß von diesen internen Zwängen meist gar nichts. Es wundert sich nur über die zu vielen Menschen da vorn, die viel zu wenig sagen können – ein Qualitätsschwund von Anfang an. Am Ende gehen alle unzufrieden nach Hause. Die Diskussionsteilnehmer:innen, weil sie kaum zu Wort kamen. Das Publikum, weil alle Themen nur kurz angerissen wurden. Die Moderator:innen, weil sie gar kein Gespräch in Gang bringen konnten, sondern nur Statements abklapperten. Und schließlich die Veranstalter:in, weil die Ziele, die im Teaser so klar formuliert waren, nicht erreicht wurden.

Die Lösung: Weniger ist mehr – und das dann transparent kommunizieren. Mit ein Grund für die Veranstalter:innen, die Moderator:innen schon bei der Planung mit ins Boot zu holen. Denn sie sind der Schlüssel, um dem Publikum die redaktionelle Strategie zu erläutern und beim Publikum für die passende Erwartungshaltung zu sorgen.

In unserem Beispiel könnte die Moderatorin in der Vorstellungsrunde etwa erklären: *„Zu Gast ist heute auch die bildungspolitische Sprecherin XY aus der CDU-Fraktion. Sie vertritt heute in dieser Runde die Legislative, das heißt: Sie spricht für das Parlament, nicht für ihre Partei."* Damit ist ihre Rolle definiert und es erklärt sich, warum dort nicht noch vier andere Abgeordnete sitzen müssen.

Wenn es im Laufe der Diskussion dann um die Ausbildung der Fachkräfte geht, kann die Moderatorin nebenbei einflechten: *„Die Stiftung XY hat hier übrigens Pionierarbeit in der Akademisierung der Ausbildung geleistet, indem sie viele Studiengänge mit aufgebaut* *hat. Ich sehe hier vorn, dass die Projektleiterin der Stiftung, Frau XY, auch da ist – aus Zeitgründen heute nicht auf dem Podium. Aber einen Applaus für dieses Engagement der Stiftung hat sie verdient."* Moderator:innen können potenzielle Gäste „wegmoderieren", dazu müssen sie das redaktionelle Konzept kennen, und im Idealfall auch mitgestalten.

Für das Weniger an Gästen gehen Sie mit den Veranstalter:innen dann folgende Rechnung durch:

1. Sie teilen die zur Verfügung stehende Zeit durch die Anzahl der Gäste PLUS Moderation, denn auch Moderator:innen benötigen Zeit für Einführung, Vorstellung, Fragen, Erklärungen und Absage. Bei 90 Minuten durch 6 (fünf Gäst:innen + Moderatorin) ergibt sich eine Nettowortanteil von 15 Minuten pro Person.
2. Sie überlegen: Unbedingt soll das Zielpublikum die Möglichkeit haben, Fragen zu stellen. Sie planen 20 Minuten für Fragen und Antworten ein. Der individuelle Wortanteil reduziert sich damit auf elf Minuten.
3. Sie überlegen: Die Ministerin soll vor der Diskussion ein längeres Eingangsstatement machen, aber schon im Podium sitzend, damit Augenhöhe mit den anderen gewahrt ist. Hier werden sieben Minuten eingeplant. Bleiben am Ende zehn Minuten Wortanteil.

Die Rechnung verändert sich entsprechend, wenn Podien mit nur 60 oder gar 45 Minuten geplant werden. Wichtig für Veranstalter:innen und Moderator:innen ist deshalb, das immer viel zu knappe Zeitbudget im Vorfeld offen zu besprechen und sich nicht selbst etwas vorzumachen, nach der Devise: „Die professionelle Moderation wird die vielen Diskutant:innen schon schaukeln." Das ist Hoffnung an der falschen Stelle.

Ach so: Das Ministerium wollte unbedingt sechs der neun Kandidat:innen auf dem Podium wissen. Es kam, wie es kommen musste: Die Ministerin hat zum Einstieg überzogen, der Moderator hatte keine Möglichkeit, zu unterbrechen – schließlich ist sie die Gastgerberin und es würde unhöflich wirken, dazwischen zu gehen. Im weiteren Verlauf blieb für jede:n Diskussionsteilnehmer:in gerade mal Zeit für ein längeres Statement. Die Einstiegsrunde wurde mehr oder weniger zeitgleich zur Schlussrunde.

Bekanntheit und Fallhöhe

In dieser Runde war der Moderator eingerahmt von der Ministerin auf der rechten Seite und der Erzieherin auf der linken. Diese beiden Protagonist:innen sind ein gutes Beispiel für das, was im Journalismus, aber auch in anderen Bereichen, mit der Metapher der „Fallhöhe" umschrieben wird. Sie beschreibt im übertragenen Sinn den Kontrast zwischen zwei Personen, in diesem Fall gegeben durch die Hierarchie und den Grad der Bekanntheit. Während die Kitaleiterin vielleicht das erste Mal in ihrem Leben auf einem Podium sitzt, ist das für die Ministerin Routine. Sie wird von jedem im Raum erkannt, die Fachkraft nicht. Die Ministerin ist die Prominente in der Runde, die Erzieherin lernen alle durch ihre Äußerungen kennen. Die Ministerin ist ganz gelassen, die Fachkraft sichtlich nervös.

Die Fallhöhe spielt für das Podium auch inhaltlich eine wesentliche Rolle. Während die Ministerin strukturell und in weiten Teilen abstrakt argumentiert, schildert die Erzieherin die Lebenswirklichkeit aus der Praxis. Beides gegeneinanderzustellen ist eine Chance für die Moderation und das Podium. Politische Entscheidungen können wie bei einem Lackmustest sofort von der Fachkraft überprüft und gespiegelt werden. Voraussetzung: alle Beteiligten reden miteinander auf Augenhöhe und sind in der Lage, ihr Anliegen verständlich zu artikulieren. Rhetorisch geübte Vielredner:innen sind da klar im Vorteil. Die Aufgabe einer feinfühligen Moderation ist es, hier geschickt zu unterstützen, damit die Fallhöhe nicht zur Stolperfalle für die tendenziell Ungeübten wird.

Das gilt vor allen Dingen dann, wenn Personen aus strategischen Gründen auf dem Podium platziert werden und nicht zwingend, weil sie durchgehend etwas beitragen können. In einer bildungspolitischen Diskussion zum Thema G8 oder G9 an Gymnasien wird die 16-jährige Vertreterin der Schülermitverantwortung (SMV) motiviert sein, etwas zu den Themen „Klassengröße" oder „Lernpensum" beizutragen. Bei den strukturellen Themen wie Lehrer:innenstellen oder PISA-Schock werden die anderen Panelist:innen größere Wortanteile haben. Hier lohnt es sich, vorab klug abzuwägen und zu antizipieren, wann sich Gäst:innen verloren fühlen könnten. In diesem Fall ist es vielleicht passender, die Vertreter:innen der Einzelthemen in die erste Publikumsreihe zu setzen und bei Bedarf gezielt anzusprechen oder dazu zu bitten.

Prominente auf dem Podium zu platzieren, hat meist einen großen Vorteil: Sie ziehen Publikum an. Allein deshalb sollten redaktionelle Überlegungen in Richtung „Prominenz" gehen. Aber es gibt auch eine umgekehrte Wirkung: Prominenz absorbiert die Aufmerksamkeit des Publikums. Das Beispiel „Ministerin/Fachkraft" zeigt, dass es für die weniger prominente unter Umständen nicht ganz so einfach ist, sich zu behaupten, denn das Publikum ist unter Umständen auf die bekannte Persönlichkeit fokussiert. Für die Moderator:innen ist in diesem Fall die aufmerksame Steuerung wichtig. Prominente dürfen nicht automatisch mehr reden, nur weil sie prominent sind. Sie dürfen vielleicht dann mehr reden, wenn sie Vernünftiges beizutragen haben. Das gilt für alle anderen Diskutant:innen aber auch.

Das ist demokratisch gedacht. In der Moderationspraxis kann es trotzdem zu einem „Prominentendilemma" kommen, bei dem man diesen Gleichheitsgedanken vielleicht hintenanstellen sollte. Wenn zum Beispiel die neu benannte EU-Kommissarin erstmals in Deutschland zu Gast ist und auf dem Podium Premiere feiert, dann ist es fast fahrlässig, sie „unter Wert" zu verkaufen. Ihren Wortanteil genauso zu gewichten wie den des Vertreters der Nichtregierungsorganisation, würde der Erwartungshaltung im Publikum, aber auch der anderen Diskussionsteilnehmer:innen nicht entsprechen. Der höhere Redeanteil der Kommissarin hat dabei nichts Devotes, sondern er wäre der Aktualität geschuldet. Für die Moderator:innen heißt das, es vorher mit allen anderen transparent abzusprechen.

D4 PASSENDE MODERATOR:INNEN

Wer soll das Podium moderieren? Die Frage ist so einfach, wie die Antwort kompliziert. Denn mit der Auswahl der Moderator:innen bekommt die Podiumsdiskussion eine Prägung. Die kann so unterschiedlich sein, wie die Moderationspersönlichkeiten vielfältig. Veranstalter:innen können vorab überlegen, nicht nur welche inhaltlichen Kompetenzen, sondern auch welche Persönlichkeitsmerkmale passend sein könnten.

Nicht alle können alles. Schwerpunkte zu identifizieren bedeutet gleichzeitig, in strukturiertere Gespräche mit möglichen Moderator:innen gehen zu können. Moderator Martin Hoffmann schildert im Experteninterview in Kapitel D6, wie diese Gespräche ablaufen können. Es ist immer ein Abtasten auf beiden Seiten. Viele Moderator:innen haben mittlerweile eigene Webseiten oder sind in den Sozialen Medien präsent. Werden Moderator:innen über Agenturen vermittelt, gibt es auch hier meist Bildmaterial und Erfahrungswerte der Agent:innen. Sich also vorab ein Bild zu verschaffen, fällt nicht schwer. Für die Auswahl passender Moderator:innen sind mehrere eingrenzende Kriterien hilfreich.

Geschlechtsidentität

Welche Geschlechtsidentität soll die Moderation haben? Geschlechterrollen haben deshalb Bedeutung, weil Podiumsdiskussionen nicht im luftleeren Raum stattfinden. Sie spiegeln gesellschaftliche Verhältnisse und Diskurse. Es kommt vor, dass Veranstalter:innen mit der Auswahl des Geschlechts erwarten, bestimmte geschlechtsspezifische Atmosphären prägen und Erwartungshaltungen im Publikum bedienen zu können. „Autothemen können besser von Männern moderiert werden." „Social Media ist mehr so ein Frauending." Dass bestimmte Themenfelder eher von Frauen oder Männern wahrgenommen werden, wird niemand ernsthaft infrage stellen. Ob Veranstalter:innen mit der Geschlechterwahl der Moderation aber Stereotypen bedienen (wollen), müssen sie selbstkritisch hinterfragen.

Podien wirken immer in den öffentlichen Raum hinein, sie haben im Wortsinn einen vorbildlichen Charakter. Veranstalter:innen tragen entsprechende Verantwortung, der sie mit der klugen Wahl des Geschlechts gerecht werden können. So lange ist es noch nicht her, da beklagte ein ehemaliger TV-Programmdirektor, dass sich ihm für die Moderation großer TV-Shows nicht genügend Frauennamen aufdrängten. Etwas später moderierte im Privatfernsehen eine junge Wild-Card-Kandidatin eine Primetime-Show, als hätte sie noch nie etwas anderes gemacht. Publikum und Fachwelt staunten und rieben sich die Augen: Vielleicht wird einfach falsch gesucht?

Natürlich ist das Geschlecht kein wirkliches Kriterium für die Qualität einer Podiumsdiskussion. Zu Werner Höfers Zeiten – siehe Kapitel A3 – mag man das noch anders gesehen haben. Als 1973 erstmals eine Frau – Carmen Thomas – das aktuelle Sportstudio moderierte, höhnte eine ganze Männernation über ihren Versprecher „Schalke 05". Da sind wir heute weiter. Via Social Media rückt die Podcasterin Lena Cassel aus der Nische heraus souverän hinein in die TV-Fußballwelt. Die Expertise der Moderatorin 2.0 stellt niemand infrage. Aber – und es ist ein großes Aber –, wir scheinen noch nicht weit genug.

Das Institut für Moderation an der Hochschule der Medien Stuttgart erhält immer wieder spezifische Anfragen, in denen das Dilemma offen geschildert wird: „Wir haben ausschließlich Männer als Gäste, daher suchen wir eine Frau für die Diskussionsleitung." Die Quotenmoderatorin wird zur Alibifrau und damit eben doch zum

Kriterium, um das Gendergewissen halbwegs zu beruhigen. Das funktioniert nicht wirklich. Vor allem die Frauen im Publikum durchschauen die strategische Besetzung der Moderatorin als einzige Frau in der Runde. Die Auflösung dieses Konfliktes ergibt sich von selbst, wenn aus der Sicht des Publikums geplant wird. Gleichberechtigt wirkt ein Podium immer dann, wenn Experten und Expertinnen gleichermaßen sichtbar werden und das Podium ausgewogen besetzt ist. Die Moderatorin muss dann nicht eine Genderlücke an der falschen Stelle schließen.

Der Schlüssel liegt also – wieder einmal – bei der redaktionellen Planung im Vorfeld. Auf der Suche nach Frauen für das Podium, und zwar in allen Rollen, kann man nicht ausdauernd genug sein. Und zwar so lange, bis sich das immer noch wiederkehrende Argument erledigt hat: „Wir haben keine Frauen gefunden." Wirklich nicht?

Persönlichkeit

Schaffen es die Moderator:innen, die passende Stimmung für das Podium herzustellen? Das ist maßgeblich die Frage nach der Persönlichkeit und des Stils der Kommunikation. Veranstalter:innen können vorab ihr geplantes Format auf diese Punkte hin abgleichen. Spielt Unterhaltendes eine Rolle? Wie empathisch sollen Moderator:innen auftreten? Kann Humor im Spiel sein? Braucht es Schlagfertigkeit? Oder sind eher die Konfliktlöser:innen gefragt? Die Motivator:innen? Die Sachlichen? Die Seriösen?

Wie gut gelingt es Moderator:innen, die Runde zu führen? Auch das ist Teil der persönlichen Kompetenz, die den Erfolg der Diskussion mitbestimmt. Ebenso die Fähigkeit, mit den Diskussionsteilnehmer:innen und dem Publikum in Interaktion zu treten.

Fachliche Tiefe

Wenn Moderator:innen tief im Themengebiet drin sind, können sie schlagfertig, souverän und locker reagieren. Schnelle Repliken oder Ergänzungen, humorvolle Reaktionen oder kritisches Nachfragen gelingen nur dann, wenn Moderator:innen wissen, wovon sie sprechen. Es ist also kein Selbstzweck, sich auf der Website mit den jeweiligen Fachgebieten oder aus LinkedIn mit moderierten Veranstaltungen zu positionieren. Hier präsentieren sich Moderator:innen mit dem fachlichen Kontext, nicht mit dem persönlichen. Derartige Referenzen sind für Auftraggeber:innen wertvolle Hinweise. Ein Gradmesser ist dabei das Maß an „Übersetzungsleistung", die Moderator:innen während der Diskussion erbringen sollen. Sie entscheidet oft darüber, welche Moderator:innen angefragt bzw. platziert werden. An einem Ende der Skala sind die Fachexpert:innen zum Beispiel aus den Programmbereichen in Stiftungen oder Fachjournalist:innen in Zeitungsredaktionen. Sie sind zwar inhaltlich mit allen Wassern gewaschen, verfügen aber unter Umständen über wenig Moderationserfahrung, um eine Diskussion für alle befriedigend leiten zu können. Recherchekompetenz am Schreibtisch und messerscharfe Themenanalysen in geschrieben Texten machen aus Expert:innen oder Autor:innen nicht zwingend präsente Moderator:innen. Auf der anderen Seite gilt umgekehrt: Moderator:innen, die in Diskussionen regelrecht baden können und alle Gesprächstechniken beherrschen, passiert es trotzdem, dass sie zentrale Äußerungen überhören, weil ihnen an zentraler Stelle der fachliche Kontext fehlt. Zu klären ist also, auf welcher fachlichen Ebene die Gäst:innen und das Publikum adressiert werden. Das bestimmt die inhaltliche Fallhöhe des Podiums.

Prominenz

Bekannte Moderator:innen werden von Veranstalter:innen angefragt, verbunden mit der Hoffnung, dass sie das Ereignis adeln und Publikum ziehen. Bekanntheit nutzen, um dem Thema Reichweite zu verschaffen: Das sind die berechtigten Erwartungen, die sich dann meist in einem tendenziell höheren Honorar niederschlagen. Strahlkraft kostet Geld. Trotzdem geht die Rechnung nicht immer auf. Etwa dann nicht, wenn das Publikum nur strömt, um die berühmten Moderator:innen dabei zu beobachten, wie sie es machen – das Thema rückt dann in den Hintergrund. „Der ist ja gar nicht so souverän wie auf dem Bildschirm", lautete ein Feedback nach einer Diskussion mit einem prominenten Moderator. Prominenz generiert Aufmerksamkeit im Vorfeld, absorbiert sie beim Publikum aber unter Umständen während der Diskussion. Bekanntheit bedeutet zudem nicht automatisch Themenkompetenz.

Moderator:innen aus dem Institut für Moderation

Das Institut für Moderation (imo) an der Hochschule der Medien in Stuttgart qualifiziert jährlich 15 Nachwuchstalente in journalistischer Moderation für die Sozialen Medien, TV, Hörfunk, Bühne und Podium. Es unterstützt bei der Vermittlung von Moderator:innen zu Marktpreisen, um die Praxiserfahrung zu fördern. Das Institut streut Moderationsanfragen an Teilnehmer:innen des aktuellen Jahrgangs und an die Alumni.

Kurz gesagt

- Persönlichkeitstypologien bei Diskutant:innen beachten.
- Soziodemografische Faktoren nutzen.
- Vielfältig und divers besetzen.
- Zahl der Protagonist:innen immer kritisch hinterfragen.
- Weniger sind im Zweifel immer mehr.
- Fehlende Diskutant:innen „wegmoderieren".
- Fallhöhe berücksichtigen.
- Wortanteile nach Inhalt gewichten.
- Ausgewogene Geschlechterverteilung anstreben.
- Kommunikationsstil prägt den Charakter des Podiums.
- Fachliches Niveau muss zum Publikum passen.
- Prominenz zieht Publikum, kostet aber Geld.

D5 PODIEN AUSGESTALTEN

In welchem Rahmen findet die Podiumsdiskussion statt? Widmen wir uns der Ausgestaltung.

Timing der Diskussionsrunde

Wenn das Publikum einzig und allein zu einer Podiumsdiskussion eingeladen wird, ist die Sache klar: kein Impulsvortrag vorher, keine Fachpräsentation nachher. Die Auswahl starker Protagonist:innen bekommt vor diesem Hintergrund Bedeutung. Anders ist das bei Podiumsdiskussionen, die in einen Veranstaltungskontext eingebettet sind, z. B. in einen Kongress, eine Tagung, einen Fachtag oder eine Jubiläums- oder Festveranstaltung. In diesen Fällen übernehmen Moderator:innen in der Regel zwei Aufgaben: zum einen die Rahmen- oder Tagesmoderation, mit der die einzelnen Elemente über den Tag hinweg miteinander verbunden werden; zum anderen moderieren sie zusätzlich die Podiumsdiskussion. Häufig gibt es dort dann ein Wiedersehen mit den Input-Referent:innen des Tages. Manchmal aber sind es auch komplett andere Personen, die miteinander diskutieren, je nach Zielsetzung.

Sicher ist: Verschiedene zeitliche Positionierungen haben inhaltliche Auswirkungen auf das Podiumsgespräch. Eröffnet es einen Veranstaltungstag, kann es die Themen des Tages auffächern. Kritisches wird angerissen, muss aber nicht zwingend aufgelöst werden, weil es die Expert:innen aufnehmen und idealerweise in ihren Vorträgen thematisieren. Sie nehmen Bezug auf die Statements im Podium. Diese redaktionelle Überlegung funktioniert allerdings nur dann gut, wenn die später Vortragenden das Podium tatsächlich auch miterleben. Oft platzieren zum Beispiel Politiker:innen ihre zentralen Botschaften zum Auftakt auf dem Podium und verschwinden danach rasch. Spätere Referent:innen sprechen dann ins Leere, wenn sie die Politik adressieren.

Steht das Podium am Ende eines Veranstaltungstages, kann es zusammenbinden und idealerweise in die Zukunft weisen. Eine kritische Würdigung des zuvor Gehörten passt an dieser Stelle gut. Es erfordert von Tagesmoderator:innen eine hohe Aufmerksamkeit, weil sie die vorhergehenden Elemente, z. B. alle Vorträge, präsent haben müssen. Eine weitere Herausforderung kommt hinzu: Weil vorher oft überzogen wurde, muss bei der Diskussionszeit am Ende eingekürzt werden.

Zeitmanagement

Der Blick auf die Uhr ist ständiger Begleiter, nicht nur beim Podium selbst, sondern oft schon weit davor. Kleine zeitliche Sünden addieren sich zu einem großen Problem am Tagesende auf. Bleiben wir bei dem Beispiel des eintägigen Fachkongresses. Obwohl anders versprochen, überziehen die vier Impulsreferent:innen ihre Präsentationen jeweils um ca. 10 Minuten. Ein bisschen kann bei der Mittagspause reingeholt werden, dennoch startet die abschließende Podiumsdiskussion 20 Minuten später. Den Letzten beißen die Hunde. Denn länger machen kommt nicht infrage, weil das Publikum pünktlich zu den Zügen muss. Bleibt nichts anderes übrig, als das Podium zu kürzen, bevor es überhaupt angefangen hat. Zeitbudget und Platzierung des Podiums im Tagesablauf hängen also eng zusammen. Für das Design des Fachtages gilt: Niemals zu eng planen, Puffer lassen und Fallbacks durchspielen, damit in der Not schnell umgestellt werden kann.

Stühle und Stehtische

Verschiedene innenarchitektonische Settings haben Einfluss auf die Wirkung des Podiums. Grundsätzlich gibt es zwei Möglichkeiten: Sollen alle sitzen oder sollen alle stehen? Mit Sitzen assoziieren wir das Gespräch, mit Stehen die dynamische Bewegung. Für beides muss entscheidend sein: Wie stellen Moderator:innen am ehesten die Bindung zu ihren Protagonist:innen her? Beginnen wir mit dem Sitzen.

Die Sitzordnung entscheidet wesentlich darüber, wie gut es Moderator:innen gelingt, zu ihren Diskutant:innen eine Beziehung aufzubauen. Wo und wie Stühle und die kleinen Tischchen dabei stehen, ist nicht trivial. Die Interessen gehen in dieser Frage oft weit auseinander. Für Moderator:innen ist es am besten, wenn die Runde tendenziell eng zusammensitzt. Je enger, desto leichter können Moderator:innen kontrollieren: mit der Ansprache, mit den Augen, mit dem Körper. Sie erreichen ihre Gesprächspartner:innen im wahrsten Sinne des Wortes „auf dem kurzen Wege".

Veranstalter:innen sehen oft das große Ganze. Eine große Bühne, auf der sich das Podium in der Mitte auf scheinbar engem Raum zusammenquetscht, mag unproportional erscheinen. Die Leere rechts und links stört. Deswegen wird die Möblierung von Podiumsrunden gern auseinandergezogen, so lange, bis die Bühne gefüllt ist. Für die Gesprächsatmosphäre ist es nicht zuträglich, wenn sich die Protagonist:innen „zuwinken" müssen. Nähe zwischen den Diskutant:innen und den Moderator:innen überträgt sich auf das Publikum. Intensität spürt man genauso, wie räumlich verloren zu sein. Deswegen: Lieber die Leere rechts und links füllen als das Podium auseinanderzureißen.

Abb. 11: Das Veranstaltungssetting des Pestalozzi-Fröbel-Verbandes in Berlin.

Schauen wir auf das Setting, das der Pestalozzi-Fröbel-Verband in Berlin für seine Diskussionsveranstaltung 2023 gewählt hat. Hier ist alles sehr klar und übersichtlich umgesetzt. Auf der Leinwand über dem Podium wird gerade das Grußwort der Bundesministerin projiziert. Darunter zu sehen sind die fünf Stühle für die Podiumsdiskussion. Die Tischchen für die Getränke, Mikrofone oder Handys stehen nicht zwischen den Stühlen, sondern vor den Stühlen. Dadurch können sie dichter zusammengerückt werden. Sie berühren einander fast. Das ermöglicht eine Nähe der Diskutant:innen zueinander. Die Sitzgruppe steht nicht mittig auf der Bühne, sondern in der Draufsicht leicht links. Dadurch hat das weiße Stehpult rechts eine gewisse Alleinstellung. Redner:innen am Pult kommen zur Geltung. Auf der Bühne oben rechts wurde die Lücke mit einem Blumenstrauß geschlossen. Der Plakataufsteller auf dem Boden rechts außen flankiert inhaltlich. Dieses ganz klare und einfache Setting funktioniert. Die Aufteilung ist für die Zuschauer:innen eindeutig. Sie können sofort einordnen, wo was passiert.

Für die Podiumsteilnehmer:innen auf der Bühne gilt das genauso. Die geringen Abstände der Stühle ermöglichen es dem Moderator, schnell Nähe herzustellen. Abbildung 12 zeigt, wie gering der Abstand zwischen dem äußeren Gesprächspartner auf der linken Seite und dem Moderator ist. Er muss nur eine ganz geringe räumliche Distanz überbrücken, um den Gast außen zu erreichen.

Abb. 12: Stehen Stühle eng zusammen, hat der Moderator alles im Blick.

Das Halbrund der Stühle unterstützt dabei. Im Bild spricht der Moderator den Gesprächspartner außen an. Im Augenwinkel hat er dabei gleichzeitig die Gästin neben ihm im Blick. Ihre Reaktionen registriert er ebenso. Will er wissen, was auf der anderen Seite des Podiums passiert, braucht er dazu nur eine Kopfdrehung hinüber auf die andere Seite.

Das klassische und enger platzierte Halbrund fördert die Interaktion und sorgt für eine offene Atmosphäre. Alle sehen alle, ohne sich vorbeugen zu müssen, die Sitzordnung hat grundsätzlich etwas hierarchiefreies und signalisiert Gleichberechtigung. Auch auf das

Publikum hat das Halbrund Wirkung. Es scheint, als breite das Podium im übertragenen Sinne „die Arme aus“, um die Zuschauer:innen symbolisch zu umschließen, sie „in Empfang“ zu nehmen.

Es mag für Moderator:innen anfangs ungewöhnlich sein, den Gesprächspartner:innen scheinbar „auf die Pelle“ zu rücken, weil es eine Nähe ist, die wir eher vom Ess- oder Küchentisch kennen. Aber genau diese Nähe, diese grundsätzliche Entspanntheit im Sitzen ist der Schlüssel. Nicht ohne Grund gehört diese Sitzordnung zu den Klassikern im Setting von Podiumsdiskussionen. Selbst TV-Diskussionen arbeiten mit dieser Wirkkraft der Nähe, ob vor 70 Jahren bei Werner Höfer oder heute bei der ARD-Produktion *Hart aber fair* mit Moderator Louis Klamroth. Das Produktionsstudio ist groß, trotzdem sitzen die Diskutant:innen so dicht beieinander, dass gerade einmal eine Armlänge zwischen ihnen ist.

Abb. 13: Die halbrunde Sitzordnung bei der TV-Sendung *Hart aber fair* (WDR) mit Moderator Louis Klamroth.

Schauen Sie sich eine der Sendungen einmal aus dem Blickwinkel des Fernsehregisseurs Karsten Frings an. Welches Bild wählt er für

Zuschauer:innen aus? Er entscheidet ja für uns, was wir wann zu sehen bekommen. Auffällig dabei: Immer wieder schneidet er Bilder, auf denen zwei, drei oder gleich alle fünf Diskussionspartner:innen gleichzeitig zu sehen sind. Das Gesagte wird in den Blicken und Reaktionen der anderen sofort gespiegelt. Das geht nur, wenn alle dicht zusammensitzen – ähnlich wie am Küchentisch.

Oft lassen sich Veranstalter:innen nicht lumpen und platzieren gewichtige Designerledersessel auf der Bühne, zum Beispiel die Bauhaus-Klassiker von Le Corbusier mit Stahlrohrgestell. Das sieht toll aus, solange Menschen darin nicht agieren müssen. Oft versinken Gesprächspartner:innen in den Stühlen, Köperdrehungen gelingen nicht wirklich, mit den Ellbogen hängt man sich an den Lehnen auf. Kleinere Menschen wirken unter Umständen unproportional. Zudem sind die Sessel nicht dafür gemacht, mit ihren kantigen, quadratischen Formen in einem Halbrund angeordnet zu werden.

Meistens sollen sie Bühnen gewichtig aufladen. Dasselbe gilt für Sofas. Letztlich aber lenken sie ab und dienen nicht dem Gespräch, sondern eher der Dekoration. Grundsätzlich gilt: Nicht Stühle sollen wirken, sondern die Diskussionsteilnehmer:innen. Je zierlicher das Mobiliar, desto mehr kommen die Menschen zur Geltung. Die Stühle in Abb. 6 in Ingo Zamperonis Diskussionsrunde sind ideal. Sie verschwinden mehr oder weniger, wenn die Diskussionsteilnehmer:innen auf ihnen Platz genommen haben. Dafür sollten sie sich übrigens auch nicht drehen, denn dann wird den Zuschauer:innen schwindelig.

Wenn man es nicht ganz so statisch möchte, zudem weniger Zeit zur Verfügung hat, sind Stehtische häufige Alternativen im Setting. Auch sie funktionieren gut, weil Diskussionsteilnehmer:innen nahe beieinanderstehen und sich offen dem Publikum gegenüber präsentieren können. Das eher Flüchtige in der Gesamtwirkung von Stehtischen hat durchaus etwas Positives, das Veranstalter:innen bewusst einsetzen können. Dem Publikum wird klar, dass sich alles in einem zeitlich überschaubaren Rahmen abspielen wird. Man spricht „aus dem Stand heraus". Niemand macht es sich in dicken Ledersesseln gemütlich. Hier geht es schnell zur Sache, nach der Devise: „Wir sind dann auch gleich mal wieder weg." Es überrascht nicht, dass diese Möblierung vor allem auf Kongressen oder Messen mit einem dicht getakteten Zeitablauf häufig präferiert wird. Ein weiterer Vorteil von Stehtischen: Wir tun uns beim Sprechen leichter. Wir knicken nicht ein, im wahrsten Sinne des Wortes, sondern können den ganzen Körper für unser Stimmvolumen nutzen.

Für Moderator:innen ist es aber schwierig, ihren Platz zu finden. Bei zwei runden Tischen gibt es keine richtige Mitte. Außen stehend platziert dreht man sich vom Publikum weg. Zudem gibt es bei Stehtischen kein wirkliches Halbrund. Manchmal bewegen sich die Gäst:innen einen Schritt zurück, wenn sie nichts zu sagen haben. Damit rücken sie aus dem Blickfeld der Moderator:innen, die sich nicht mit bewegen können. Was den Vorteil der Stehtische ausmacht, kann sich im Laufe der Diskussion auch zum Nachteil entwickeln: die größere Beweglichkeit. Zudem: Beweglichkeit muss ja auch gegeben sein. Nicht alle Menschen sind in der Lage, über einen bestimmten Zeitraum hinweg stehen zu können. Die Entscheidung für oder gegen Stehtische hat also auch mit Barrierefreiheit zu tun. Ein Nachteil ist auch der Größenunterschied der teilnehmenden Personen – bei kleineren Menschen wirken Stehtische unvorteilhaft.

Selbsterklärend ist an dieser Stelle eigentlich, dass Settings mit normalen Tischen nur bedingt funktionieren. In vielen Gemeindesälen, aber auch in Schulen, Hochschulen oder Kirchennebenräumen finden sich die massiven Klapptische mit Chrombeinen. Zwei von Ihnen werden zu einem Podium zusammengestellt, fünf Stühle dahinter und fertig ist das Setting. Wann immer Sie können: Räumen Sie das weg und stellen Sie einfach fünf Stühle im Halbrund hin. Tische riegeln gnadenlos zwischen Publikum und Podium ab. Sie wirken wie bei einer mündlichen Prüfung.

Es gibt weitere Ideen, die die beiden Grundformen „Tische" und „Stühle" abwandeln. Beliebt sind immer häufiger sogenannte „Stehbrücken". Das sind längliche Stehtische, die vor allem auf Messen zum Einsatz kommen, oft bestückt mit Notebooks. Entlehnt sind sie der TV-Studiowelt. Entsprechend lassen sie sich mehr oder weniger frontal ausrichten, an den Seiten steht es sich ungeschickt.

Beliebt sind gerade in jüngeren Formaten alternative Sitzmöbel: Pappkisten, Paletten oder Sitzsäcke. Entscheidend bei alledem: Was trägt am ehesten zum Gesprächsfluss bei? Dazu gehört auch die passende Platzierung der Moderator:innen.

Moderator:innenplatz

Auf den Abbildungen 5 und 6 nehmen die Moderatoren unterschiedliche Plätze ein, einmal in der Mitte, einmal an der Seite. Es gibt nicht die eine richtige Position. Es gibt nur die, mit der man sich als Moderator:in am wohlsten fühlt.

Der Platz in der Mitte ist der Platz mit den kurzen Wegen. Eine kleine Kopfbewegung reicht, um sich nach rechts oder links auszurichten und Zugewandtheit zu signalisieren – oder eben nicht. Ist es links zu hitzig, verlagert man die Aufmerksamkeit bewusst nach rechts und nimmt dort das Gespräch auf. Die linke Seite läuft ins Leere – ohne dass dafür auch nur ein steuernder Satz gesagt werden muss. Auch können Gesprächspartner:innen, die eventuell Sorgen bereiten, direkt rechts und links neben den Moderator:innen platziert werden, um sie leichter einzuhegen. Der Nachteil der mittleren Position: Um das Podium immer ganz im Blick zu haben, muss die Aufmerksamkeit sowohl nach links als auch nach rechts ausgerichtet sein. Sonst werden Reaktionen womöglich nicht bemerkt.

Das ist mit ein Grund, warum es viele Moderator:innen vorziehen, außen zu sitzen. Sie haben immer gern – wie Moderator und Regie bei *Hart aber fair* in Abbildung 13 – das ganze Podium im Blick. Der Nachteil: Der Weg zu den äußersten Gesprächspartner:innen ist relativ lang. Mikrosteuerung über den Köpereinsatz ist dabei kaum möglich.

Doppelmoderation

Eine Podiumsmoderation zu zweit wirkt inhaltlich dynamisch, wenn die Bälle passend hin und her fliegen. Das setzt eine gewisse Routine und Erfahrung voraus, denn mit der Doppelbesetzung kommt eine zusätzliche Ebene hinzu. Neben den Diskussionsteilnehmer:innen und dem Publikum muss Moderator:in 1 die Aufmerksamkeit auch auf Moderator 2 richten – und umgekehrt. Ist es bereits herausfordernd, ganz allein mit dem Konzept im Kopf umzugehen, wird es zu zweit noch anspruchsvoller, weil Nummer 2 mitgedacht werden muss. Ist das Team aber eingespielt, kann das entlastend wirken und Spielräume für spontane und schlagfertige Reaktionen freisetzen. Wenn die eine fragt, kann der andere zu 100 Prozent zuhören, den Ball aufgreifen und den Faden weiterspinnen. Doppelmoderationen verschaffen Zeit, um die Gedanken zu sortieren und passend reagieren zu können. Beide müssen dafür aber alle Themen jederzeit präsent haben. Daher sind Doppelmoderationen in der Vorbereitung auch doppelt aufwendig.

Sitzordnung

Wer sitzt wo? Die Antwort dieser Frage entscheidet auch über die inhaltliche Qualität der Podiumsdiskussion, denn Moderator:innen steuern das Gespräch auch über den Einsatz ihres Körpers. Mit der Nähe zu Diskussionsteilnehmer:innen bremsen Moderator:innen die Starken, sie schützen und stärken die Schwächeren oder wenig Erfahrenen. Sie motivieren die Zurückhaltenden, hegen die Offensiven ein oder stellen Positionen räumlich gegenüber. Sitzen die Moderator:innen in der Mitte, haben sie rechts und links von sich zwei Positionen, mit denen sie strategisch in der Nähe arbeiten können. Es sollte gut überlegt sein, wer dort sitzen soll. Sitzordnungen müssen deshalb im Vorfeld mit Auftraggeber:innen besprochen werden. Denn die haben meist eine ganz eigene Perspektive auf den Sitzplan, die mit der Gesprächsdramaturgie der Moderator:innen nicht unbedingt übereinstimmt. Hierarchisch gedacht mag es sinnvoll erscheinen, zum Beispiel die beiden Abgeordneten rechts und links vom Moderator zu platzieren. Aus Moderator:innensicht aber ist es vielleicht sinnvoller, die beiden Betroffenen nahe bei sich zu haben, weil sie eines größeren Rückhalts bedürfen. Im Zweifel sollte man nicht davor zurückschrecken, noch kurz vor Beginn die von Veranstalter:innen gedachte Sitzordnung umzuändern. Große Namenszettel auf Stühlen schaffen Orientierung für alle Seiten. Wenn Moderator:innen die Gäst:innen auf die Bühne rufen, können sie die gewünschten Plätze zuweisen. Inhaltliche und atmosphärische Strategien gehen immer vor, danach wird das Podium ausgerichtet.

Für Moderator:innen ist es hilfreich, sich die Sitzordnung der Gäst:innen mit Namen und Funktionen auf einer separaten Moderationskarte aufzuzeichnen, die man z. B. vor sich auf ein Tischchen legt oder als hinterste Moderationskarte immer wieder hervorgezogen werden kann. Die Karte – aus Moderator:innenperspektive gezeichnet – führt visuell vor Augen, wer wo sitzt. Es erlaubt die Draufsicht auf das Podium: Auf welcher Seite passiert was? Und: Namensverwechslungen oder -unsicherheiten werden so praktisch ausgeschlossen.

Das Podium zum Thema *Frühkindliche Bildung* steht. Der Moderator fertigt die Karte mit vier Diskussionsteilnehmer:innen.

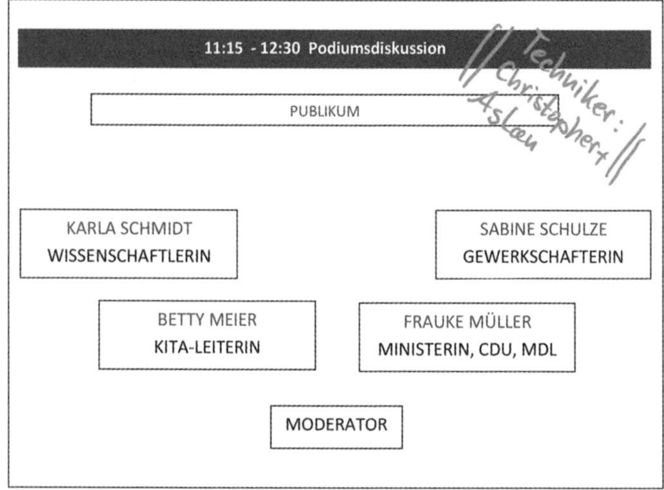

Abb. 14: Die Sitzordnung hat Einfluss auf die Gesprächsführung.

Auf die Karte notiert er die Namen. Darunter die Lebenswelten, für die sie in der Runde sprechen – nicht die genaue Funktion. Die hat er bei der Vorstellungsrunde bereits genannt. Im Gesprächsverlauf sind diese Perspektiven wichtiger. Mit denen kann er die Gäst:innen immer wieder aufladen. „Karla Schmidt, was sagen Sie als Wissenschaftlerin dazu, dass …"

Frauke Müller hat gleich drei Hüte auf: Als Ministerin setzte sie den Bildungsplan des Landes um. Als CDU-Mitglied steht sie für das bildungspolitische Programm ihrer Partei. Als Parlamentarierin steht sie für die Legislative. Je nach Verlauf kann der Moderator sie dann in der passenden Rolle ansprechen. Von der Ministerin weiß er, dass sie es versteht, sehr wortgewandt die Redezeit zu okkupieren. Deswegen setzt er sie direkt neben sich, damit er sie mit Blicken oder Gesten steuern kann. Dasselbe gilt für die Gästin links neben sich, nur umgekehrt: Betty Meier sitzt erstmals auf einem Podium. Nahe bei ihr kann er sie stärken, ihr das Gefühl geben, für sie da zu sein. Gewerkschafterin und Wissenschaftlerin blicken strukturell auf das Thema, etwas weiter von außen, die Sitzordnung spiegelt das wider.

Podien aufbrechen

Wenn die Zahl der Podiumsgäst:innen größer ist als Platz auf der Moderationskarte, lohnt es sich zu überlegen, ob das Format „Podiumsdiskussion" in der klassischen Sitz- oder Stehrunde überhaupt das passende ist. Kann man nicht aufteilen? Zwei Diskutant:innen geben einen kurzen inhaltlichen Input an einem Stehtisch, vor der Diskussion. Danach reagieren die vier anderen in der Podiumsrunde darauf. Vielleicht sitzen die zwei Inputgeber:innen in der ersten Reihe im Publikum und werden zwischendurch ins Gespräch einbezogen? Auf jeden Fall wäre die Gesprächssituation in diesem Fall entzerrter.

Eine andere Variante bei mehr als fünf Gesprächspartner:innen: Man löst das Podium ganz auf und führt Interviews in einem „Speed-Talk"-Format. Alle sieben Minuten kommt der nächste Interviewgast an den Stehtisch zur Moderatorin. Der Fokus liegt auf dem/der jeweiligen Interviewpartner:in, die anderen sitzen nicht minutenlang stumm daneben. Solche Formate eignen sich gut etwa auf Fachtagen.

Das Umfeld

Zum Umfeld zählen der Raum, das Licht, die Akustik und die Tontechnik. Alles gemeinsam beeinflusst die Wirkung, die Sie als Moderator:in für das Publikum erzielen können. Sie müssen sich deshalb rechtzeitig, ca. zwei Stunden vor der Veranstaltung, mit dem Umfeld und den Bedingungen vor Ort vertraut machen und sich mit Bedacht damit auseinandersetzen. Etwa eine halbe Stunde vor Beginn des Podiums werden Sie dafür keine Zeit mehr haben. Denn dann sind es die Gesprächspartner:innen, die Sie binden. Sie wollen mit Ihnen inhaltlich sprechen. Auch werden Veranstalter:innen auf Sie zukommen, um Änderungen zu klären.

Gehen Sie zunächst zum technischen Personal und stellen Sie sich als Moderator:in vor. Notieren Sie sich die Namen der Techniker:innen auf Ihrer Namenkarte (siehe Abb. 14). Bei einer Panne können Sie sie namentlich ansprechen.

Mit welchen Mikrofonen wollen Sie arbeiten? Headsets oder Bügelmikrofone sind praktisch, weil Sie die Hände frei haben für die Moderationskarten und Ihre Gestik. Für Frauen ist es manchmal schwierig, die Funksender am Kleid zu befestigen. Bei Männern kratzt hörbar der Dreitagebart. Oft können nicht alle Diskutant:innen mit Headsets ausgestatten werden. Dann kommen zusätzlich Handmikrofone zum Einsatz. Der oder die Moderator:in muss in diesem Fall zusätzlich darauf achten, dass die Gesprächspartner:innen das Mikrofon nahe genug an den Mund führen. Zur Not muss er oder sie dazu auffordern, genau das zu tun.

Einen großen Vorteil haben Handmikrofone vor allem im Interviewkontext. Halten Sie es in den Händen, steuern Sie, wie viel Ihr Gegenüber sagt. Wollen Sie den Redefluss unterbrechen, können Sie das Mikro in einer Sprechpause einfach zu sich ziehen und die nächste Frage stellen. Nicht elegant, aber höchst effektiv. Hörfunk- oder TV-Journalist:innen kennen die Regel: Geben Sie das Mikrofon deshalb niemals aus der Hand.

Sprechen Sie bei der Probe auf der Bühne in der Lautstärke so, wie Sie immer sprechen. Der Techniker pegelt dann passend zur Raumgröße aus. Stellen Sie sich an den vorderen Bereich der Bühne. Üben Sie, sich dem Publikum zu präsentieren. Blicken Sie in die erste Reihe, in die Mitte und in die letzte Reihe. Stellen Sie sich vor, das Publikum wäre schon da. Dann sprechen Sie Ihren Begrüßungstext. Das machen Sie nicht nur für die Techniker:innen, sondern auch für sich. Sie eignen sich den Raum damit an und steuern Ihr Mindset: „Dieser Raum ist jetzt meine Bühne." Im Gespräch mit Professorin Cornelia Krawutschke in Kapitel F5 vertiefen wir das Thema.

Schauen Sie auf den Boden an der Bühnenkante und sichern Sie die Stelle, wo das Licht der Scheinwerfer am hellsten ist: die Lichtkante. Genau dort platzieren Sie sich. Das Licht blendet, vielleicht fällt es schwer, hinter die strahlenden Scheinwerfer zu schauen. Umso wichtiger ist es, sich vorab zu vergewissern, wo das Publikum sitzen wird.

Ablaufplanung

Wenn es ein komplizierterer Ablauf ist, nehmen Sie sich Zeit, um ihn mit den Techniker:innen zu proben. Gibt es Video-Einspieler? Begrüßen Sie ein virtuelles Publikum in die Kamera hinein? Müssen Sie Gäste in der ersten Reihe begrüßen? Zeigen Sie dorthin. Haben Sie einen Gegenstand, den Sie präsentieren müssen? Eine Broschüre? Wohin mit den Karten in der Zeit? Gibt es Fotos, die während der Moderation auf die Leinwand projiziert werden? Die ist hinter Ihnen. Wie können Sie sie trotzdem erspähen? Haben Sie einen Monitor vor sich? Holen Sie Gäste auf die Bühne? Von wo kommen sie und wo empfangen Sie sie? Alles das proben Sie, wenn es geht, vielleicht sogar mehrfach. Unter Umständen stellen Sie fest, dass manche Dinge nicht so funktionieren, wie Sie es sich gedacht haben. Dann ändern Sie.

Denn Sie sind mehr als „nur“ in der moderierenden Rolle. Sie sind zugleich inhaltliche:r Redakteur:in, Aufnahmeleiter:in oder Zeremonienmeister:in. All diese Aufgabenpakete schlagen sich in einem Ablaufplan oder Regieplan nieder, den es für die Veranstaltung und das Podium geben muss. Gibt es ihn nicht – schreiben Sie ihn. In Abbildung 15 sehen Sie einen Ablaufplan eines ganztägigen Fachkongresses zum Thema *Sprachen in der frühen Kindheit*. Der Moderator führt durch den Tag, am Nachmittag gibt es eine Podiumsdiskussion – ein ganz klassisches Setting.

Uhr	Dauer	Wer	Programmpunkt	Leinwand	Ton / Mikro	Mobiliar / Licht
09:00	**00:57**	Einlass	**Einlass mit Brezelfrühstück, Ausstellungsbesichtigung** ***(PRESSEKONFERENZ IN RAUM XY)***	Willkommen-Chart		**Leinwand mittig, Rednerpult rechts mit Vorschaumonitor für PPP Stehtisch Mitte links**
09:57	**00:03**	Moderation	kommt auf die Bühne. **Einführung** *(Bedeutung der Sprache für die frühkindliche Entwicklung / Mehrspsrchigkeit / Zuwanderung 7 Dialog Kultur)* bittet Frau Staatssekretärin für Kongresseröffnung ans Rednerpult, Moderator nimmt anschließend Platz im Publikum	**Fotos 01.jpg bis 03.jpg währned der Anmoderation auf Ansage Moderator**	**Head-Set für Moderation**	
		Staatssekretärin	kommt aus dem Publikum auf die Bühne ans Rednerpult			
10:00	**00:15**	Staatssekretärin	Begrüßung Staatssekretärin Marion Staatssekretärin, Ministerium für Kultus, Jugend und Sport Baden-Württemberg	**Standard-Chart**	**Rednerpult-Mikro**	
		Staatssekretärin	übergibt danach das Wort an Bürgermeisterin			
		Staatssekretärin	nimmt Platz im Publikum			
		Bürgermeisterin	kommt aus dem Publikum auf die Bühne ans Rednerpult			
10:15	**00:15**	Bürgermeisterin	**Begrüßung der Schulbürgermeistern**	**Standard-Chart**	**Rednerpult-Mikro**	
		Bürgermeisterin	bleibt danach auf der Bühne			
		Moderation	kommt aus dem Publikum auf die Bühne, stellt Bürgermeisterin zwei Fragen: *(1. Wann haben Sie gespürt: "Sprache ist was tolles? 2. Frage: Aus der Situation heraus).* dankt und bittet Sie im Publikum Platz zu nehmen		**zusätzliches Handmikro für Interviewsituation**	**Zweites Handmikro unter Stuhl Moderator (1. Reihe Publikum) platzieren**
		Bürgermeisterin	nimmt Platz im Publikum			
		Moderation	Anmoderation Wissenschaftlerin *(Wissenschaftlicher Blick / Sprachenteicklung Säuglingsalter / Emotionale Entwicklung)*			
//////////	//////////	//////////////////////	//	//////////////////////	//////////////////////	//////////////////////
12:10	**01:35**		**MITTAGSPAUSE**			**Aufbau Podiumsdiskussion links (5 Sessel + 3**

						bestuhlen!
13:45	00:03	Moderation	Anmoderation Film Theaterprojekt *(Sprachförderung durch Theaterprojekt / Filmische Dokumention)*			
13:48	**00:10**		**Filmvorführung Theaterprojekt**	**Film Theaterprojekt (9:06 min) HD 1920x1080**		**Saal abdunkeln**
		Moderation	kommt auf die Bühne Anmoderation Professor *(Soziologische Milieus / Lebenswelten der Fachkräfte / Lebensweltern der Eltern)*			
		Moderation	nimmt selbst Platz im Publikum			
		Professor	kommt aus dem Publikum auf die Bühne ans Rednerpult			
13:58	**00:20**	Professor	**Vortrag Professor**	**Vortrags-PPT**	**Rednerpult**	
		Professor	bleibt danach auf der Bühne	**Standard-Chart**		
		Moderation	kommt aus dem Publikum auf die Bühne geht gemeinsam mit Professor zur Podiumsbestuhlung		**zusätzliches Handmikro**	**Unter Stuhl 1. Reihe Moderator**
		Moderation	moderiert die restlichen Podiumsgesprächsteilnehmer an und bittet sie auf die Bühne *(Alle Perspektiven: Wissenschaft / Träger:innen / Elternvertreter / Fachkräfte)*			
		Diskussionsgäst	Gäste 2 - 4 kommen aus dem Publikum zur Sitzgruppe Podium			
14:18	**01:12**		**Podiumsgespräch** Diskussionsgast 1, Wissenschaft Diskussionsgast 2, Träger Wohlfahrtsverband Diskussionsgast 3, Elternvertreterin Diskussiongsast 4, Fachkraft			**1x Head-Set Moderator 4x Handmikro Diskutanten Reservemikro auf Tisch Moderator**
		Moderation	*(Themenblöcke; Teilung der Gesellschaft / Erziehungsverständnis / Kulturelles Kapital / Interventionistische Politik)*			
		Moderation	bedankt sich danach bei allen Teilnehmern und entlässt in die Kaffeepause			
//////////	//////////	//////////	//////////	//////////	//////////	//////////

Abb. 15: Der Regieplan erfasst alles, was für Moderation und Podium gebraucht wird.

Die rote Schrift betrifft die Moderation. In der Spalte „Programmpunkt" sind auch die thematischen Schwerpunkte erfasst, sodass alle Beteiligten grob wissen, was inhaltlich passiert. Die blaue Spalte betrifft die Bildtechnik, die Leinwand. Tontechniker:innen schauen besonders auf die schwarze Spalte. In der grünen Spalte lesen diejenigen aufmerksam, die die Stühle rücken. Moderator:innen müssen alles wissen. Denn bei ihnen läuft für das Publikum alles zusammen.

Im Plan ist gut zu sehen, dass der Moderator immer wieder auf seinen Stuhl in der ersten Publikumsreihe zurückkehrt. Das ist seine „Homebase". Hier stellt er sich eine dezente, kleinere Trinkflasche mit stillem Wasser zu seinen Füßen. Das hilft bei einem trocknen Mund. Vergessen Sie auch nicht, ein Brillenputztuch einzustecken, falls die Gläser vor Nervosität beschlagen. Unter Ihrem Stuhl deponieren Sie zusätzlich den Ablaufplan. Jetzt kann es losgehen.

Zeitplanung

Sie sehen am Ablaufplan, dass ein solcher Tag streng durchgetaktet ist. Oft vergessen Auftraggeber:innen in ihrer Zeitkalkulation, dass Moderator:innen auch Zeit benötigen, um etwas zu sagen. Expert:innen haben grundsätzlich das Gefühl, viel zu wenig Zeit zur Verfügung zu haben. Das ist auch kein Wunder, weil sie in kurzer Zeit das präsentieren sollen, worüber sie oft jahrelang geforscht haben. Da darf man doch mal überziehen. Pausen werden gedehnt, weil sich das Publikum auch untereinander austauschen will. Überhaupt fängt man schon zehn Minuten später an, weil die Staatssekretärin vor der Bühne in ein Gespräch vertieft ist. Wer gibt ihr das Signal anzufangen? Alles das kann durchaus Stress auslösen.

Eines ist sicher: Hetzen nutzt gar nichts. Damit es nicht aus dem Ruder läuft, müssen Sie aktiv werden. Sie sind es, die drei Minuten nach der Zeit die Staatssekretärin auffordert, mit ihrem Grußwort zu starten. Sie sind es, die dem Professor schon fünf Minuten vor dem Ende seines Vortrags per Tippen auf die Armbanduhr signalisieren, dass er zum Ende kommen soll. Überzieht er dennoch, machen Sie es beim Ersten gleich zum Thema, um die Regeln für den Tag zu setzen, natürlich mit einem Augenzwinkern: „20 Jahre Forschung in 20 Minuten: Das haben Sie nicht ganz geschafft, lieber Professor. Wir sind gespannt, wie viel Zeit Sie, Frau XY, jetzt brauchen." Sie müssen sich für den Zeitplan verantwortlich fühlen und dürfen ihn jederzeit zum Thema machen. Allein das wirkt oft disziplinierend.

Bei der Podiumsdiskussion sollten Sie eine Uhr in Sichtweite haben. Es gibt Moderator:innen, die legen das Handy auf den Tisch und programmieren den Timer, schalten Sie dabei vorher den Bildschirmschoner aus. Die Armbanduhr ist zwar praktisch, aber das Publikum sieht, wie Sie darauf schauen. Besonders am Ende der Diskussion überträgt sich der Zeitstress auf diese Weise auf die Zuschauer:innen. Deswegen sollten Sie die Armbanduhr auf den Tisch vor sich legen. Am allerbesten ist eine flache, längliche Digitaluhr, die sie vor sich auf den Boden stellen, so, dass Sie und alle anderen in der Runde sie auch sehen.

Kurz gesagt

- Platzierung der Gäst:innen beeinflusst die Inhalte.
- Setting (Stühle, Tische) bestimmen Podiumscharakter.
- Das Halbrund fördert Interaktionen.
- Schwere Sessel behindern die Kommunikation.
- Stehtische wirken agil, sind aber nicht barrierefrei.
- „Normale" Tische riegeln ab.
- Moderator:innenplatz in der Mitte ermöglicht das Steuern.
- Bei zu vielen Gäst:innen alternative Formate überlegen.
- Ohne einen Ablaufplan geht es nicht.

Checkliste

- ☐ Aufgabenstellung prüfen: Podium plus Tagesmoderation?
- ☐ Stühle zusammenrücken, um Nähe herzustellen.
- ☐ Sitzordnung selbst vornehmen und strategisch festlegen.
- ☐ Sitzordnung auf Moderationskarte festhalten.
- ☐ Namen der Techniker:innen auf Karte notieren.
- ☐ Umfeld (Licht, Lautsprecher, Mikros) vorab überprüfen.
- ☐ Bei Probe den Raum für sich „aneignen".
- ☐ Zeitabläufe durchspielen und kritisch hinterfragen.
- ☐ Digitaluhr vor sich auf dem Boden platzieren.

D6 EXPERTEN-INTERVIEW: MARTIN HOFFMANN

Abb. 16: Martin Hoffmann moderiert hier die Fachtagung und das Symposium *Unlocked – Gaming öffnet Kultur* an der Staatlichen Akademie der Bildenden Künste Stuttgart im November 2023.

Martin Hoffmann ist selbstständiger Moderator, Podcast-Host, Dozent und Coach. Seit 2011 moderiert der Sozialwissenschaftler, M.A. und gelernte Journalist bundesweit Veranstaltungen, Konferenzen, Fachtagungen, Podcasts und Workshops in den Bereichen Politik, Wirtschaft, Bildung, Sport und Unterhaltung, sowohl vor der Kamera als auch vor Publikum. Am Institut für Moderation an der Hochschule der Medien in Stuttgart hat er sich zum zertifizierten „Moderator (HdM)" weiterbilden lassen. Dem Institut steht er beratend zu Seite, wenn es unter anderem darum geht, Erfahrungen im Umgang mit Auftraggeber:innen zu teilen.

Moderator:innen sind immer auch Berater:innen

Du hast immer wieder mit unterschiedlichen Auftraggeber:innen tun. Mit welchen Vorstellungen kommen sie auf dich zu?

Da gibt es eine große Bandbreite. An dem einen Ende sind die absoluten Profis. Die kennen deine Rolle als Moderator. Die wissen genau, wie ihre Veranstaltung auszusehen hat und welche Funktion ich als Moderator darin haben soll. Am anderen Ende gibt es die, die eher wenig Erfahrung mit Veranstaltungen und/oder Podiumsdiskussionen haben. Da bin ich dann nicht nur als Moderator gefragt, sondern erst einmal als Berater. Wie soll die Veranstaltung aussehen? Wie lange wird sie sein? Welche Elemente wird es geben? Welche Gäste? Eine reine Podiumsdiskussion? Gibt es Interviews? Ist es eine reine „Anmoderation" der Elemente oder gibt es eine oder mehrere Paneldiskussion(en)? Ist es ein Fachtag? Wie viel Wissen soll ich haben? Soll ich Experte sein oder frage ich journalistisch? Gibt es Publikumsbeteiligung? Ist es analog oder hybrid mit Stream?

Dann höre ich oft: „Darüber haben wir uns noch keine Gedanken gemacht, wir wollten erst die Kosten, damit wir planen können." Aber bevor ich über Preise reden kann, muss ich erstmal wissen, welche Leistungen auf mich zukommen.

Welche Leistungen können das sein und wie hoch ist der zeitliche Aufwand?

Die eigentliche Moderation steht ja am Ende des Prozesses. Am Anfang geht es erst einmal um das Format und eine Formatberatung bzw. eine redaktionelle Beratung. Wie kann der Galaabend aussehen? Wie gliedern wir den Fachtag? Wie kann der Austausch auf einer Konferenz gelingen? Wie gelingt der Ablauf? Ich gebe gern Input von meiner Seite weiter. Es liegt natürlich bei der Auftraggeber:in, ob sie es dann so machen will oder nicht.

Aber oft sind die Veranstalter:innen dankbar, weil Erfahrung an dieser Stelle fehlt. Da kläre ich dann: Welche Aufgaben könnt ihr übernehmen, welche Aufgaben sollen am Schluss bei mir sein? Wer recherchiert passende Gäste, wer schreibt den Ablauf etc.? Es sind oft ganz viele Details. In diesem Prozess wechsele ich oft die Rollen. Ich bin nicht nur Moderator, sondern ich recherchiere vorab, bin Redakteur, dann wieder Projektmanager oder Produktionsleiter, weil ich mich mit der Technik abspreche. Und am Tag selbst manchmal Aufnahmeleiter. Wenn diese Punkte mehr oder weniger geklärt sind, geht es an die Vorbereitung der Moderation. Das beginnt mit der Recherche des Themas.

Nehmen wir ein Beispiel: Eine etwa dreistündige Fachveranstaltung mit drei Keynotes und einer Panel-Diskussion mit fünf Teilnehmer:innen und Publikumsbeteiligung. Wenn ich im Thema schon drin bin, zum Beispiel bei den Themen „KI" oder „Transformation der Arbeitswelt", dann geht das schnell. Aber es gibt natürlich auch Moderationen, da fängt man relativ weit vorn an. Im Schnitt aber sind es etwa zwei Arbeitstage, die ich für die thematische Einarbeitung benötige. Insgesamt kommt man mit allen Arbeitsschritten – Formatberatung, Recherche, Gästegespräche, Absprachen mit Auftraggeber:innen, Probe, Anreise und Moderationstag – schnell auf fünf bis sieben Tage insgesamt für eine Veranstaltung. All das fließt in die Kalkulation mit ein. Das machen sich viele nicht klar.

Über Honorarverhandlungen sprechen wir noch. Zunächst: Sprichst du vorab dann mit den Gästen?
Das ist absolut zentral. Ich versuche grundsätzlich mit allen, die auf der Bühne sind, ein persönliches Vorgespräch zu führen. Gerade bei Gästen, die noch nie oder selten auf Podien sitzen, ist das sehr hilfreich. Sie lernen mich kennen, ich lerne sie kennen. Ich spüre, wie sie ticken und welche ihre Anliegen sind. Das fließt dann später in die Diskussion mit ein. Je prominenter und bekannter die Personen sind, desto weniger ist das aber nötig. Dafür wollen dann oft deren Büros die Themenbereiche und die Fragen abklären. Ich gebe dann Themenblöcke weiter.

Neben diesen Vorgesprächen gibt es dann natürlich noch die Gespräche mit den Auftraggeber:innen. Idealerweise gibt es vor der Veranstaltung eine Abschlussbesprechung mit dem kompletten Team. Dann geht man den Ablaufplan oder Regieplan noch mal durch: Wann passiert was und wer macht es – Licht, Zuspieler, Powerpoints, Ton, Kameras etc. Da laufen viele Punkte parallel, da ist ein solcher Plan ein Muss. Oft genug habe ich ihn selbst geschrieben, weil den Auftraggeber:innen die Erfahrung fehlte. Oder ich unterstütze an der Stelle das Projektteam. Am Moderationstag selbst gibt es dann noch in der Regel eine technische Generalprobe mit allen Beteiligten.

Oft stehen die Gäste ja schon fest. Die Auftraggeber:innen haben konkrete Vorstellungen, du siehst es als Moderator vielleicht aus der journalistischen Perspektive. Wie gehst du damit um?
Ich sehe mich als Dienstleister, aber mit journalistischem Hintergrund. Ich arbeite journalistisch in meiner Vorbereitung und auch während der Moderation. Wenn das Podium schon besetzt ist, dann frage ich zuerst, warum die Personen da sind, welche Motive es für die Einladung gab und welche Rolle die Gäst:innen erfüllen sollen.

Dann achte ich darauf, ob es eine Schlagseite gibt. Wenn wir zum Beispiel über Fachkräftemangel diskutieren und es sind nur

Gäst:innen von der Arbeitgeberseite geplant, dann frage ich nach: Ist das so gewollt? Warum sind keine Gewerkschaftsvertreter geladen? Geht es nicht anders, dann verstehe ich es schon als meine Aufgabe auch die andere Seite einzubringen, in dem Fall die Perspektive der Arbeitnehmer:innen. Das hat auch Auswirkungen auf die Vorbereitung. Ich muss mir die andere Seite gezielter erarbeiten, bringe deren Thesen ein, lese Studien aus deren Blickwinkeln. So versuche ich Meinung und Gegenmeinungen sichtbar zu machen, versuche ein Gleichgewicht herzustellen.

Gibt es denn eine Höchstzahl von Gäst:innen bei einer Podiumsdiskussion?
Ab fünf wird's deutlich schwieriger. Und es kommt auf die Dauer des Podiums an. Die meisten Podien sind zwischen 45 und 90 Minuten, wobei 90 Minuten schon ziemlich lang sind. Eine Stunde sollte man aus Zuschauer:innensicht nicht überschreiten. Dann kann man ja rechnen. Bei fünf Gästen wären es brutto zwölf Minuten pro Gast. Aber ich muss ja noch die Gäste vorstellen, anmoderieren, abmoderieren, etwas fragen. Dann bleiben netto zehn Minuten. Bei sechs Gästen wären es netto sieben Minuten. Das wird dann schwierig, in ein Thema richtig reinzugehen.

Deswegen bin ich froh, wenn wir fünf oder weniger Gäst:innen auf dem Podium haben. Aber wenn's mehr sind, dann muss ich auch damit umgehen können und es klar mit den Auftraggeber:innen vorab besprechen. Wie setzen wir die Schwerpunkte? Wer oder was ist besonders wichtig? Ich versuche klarzumachen, dass es besser ist, ein Thema aus verschiedenen Perspektiven zu behandeln als mit fünf Themen an der Oberfläche zu bleiben, durchzurennen und niemand kann eigentlich wirklich Stellung beziehen.

Oft ist Publikumsbeteiligung gewünscht. Wie setzt du sie um?
Fragen aus dem Publikum sind der Klassiker. Aber ich habe auch sehr gute Erfahrungen mit digitalen Programmen wie zum Beispiel

dem Umfragetool Slido gemacht. Das geht live, die Gäste scannen mit dem Smartphone einen QR-Code ein und sind dann direkt bei der Umfrage. Ich kann das Balkendiagramm, das sich ja live verändert, zum Thema machen. Ich lasse das Publikum zum Beispiel auf den Gesprächsverlauf reagieren, sie sollen selbst Einfluss auf die Veranstaltung nehmen: „Mit welchem Thema sollen wir weitermachen?" Oder es gibt eine Meinungsumfrage: „Dafür oder dagegen?" Das Umfragetool TEDME funktioniert ähnlich. Damit kann man sich auch Wortwolken anzeigen lassen.

Wenn ich diese Tools zum Beispiel bei einer Ganztagesveranstaltung am Anfang etabliere, kann ich sie über die ganze Zeit hinweg immer wieder nutzen. Das Ganze geht aber auch analog, wenn man nicht will, dass die Gäste in ihr Handy schauen. Ganz einfach: Auf den Stühlen liegen jeweils eine grüne und eine gelbe Karte. Jetzt frage ich zum Beispiel bei einer Veranstaltung zum Thema „Weiterbildung": „Wer von ihnen hat in diesem Jahr mehr als zwei Weiterbildungen gemacht, der hebe mal die grüne Karte." Das ist dann optisch auch schön – für das Podium auf der Bühne, aber auch für das Publikum selbst.

Was schreibst du auf deine Moderationskarten?

Die ersten zwei, drei Sätze der Begrüßung einer Veranstaltung schreibe ich mir in Sprechsprache auf. Das ist meine Startrampe. Der Rest sind dann nur noch Stichpunkte. Das hat sich im Laufe der Zeit geändert. Am Anfang meiner Moderationszeit habe ich mehr ausformuliert. Dann wurde es immer weniger Text, dafür mehr Stichpunkte. Das macht die Routine. Das gilt auch für die Vorstellung der Gäste auf dem Podium. Die formuliere ich mir zwar aus, das Wichtige habe ich mir mit Textmarkern markiert. Entweder lese ich den Text in Sprechsprache einfach vor. Oder ich spreche ihn frei und orientiere mich an den Textmarkern, je nach Situation oder Tagesform.

Bei der Podiumsdiskussion mache ich mir je Themenblock eine Karte. Darauf schreibe ich alle Namen der Diskutant:innen. Dahinter dann die jeweiligen Themenschwerpunkte bzw. Leitfragen in Stichworten. Dann verbinde ich das ggf. mit Pfeilen oder markiere Querverbindungen. Person A hat diese Meinung, Person B die Gegenmeinung. Mit den Pfeilen führe ich mir das vor Augen. Die Karte wird dann zu einer Art Bild, einer Mindmap. Damit habe ich einen roten Faden vor Augen, bleibe aber flexibel. Ich kann immer das nächste Thema rausziehen, steuern. Damit das klappt, spiele ich den Diskussionsverlauf vorher in Gedanken durch: Was könnten die Gäst:innen auf dem Podium sagen? In welche Richtung wird die Diskussion gehen? Wo sind die Knackpunkte? Ich spiele das im Kopf immer durch.

Deswegen ist mir auch so wichtig zu wissen, welche Rollen und welche Positionen vom wem wie besetzt sind. Dann suche ich mir vorab themenrelevante Zitate der Diskutant:innen heraus. Und ich schaue, an welchen Punkten ich thematisch in ihrer Vita anknüpfen kann: Was hat X gelernt? Wo hat er seine Ausbildung gemacht? Das ermöglicht mir Querverbindungen. Auch zu mir als Moderator. Jemand kommt aus dem Südwesten? Ich kenne den Landstrich, habe selbst in Freiburg studiert.

Stimmst du deine Leitfragen mit den Podiumsteilnehmer:innen ab?
Das hängt vom Format ab. Bei einer Diskussionsrunde mit Bundestagskandidat:innen in einem Wahlkreis stimme ich gar nichts ab. Hier frage ich journalistisch. Es geht um die Konfrontation und das Herausarbeiten unterschiedlicher Perspektiven. Wenn es aber um die Vermittlung von Fachwissen geht, kann sich diese Transparenz lohnen. Die Leitfragen entstehen ja in einem Prozess. Da gibt es hier ein Telefonat, dort ein Meeting mit der Auftraggeberin.

Ich skizziere dann zwei, drei Leitfragen und vielleicht nochmal ein, zwei Fragen für jeden Gast, um deren Rolle abzustecken. Das schicke ich dann nicht einzeln raus, sondern an das komplette Podium, idealerweise ein bis zwei Wochen vorab. Alle sollen ruhig wissen, wer auf der Bühne ist. Und sie sollen auch gern wissen, welches Thema wo angesiedelt ist. Dann können sie sich selbst besser positionieren.

Auftraggeber:innen haben oft Typologien im Kopf: Sie wünschen sich eine lockere Moderatorin oder einen schlagfertigen Moderator. Wie gehst du damit um?

Es ist sicher gut, um die eigene Authentizität zu wissen. Wo stehe ich? Wirke ich eher ernst? Entspannt? Humorig? Dabei ist mir wichtig: Ich verstelle mich nicht auf der Bühne. Ich weiß, dass ich gebucht werde, weil ich keinen Stock verschluckt habe. Ich bin seriös und kein Spaßvogel, trotzdem locker. Auch gern mal mit Augenzwinkern. Bei mir darf gelacht werden. Also: Ich probiere, bei mir zu sein, authentisch eben. Ich weiß auch, dass man relativ leicht mit mir arbeiten kann, ich bin unkompliziert. Das ist ein regelmäßiges Feedback, das ich bekomme. Das ist ja auch ein Faktor, der bei einer Auftragsvergabe eine Rolle spielt. Wenn gesagt wird „Er passt zu unserer Veranstaltung", dann ist es gut. Wenn nicht, dann ist es eben so und auch vollkommen in Ordnung. Aber auch das musste ich erst einmal lernen.

Am Anfang habe ich mehr oder weniger alles moderiert, was mir angeboten wurde. Ich musste mich erst einmal selbst finden, um zu schauen: Was für ein Typ bin ich überhaupt? Eigentlich ist es ganz einfach: Es bringt nichts, sich zu verstellen. Nur dann bin ich gut. Und nur dann macht es Spaß.

Wie gehst du mit Lampenfieber um?

Lampenfieber ist auch bei mir ein Thema. Ich sage mir: „Wenn ich kein Lampenfieber mehr habe, dann höre ich auf!" Will meinen: Lampenfieber gehört dazu – es ist sogar wichtig. Wir Podiumsmoderator:innen sind doch in einer besonderen, sogar privilegierten Situation. Ich darf auf eine Bühne gehen. Ich darf mit interessanten Menschen sprechen. Das ist bewegend für mich – und das Lampenfieber bringt genau das zum Ausdruck. Deswegen versuche ich, das Lampenfieber ruhig auch zu genießen.

Ich münze es für mich um: Es ist etwas Schönes, ich nehme es an. Lampenfieber ist durchaus positive Energie. Mit der Zeit und zunehmender Erfahrung ist es dann auch so, dass sich die Aufregung ziemlich rasch von allein legt. Ich habe in der Vergangenheit ja positiv erlebt, dass ich das Podium im Griff hatte. Darüber hinaus hilft mir noch ein Trick, die Aufregung in den Griff zu bekommen, nämlich mit einem Ritual. Ich ziehe mir bei jeder Moderation die alte Uhr meines Opas an. Kurz bevor es losgeht, atme ich noch mal konzentriert aus und tief hinein in den Bauchbereich, um mich runterzubringen. Dabei fasse ich mit der rechten Hand an das Handgelenk der linken Hand, umschließe so also die Uhr meines Opas. In diesem Augenblick denke ich an ihn. Ich ziehe mich in eine komplett andere Situation. Das beruhigt mich total, beruhigt meine Atmung, meinen Körper, meinen Geist. Wenn es dann auf die Bühne geht, darf die Spannung zunehmen. Aber die wirft mich nicht aus der Bahn, sondern wirkt motivierend. Ich glaube wirklich: Wenn man sich ein Ritual sucht, hat man einen Anker und das Lampenfieber im Griff.

Wie handelst du dein Honorar aus?

Ich arbeite mit Tagessätzen, die eine unterschiedliche Wertigkeit haben. Es gibt Recherchetage oder Vorbereitungstage und ich habe die Moderationstage. Dann: Ist Projektmanagement mit drin? Sind alle Rechte abgegolten? Will heißen: Ich führe unterschiedliche Positionen mit unterschiedlichen Sätzen auf. Das mache ich relativ präzise und kleinteilig. Eine Kollegin kalkuliert dagegen jeden Tag gleich. Dann gibt es Moderator:innen, die machen nur Paketpreise.

Meine Erfahrung ist: Je professioneller die Auftraggeber:in, desto kleingliedriger muss das Angebot sein. Klar ist aber auch: Wenn man die Einzelleistungen auflistet, kommt man ja schnell auf die fünf bis sieben Tage, über die ich vorhin gesprochen habe. Viele Auftraggeber:innen erschrecken darüber. Die kommen auf mich zu und sagen: „Die Diskussion geht doch nur 90 Minuten." Ich muss dann erläutern, was alles dahintersteckt. Dabei mache ich alles komplett transparent und versuche, die Auftraggeber:innen mitzunehmen, damit sie erfahren: Das ist ein richtiger Job mit viel Arbeit dahinter – für alle Beteiligten!

Das Problem dabei ist: Diejenigen, die relativ selten mit professionellen Moderator:innen zusammenarbeiten, kommen relativ spät auf mich zu, weil sie die Prozesse nicht kennen. Da bedarf es sehr viel Aufklärungsarbeit.

Wie hoch sind denn die Sätze?

Die Sätze sind unterschiedlich. Es liegt daran, dass im Moderationsbusiness die Vergleichbarkeit fehlt. Wir Moderator:innen sitzen leider nicht am Stammtisch zusammen, um mal ganz offen über Geld in der Moderationsbranche zu sprechen. Dabei ist es nicht nur individuell unterschiedlich, sondern auch regional. Im Südwesten wird besser bezahlt als in Berlin, wo die Konkurrenz viel größer ist.

Dann ist wichtig zu wissen: Arbeite ich für die Auftraggeber:in direkt? Oder werde ich von einer Agentur angefragt? Bei Agenturen kommt ihre Provision noch obendrauf. Überwiegend wird fair bezahlt. Und wenn nicht: Ich bin Freiberufler, ich kann ja jederzeit sagen, dass ich es zu den Konditionen nicht mache. Aber auch das musste ich erst lernen. Am Anfang habe ich alles genommen. Ich hatte gar kein Gefühl dafür, was meine Leistung eigentlich wert ist. Das ist mit der Zeit gewachsen. Mittlerweile stehen meine Tagessätze, auf die ich ja auch ehrliches Feedback bekomme. Sie sind fair kalkuliert.

Sind die Tagessätze immer gleich?

Erstmal gilt: Die Arbeit ist zunächst ja immer die Gleiche, unabhängig davon, nach welchem Satz sie bezahlt wird. Ob ich jetzt für ein großes Unternehmen moderiere oder eine politische Runde für einen kleinen Ortsverband oder für eine Stiftung – der Aufwand ist ja ähnlich. Die Rahmenbedingungen sind unterschiedlich und ich schaue, was jeweils möglich ist.

Dabei ist die Stellschraube aber nicht immer nur das Geld. Manch kleiner, engagierter Auftraggeber unterstützt beispielsweise bei der Recherche. So gleicht er durch Eigenleistung fehlendes Budget aus. Das spart Zeit und senkt meinen Aufwand. Unabhängig davon wäge ich einige Male im Jahr bewusst ab und unterstütze eine wohltätige Organisation, indem ich gar nichts für die Moderation berechne. Ich sehe das als Spende und freue mich, dass ich helfen konnte. Das hat dann einen persönlichen Mehrwert für mich.

Oft werden Moderationen ins Netz gestreamt und sind dort später abrufbar. Wie kalkuliert man das?

Mit Corona hat die Bedeutung der digitalen Verwertung und des sogenannten „Buy-outs" stark zugenommen. Auch hier kommt es bei der Kalkulation drauf an, welche digitalen Ziele die Auftraggeber:innen verfolgen. Ist es nur ein einmaliger Livestream? Dann ist das mit meinem Tagessatz abgegolten. Manchmal ist der Mitschnitt aber Steinbruch für zusätzliche Dinge. Mit kleinen Filmschnipseln werden die Social-Media-Accounts befüllt. Oder aus meiner Stimme werden Teaser für einen Podcast geschnitten.

Manchmal ist es auch so, dass es ein gewolltes „Rebranding" gibt und die Inhalte unter verschiedensten Namen auf anderen Kanälen publiziert werden. Dann ist es zwingend, den Buy-out zu thematisieren. Das ist relativ neu in der Branche und deshalb gibt es auch hier keine Standards. Aus anderen Bereichen – etwa dem Schauspiel – wissen wir aber: Tagessätze werden bei einem totalen Buy-out verdoppelt. Es kommen also 100 Prozent obendrauf. Auch in diesem Fall sind die Kommunikation und die Transparenz mit den Auftraggeber:innen wichtig.

Wenn das Budget dafür nicht da ist, versuche ich zu klären, wo wie viel veröffentlicht wird und wo man vielleicht downsizen kann. Man kann ja auch den Zeitraum der eingeräumten Rechte verkürzen, auch das ist eine Stellschraube. Wobei man sich immer im Klaren sein muss: online ist online. Zeitlich begrenzen ist schwierig. Was einmal im Netz ist, bleibt dort in der Regel auch. Unterschiedliche Interessensverbände haben Übersichten über Nutzungs- und Verwertungsrechte. Sie geben vielleicht eine Orientierung, auch wenn sie für die Moderationsbranche nicht ganz passen.

Welche sind die drei wichtigsten Tipps, die du Podiumsmoderator:innen mit auf den Weg gibst?

Erster Tipp: die Vorbereitung. Sie ist extrem wichtig. Ich muss so gut vorbereitet sein, um mich selbst sicher und kompetent zu fühlen.

Der zweite Tipp: nicht verstellen, authentisch sein. Das ist leichter gesagt als getan, das ist mir klar. Aber man darf sich öffentlich trauen, sein eigener Typ zu sein. Warum nicht polarisieren, wenn es zu mir passt? Vielleicht sogar ein bisschen anecken? Nach der Devise: Ich bin ja nicht unsichtbar auf der Bühne, sondern ich kann da gern auch einmal ein bisschen Kante zeigen. Viele Zuschauer:innen schätzen das, gerade wenn man es auf der Bühne mit selbstbewussten Alphatieren zu tun hat. Man hat die Sympathie des Publikums auf seiner Seite, wenn man die Dominanten auch mal in die Schranken weist. Also: hier mutig sein.

Der dritte Tipp: Ich verlasse total gern meinen Plan im Kopf. Nur so kann ich zuhören und dem Gespräch folgen. Ich zwinge es nicht in meine Bahnen, sondern lasse die freie Diskussion zu. Das irritiert mich nicht, weil ich gut vorbereitet bin. Das schafft Selbstvertrauen. Ich weiß zu jedem Zeitpunkt, dass ich immer wieder zurückkommen kann, um meinen roten Faden aufzugreifen.

Wie beendest du ein Podium?

Tatsächlich ist es unbefriedigend, ohne einen Schlusspunkt auseinanderzugehen. Deswegen habe ich mir angewöhnt, eine Art „letzte Runde" anzusagen. In ihr bitte ich die Podiumsgäste, mit Blick nach vorn Stellung zu beziehen: Was ist jetzt zu tun? Was nehmen wir konkret mit? Mit was gehen wir nach Hause? Was wird als Nächstes angegangen? Womit können wir starten? Was können wir ändern?

Wenn ich so schließe, hat das Publikum im Idealfall das Gefühl, dass wir ein Stückchen weitergekommen sind. Veränderung wird spürbar. Wir sind nicht mehr an dem Punkt, an dem wir gestartet sind. Der Kreis schließt sich, für die Podiumsgäste auf der Bühne und für die Zuschauer:innen.

Kurz gesagt

- Moderator:innen beraten auch in den Bereichen Format, Projektmanagement, Produktion oder Redaktion.
- Moderator:innen sind „journalistische Dienstleister".
- Mit mehr als fünf Gästen kann ein Podium überfüllt wirken.
- Lernen, die eigene Typologie richtig einzuschätzen.
- Lampenfieber gehört dazu.
- Honorar als Paketpreis oder in Tagessätzen kalkulieren.
- Auftraggeber:innen einschätzen lernen.
- Streaming ist Bestandteil der Verhandlungen.

Checkliste

- [ ] Recherchegespräche mit allen Gäst:innen führen.
- [ ] Vorbereiten macht kompetent.
- [ ] Leitfragen vorab an die Gäst:innen kommunizieren.
- [ ] Gesprächsverlauf antizipieren.
- [ ] Mutig sein im Umgang mit „Alphatieren".
- [ ] Den Plan im Kopf verlassen ist erlaubt.
- [ ] Beginn auf Karten ausformulieren, dann nur Stichworte.
- [ ] Je Themenblock eine Karte mit Leitfragen in Stichworten.
- [ ] Auf Vollständigkeit der Perspektiven achten.
- [ ] Publikum über Umfragen einbeziehen.
- [ ] Konzentriert atmen gegen Lampenfieber.
- [ ] Aufwand transparent machen.

PODIUMS-DISKUSSIONEN FÜHREN

E1 AUFTRAG-GEBER:INNEN

In wessen Auftrag wird moderiert? Diese Frage steht vor jedem Rechercheprozess, denn je nachdem, wie frei inhaltlich moderiert werden kann, ändert sich der Rechercheaufwand. Bei einer Moderation für ein Unternehmen auf einem Messestand sind die Inhalte in der Regel vorgegeben. Für die Moderation eines politischen Podiums im Auftrag einer Stiftung kann es sein, dass Sie sämtliche Inhalte selbst generieren, also recherchieren müssen. Um hier die passenden Bedarfe im Vorfeld zu ermitteln, hat das Institut für Moderation an der Hochschule der Medien Stuttgart eine Checkliste formuliert, mit deren Hilfe sowohl Auftraggeber:innen als auch Moderator:innen überprüfen können, welche Arbeitsschritte und welcher Aufwand vom wem geleistet werden soll. Sie ist eine gute Grundlage für beide Seiten, miteinander ins Gespräch zu kommen und den Aufwand und schließlich das Honorar zu kalkulieren.

Checkliste Moderation

- ☐ Wie viele Moderator:innen sind gewünscht?
- ☐ Welche Geschlechtsidentität ist gewünscht?
- ☐ In welcher Sprache soll moderiert werden?
- ☐ Welche Art von Veranstaltung soll moderiert werden (z. B. Kongress, Podium, Event, Fest, Gala etc.)?
- ☐ Ist ein Streaming vorgesehen?
- ☐ Wie lang ist die Veranstaltung?

- ☐ Wer sitzt im Publikum und wie kenntnisreich ist es (z. B. Laien, Fachpublikum, Mitarbeiter:innen)?
- ☐ Welche Formate sind geplant (z. B. Tagesmoderation, Podiumsdiskussion, Einzelinterviews, Talk-Elemente)?
- ☐ Wird das Format von Auftraggeber:innen entwickelt?
- ☐ Soll das Format von Moderator:innen entwickelt werden?
- ☐ Sollen die Moderator:innen die Formatentwicklung unterstützen?
- ☐ Ist Publikumsbeteiligung vorgesehen?
- ☐ Soll es partizipative Elemente geben (z. B. Umfragen?)
- ☐ Wie viele Diskussionsteilnehmer:innen sind eingeplant?
- ☐ Werden alle Gäste von den Auftraggeber:innen akquiriert?
- ☐ Betreiben die Moderator:innen Akquise von Diskutant:innen?
- ☐ Welche fachliche Tiefe ist für die Moderation erforderlich (z. B. Expert:in, Journalist:in, Laienwissen)?
- ☐ Welche Anmutung soll die Moderation haben (z. B. seriös, jung, lässig etc.)?
- ☐ Wie viel Zeit nimmt die Kommunikation mit den Auftraggeber:innen in Anspruch (Zahl der Meetings, Absprachen, Redigierschleifen, Proben)?
- ☐ Wie viel Recherchematerial stellen die Auftraggeber:innen zur Verfügung?
- ☐ Wie viel Rechercheaufwand können/müssen die Moderator:innen betreiben?
- ☐ Kommen die Fragestellungen von den Auftraggeber:innen?
- ☐ Entwickeln die Moderator:innen die Fragen eigenständig?
- ☐ Stimmen die Moderator:innen die Fragen mit den Auftraggeber:innen ab?
- ☐ Stellen die Auftraggeber:innen das Informationsmaterial zu den Podiumsgäst:innen?

- ☐ Recherchieren die Moderator:innen eigenständig zu den Gäst:innen?
- ☐ Vermitteln die Auftraggeber:innen die Vorgespräche mit den Gäst:innen?
- ☐ Kümmern sich die Moderator:innen selbst um die Vorgespräche?

Im Gegensatz zu vielen anderen Medienberufen gibt es keinen von einem Verband ausgehandelten Honorarrahmen für freie Moderator:innen von Podiumsdiskussionen. Sie müssen selbst abwägen. Ein Kriterium ist die eigene Erfahrung und Routine. Ein weiteres die eigene Prominenz. Sind Sie „Newcomerin" oder schon in der fachlichen Szene bekannt? Im ersten Fall setzen Sie niedriger an. Im zweiten Fall darf es mehr sein. Das dritte Kriterium: Wie potent sind die Auftraggeber:innen? Ein Industriekonzern kann andere Sätze zahlen als ein ehrenamtlich agierender Verein. Das letzte Kriterium ist das Zeitbudget, das Sie für die Vorbereitung und Umsetzung der Moderation benötigen. Schnell sind Sie hier bei mehreren Tagen. Aus diesen vier Kriterien können Sie nun eine Kalkulation entwickeln. Sie kann zwischen einem niedrigen dreistelligen bis zu einem satten vierstelligen Eurobetrag liegen.

Das Geld ist unter Umständen aber nur eine Stellgröße für oder gegen einen Moderationsjob. Das Podium über Inklusion im Sport, veranstaltet von einem kleinen Dorfverein, bringt finanziell fast nichts. Dafür sammeln Sie bei dieser Diskussion mit den durchweg spannenden Gästen vielleicht viel Erfahrung und erhalten wertvolle Einblicke in andere Lebenswelten. Der Messejob für ein blechverarbeitendes, mittelständisches Unternehmen dagegen ist zwar hervorragend bezahlt, inhaltlich dafür überschaubar. Es bleibt schwierig, seinen eigenen Marktwert zu bestimmen. Zumal viele Auftraggeber:innen auch noch Vergleichsangebote einholen müssen. Nehmen Sie eine Absage daher nie persönlich.

Digitales Buy-out

Ein Punkt der Checkliste verdient zumindest kurz gesonderte Aufmerksamkeit. Es betrifft das Streaming, das bei institutionellen und kommerziellen Auftraggeber:innen immer häufiger zur Regel wird. Sie müssen deshalb nicht zu TV-Moderator:innen mutieren. Denn meist sind diese Hybridfomate auf das Live-Event ausgerichtet. Das Podium findet für das Publikum statt, das steht auch bei der Moderation im Vordergrund, die Kamera läuft lediglich mit. Das virtuelle Publikum wird höchstens begrüßt, ist aber ansonsten Beiwerk. Das gilt indes nicht für Ihre Außenwirkung. Denn das Netz vergisst nichts.

Sie präsentieren sich mit Ihrer Persönlichkeit nicht mehr nur in einem geschlossenen Raum mit einhundert Zuschauer:innen, sondern der ganzen Welt. Auch wenn das durch die Pandemie scheinbar Alltag geworden ist, betreten Sie damit ein komplexes Rechtsgebiet. Es geht um die Verwertung Ihrer Bildrechte, und zwar in einem zeitlichen, räumlichen, sachlichen und inhaltlichen Sinne, wie das in juristischen Formulierungen heißt. Sie sollten sich darüber bewusst sein, in welchem Rahmen und Umfang Sie diese Bildrechte an Auftraggeber:innen abtreten. Die Konditionen sollten Sie vorab besprechen, sie sollten Bestandteil der Honorarverhandlungen sein.

Vertiefende Informationen zu der Thematik finden Sie beim Bundesverband Schauspiel (BFFS) oder bei dem gewerkschaftlichen Netzwerk der Film- und Kulturschaffenden, der ver.di Film-Union. Auch die Produzentenallianz greift das Thema aus Sicht der Produzierenden auf.

Kurz gesagt

- Rechercheaufwand hängt vom gewünschten Format ab.
- Checkliste Moderation (S. 170) listet Work-Load auf.
- Honorare müssen ausgehandelt werden.
- Digitales Buy-out gehört mit verhandelt.

E2 RECHERCHE IM VORFELD

Wenn Moderator:innen den Eindruck vermitteln, sie schüttelten ihre Moderation mit Leichtigkeit aus dem Ärmel, dann ist das das Ergebnis einer präzisen Vorbereitung. Leichtigkeit und Souveränität sind erarbeitet. Dazu sind journalistische Kompetenzen hilfreich. Journalist:innen recherchieren für ihre Geschichte, sie wollen der Wahrheit auf den Grund gehen und Fakten einordnen. Das ist eine gute Voraussetzung für die Vorbereitung einer Podiumsdiskussion, ist aber nur die „halbe Miete". Denn in den seltensten Fällen verfolgt das Podium ein investigatives Ziel. Vielmehr geht es um die Fragen: Wofür stehen die einzelnen Gäste, wie positionieren sie sich zum Thema und welche Haltung nehmen sie ein? Und: wie stehen sie zueinander? Wo also gibt es Übereinstimmungen, wo sind Konfliktlinien? Diese Beziehungen prägen idealerweise die Podiumsdiskussion und machen sie spannend.

Recherche im Netz und die fachliche Tiefe

Wir bleiben bei unserem Beispiel: Der pädagogische Verband feiert sein Jubiläum und nutzt die Veranstaltung für eine fachpolitische Podiumsdiskussion. Für die Runde werden vier Diskutant:innen eingeladen: eine Abteilungsleiterin aus dem Bildungsministerium, ein Pädagogikprofessor, der gleichzeitig Erzieher:innen ausbildet, ein Erzieher und die Expertin aus einer Stiftung, die sich im Bereich der frühkindlichen Bildung einen Namen gemacht hat. Geplant sind 60 Minuten, davon 15 für Publikumsfragen. Die Erwartung des Verbandes an das Podium: Alle Expert:innen sollen Input für die künftige Arbeit des Verbandes liefern.

Sie beginnen, im Netz zu recherchieren, einmal zum Themengebiet „Frühkindliche Bildung" und zu den aktuellen Fragestellungen, die die Branche gerade beschäftigen (z. B. Fachkräftemangel, Qualität der Betreuung, fehlende Kitaplätze etc.). Sie recherchieren dann zum Verband selbst, zu den Diskutant:innen und den Institutionen, für die sie stehen. Idealerweise hat Sie der Verband mit Informationen vorab versorgt. Falls nicht, bitten Sie ihn darum. Die Tiefe der Recherche und die eigene Fachkompetenz richtet sich nach dem Charakter des Podiums. Je fachlicher, desto tiefer müssen Sie einsteigen. Sammeln Sie Artikel und Aufsätze, lesen Sie quer im Netz und erstellen Sie daraus eine Mindmap. So erhalten Sie ein Gespür für die Zusammenhänge.

Thematischer Dreisprung

Nachdem Sie die Recherche abgeschlossen haben, formulieren Sie die drei wichtigsten Aspekte des Themas in drei Schlagzeilen. Mit diesen Headlines gliedern Sie das Podium (je Themengebiet ca. 15 Minuten) und nutzen diese Aspekte vorab in der Kommunikation mit Ihren Diskutant:innen. Das ist ein guter inhaltlicher Einstieg, dient der Orientierung und baut Vertrauen zwischen allen Beteiligten auf. In unserem Beispiel geht der Moderator mit diesem thematischen Dreisprung auf die Diskutant:innen per Mail zu und bittet sie vorab um einen Telefontermin:

1. Institutionell: Welche Rolle spielt der Verband im System der Kindertagesbetreuung heute?
2. Gesellschaftspolitisch: Welchen Stellenwert hat frühkindliche Bildung?
3. Strukturell: Was stärkt das Kitasystem?

Er kommuniziert die drei Themengebiete als „Leitplanken". Selbst die ausgebufftesten Expert:innen sind dankbar, wenn sie vor dem

Podium wissen, in welche Richtung die Diskussion gehen soll. Ob Sie themensicher genug sind, können Sie selbst überprüfen. Nachdem die Recherche steht, erzählen Sie in Form eines dreiminütigen Spontanvortrags einer Person Ihres Vertrauens, worum sich die Podiumsdiskussion dreht. Hangeln Sie sich dabei an Ihren drei Headlines entlang. Wenn Ihnen das flüssig gelingt, sind Sie gut drin im Thema.

Telefonisches Vorgespräch

Schicken Sie allen Diskutant:innen vorab die drei Headlines und bieten Sie optional einen 30-minütigen Telefontermin an. Um den Koordinationsaufwand gering zu halten, bewährt sich hier der Einsatz virtueller Terminplanungstools wie zum Beispiel Xoyondo. Dabei gilt: Personen, die häufig auf Podien sitzen und zudem öffentlich sowieso in der ersten Reihe stehen – Politiker:innen etwa –, werden kein Vorgespräch führen wollen, alle anderen schon. Das ist nicht weiter tragisch, denn meist sind die Positionen und Charaktere der Personen des öffentlichen Lebens bereits bekannt und können via YouTube o. Ä. mühelos nachvollzogen werden. Sie sind berechenbar. Meist sind es dann die Büromitarbeiter:innen, die Fragenkataloge einfordern, um sie z. B. für ihre Abgeordneten vorab in einer Mappe aufzubereiten. Das muss Sie nicht unter Druck setzen. Mit Ihren Headlines sind Sie ja gewappnet. Meist reicht es, sie mit ein, zwei Fragen zu erweitern, um die Büros zufriedenzustellen. Ob das später vom Podiumsgast wirklich gelesen wird, sei einmal dahingestellt.

Im Telefongespräch besprechen Sie die drei Headlines. Warum ist der jeweilige Punkt für den bzw. die Diskussionsteilnehmer:in wichtig? Fragen Sie also vor allem nach Motiven und Emotionen, nicht nur nach Fakten. Warum regt sie das auf? Warum treibt sie das um? Was hat das für Folgen? Was wünschen Sie sich? Welcher Punkt müsste zuerst in Angriff genommen werden? Was klappt bereits gut? Hören Sie aktiv zu und achten Sie auch auf Stimmungen, Sprechpausen, Verhaltensweisen. Erspüren Sie, welche Bindung Ihre Gesprächspartner:innen zum Thema empfinden.

Beenden Sie das Gespräch, in dem Sie sich von den Telefonpartner:innen zusammenfassen lassen: Welche drei Punkt sind ihnen bei dem Thema am wichtigsten? Hören Sie bei den Antworten auf Schlüsselbegriffe, auf Keywords, die Sie sich notieren. Sie werden sie später für Ihre Moderationskarten gebrauchen können. Auf dem Podium werden Sie mit diesen Keywords jonglieren, die Gesprächspartner:innen damit triggern. Je emotionaler Ihre Telefonpartner:innen werden, desto länger dauert das Telefonat. Aus den 30 Minuten wird dann schnell eine Stunde. Geschieht das, ist eine Vertrauensebene entstanden, die Sie für das Podium werden nutzen können.

Das Recherchetelefonat hilft Ihnen, ein Gefühl für Ihre Diskussionsteilnehmer:innen zu entwickeln. Wie ticken sie? Wie präsentieren sie sich? Wie spricht er, wie erzählt sie? Ist er genervt? Ist sie amüsiert? Hat er Humor? Lacht sie gern? Redet sie schnell? Unterbricht sie? Hört er gut zu? Ist sie bedächtig? Ist er eher laut? Ist sie eher leise? Erzählt er Biografisches? Ist sie persönlich betroffen? Diese Typologien prägen den Charakter Ihres Podiums. Schon im Telefonat lernen Sie einzuschätzen, was diese weichen Faktoren Ihrer Protagonist:innen für Ihre Runde bedeuten könnten. Nach den Telefongesprächen sind Sie nicht nur in der Lage, das Podium mit allen relevanten Themen abzustecken. Gleichzeitig können Sie auch eine Art „Sittengemälde" entwerfen, das Ihnen ermöglicht, die Charaktere gezielt einzusetzen.

„Familienaufstellung"

Im nächsten Schritt stellen Sie sich das Podium bildlich vor und betreiben eine Art „Familienaufstellung". Sie fokussieren auf die Gäste und machen sich klar, welche Rolle und welchen Einfluss sie jeweils auf Podium und Publikum haben. Dabei klären Sie die Fragen:

Abb. 17: Wer hat welchen Hut auf? „Familienaufstellung" für das Podium.

Wer in der Runde ist Transfer- und Identifikationsfigur? Wer kann für sich und/oder repräsentativ für eine ganze Gruppe oder Branche sprechen? Wer verfügt über welche kommunikativen Fähigkeiten und bringt sich wie am ehesten ein? Wer in der Runde versteht es, das Thema mit der eigenen Vita zu verknüpfen, welche Rolle spielt Biografisches? Sie spielen vorab Ihr Podium nicht nur inhaltlich durch, sondern auch atmosphärisch. Sie rechnen und kalkulieren mit Emotionen, die Sie einordnen können. Auch das trägt dazu bei, dass Sie in der Moderation mit Souveränität bestehen können. Stimmungen überraschen Sie nicht, sondern Sie rechnen bewusst mit ihnen und lassen sie zu – und können entspannt überlegen, wie Sie damit umgehen.

Kurz gesagt

- Vorbereitung lässt Moderator:in souverän werden.
- Recherchetiefe richtet sich nach Charakter des Podiums.
- Je prominenter, desto weniger Vorgespräch ist notwendig.
- „Familienaufstellung" hilft, das Podium inhaltlich UND atmosphärisch strukturieren zu können.

Checkliste

- ☐ Beziehungen der Diskutant:innen zueinander klären.
- ☐ Maximal drei Themenblöcke entwickeln.
- ☐ Teasertext mit drei Headlines formulieren.
- ☐ Mit allen Podiumsgäst:innen Themenblöcke besprechen.
- ☐ Im Telefonat Vertrauensbasis erarbeiten.
- ☐ Die wichtigsten Punkte im Gespräch herausarbeiten.
- ☐ Charakter der Diskutant:innen im Gespräch erspüren.
- ☐ Keywords für die Moderationskarten zusammenstellen.
- ☐ „Familienaufstellung" des Podiums betreiben.

E3 MODERATIONS-KARTEN

Wie passt das alles auf die Moderationskarten? Erfahrene Moderator:innen haben unterschiedliche Methoden. Der eine schreibt vielleicht alles auf ein großes A4-Blatt, das er immer auf dem Schoß hat (siehe Ingo Zamperoni in Kapitel A5). Die andere malt sich lieber Mindmaps auf die Karten. Sie müssen sich mit Ihrem Vorgehen wohl fühlen und die Informationen schnell finden, das allein ist die Herausforderung. Grundsätzlich gilt: Weniger ist mehr, denn Sie haben während der Diskussion gar keine Zeit, Informationen in Ihren Aufschrieben zu suchen. Sie müssen bedingungslos zuhören – lesen kostet da zu viel Aufmerksamkeit. Haben Sie zu viele Karten in der Hand, müssten Sie zudem „Discjockey" spielen, um bei schnellen Themenwechseln immer die passende Karte finden. Damit der Kopf für das Gespräch frei ist, müssen Sie sich entlasten. Dafür hat sich eine Methode bewährt, in der die Ziffer „Drei" eine besondere Bedeutung hat.

Methode „Drei Karten plus X"

Die drei Headlines Ihres Podiums haben Sie bereits formuliert. Jetzt erstellen Sie pro Headline genau eine Moderationskarte – also insgesamt drei. Auf dieser Themenkarte notieren Sie Ihre Keywords – Triggerthemen –, die Sie im Rechercheprozess identifiziert haben. Die Reihenfolge der Keywords gewichten Sie entsprechend Ihrer Recherche und der Relevanz für Podium und Publikum. Die Keywords markieren Sie sich gelb. Die Personen, die Sie dazu als Erstes befragen wollen, schreiben Sie hinter die Keywords und markieren Sie rot. Jetzt können Sie jonglieren: Alle inhaltlichen Aspekte sind auf einen Blick erfassbar. Alle Personen sind den jeweiligen Aspekten zugeordnet. Selbst wenn die Diskutant:innen innerhalb des Themenblocks hin- und herspringen, können Sie mühelos folgen und rasch sortieren, Fragen zuweisen und andere mit einbeziehen. Sie werden zu keinem Zeitpunkt aus der Bahn geworfen und können sich von dem Gesprächsfluss mittragen lassen, ohne die Diskussionsführung aus der Hand zu geben. Mit einem schnellen Blick auf die Karte jederzeit steuernd eingreifen und entscheiden, was Sie innerhalb des Themenblocks aufgreifen oder was Sie jetzt weglassen. Umgekehrt funktioniert es nicht. Wenn Sie für jede/n Diskussionsteilnehmer:in eine separate Karte schreiben, müssen Sie nach jeder Antwort die Karten tauschen.

Die Methode „Drei Karten plus X" ist beispielhaft. Aber sie versetzt Sie relativ leicht in die Lage, sich dem Gesprächsverlauf anzupassen und nicht andersherum. Das „X" steht übrigens für Karten, die Sie währen der Diskussion nicht benötigen: eine für die Begrüßung, vielleicht eine für den Einstieg oder den Ausstieg. Vielleicht noch eine „Fact-Sheet-Karte", auf die Sie Zahlen und Daten notieren, um gegebenenfalls darauf zurückzugreifen. Versuchen Sie dagegen, das Gespräch auf einen von Ihnen verschriftlichen Ablauf auszurichten, stresst Sie das. Sie schaffen sich ein formales Korsett. Ihre Ressourcen gehen in eine Ablaufsteuerung, die weder das Podium noch das Publikum kennen. Sie belasten sich damit ausschließlich selbst. Platz für die Jonglage, für Spontanes bleibt da nicht.

Es ist anfangs nicht einfach, die Diskussion scheinbar ohne einen festen Ablauf mit nur drei Themenkarten zu moderieren. Das erfordert ein gewisses Maß an Mut und eigenes Zutrauen. Aber Sie werden schnell spüren, dass genau dieses Vorgehen ein Schlüssel zur Leichtigkeit in der Moderation von Podiumsdiskussionen sein kann.

Wie kann eine solche Themenkarte aussehen? Bei dem folgenden Beispiel ging es um die Zukunft der Dualen Hochschule in Baden-Württemberg. Das ist eine Hochschulart, in der Lehre und unternehmerische Praxis eng miteinander verzahnt sind. Ein Gutachten wertete die Forschungsaktivitäten kritisch. Im ersten Themenblock (20 Minuten) ging es um das Standing dieser Hochschulart in der Bildungslandschaft. Auf dem Podium saßen ein Student, die Wissenschaftsministerin, ein Unternehmer, ein Hochschulrektor und ein Professor. Alle Keywords sind in den Vorgesprächen gefallen und gelb markiert.

14.00 Uhr bis 14.20 Uhr:
Themenblock 1: Standing / Selbstverständnis

- **Minderwertigkeitsgefühl? Profilverdünnung? „Richtige" Professoren"?**
- **Höchstes Deputat, wenigste Geld pro Student (Rektor)**
- **Fehlende Wertschätzung, Wirkung Gutachten auf Selbstbewusstsein (Professor)**
- **Streit: Wirkungen auf Image (Student)**
- **Alle Hochschularten haben Berechtigung**
- **Benachteiligung durch Hochschulfinanzierungsvertrag**
- **Im System sind alle stolz**
- **Standorte und Regionalität**
- **USP: Internationalisierung (Unternehmer)**

Abb. 18: Beispiel einer Themenkarte mit markierten Keywords.

Nicht hinter allen Keywords stehen Namen. Rot hervorgehoben sind nur diejenigen, die das jeweilige Stichwort im Vorgespräch geliefert haben. Für den forschenden Professor etwa war das Gutachten besonders ärgerlich. Also triggert man entsprechend: „Herr Professor, sie forschen ja selbst. Das Gutachten sagt aber, das gehöre gar nicht zu Ihren Aufgaben. Was ging in Ihnen vor, als Sie das gelesen haben?" Die Ministerin wird es anders einschätzen, sie kann danach Stellung nehmen. Apropos: Die Ministerin taucht auf der Themenkarte aus gutem Grund gar nicht auf, denn sie kann und muss zu allen Themen etwas sagen können. So wie umgekehrt alle Diskutant:innen zu den anderen Keywords Stellung nehmen können, hinter denen gar kein Name steht. Je nach Wortanteil und Verlauf der Diskussion können Sie entscheiden, wer etwas sagen soll.

Die Keywords sind mehr als einfach nur „Schlagwörter". Sie stehen in manchen Fällen für ganze Lebenswelten der Panelist:innen. Hinter den Begriffen verbergen sich unter Umständen jahrelange Expertise und persönliche Erfahrungen. Versuchen Sie die Begriffswelten aus der Perspektive der Gesprächspartner:innen zu erfassen, um einschätzen zu können, welche Bedeutungen sie haben, wenn sie benutzt werden. Hinter dem Wort „Profilverdünnung" im Beispiel von Abbildung 18 steht das Selbstverständnis von Professor:innen, für die zu ihrem Aufgabenprofil neben der Lehre eben auch die Forschung gehört. Das sehen nicht alle so. Das nagt am Selbstbild. Wenn Sie nun auf dem Podium das Wort „Profil" verwenden, lösen Sie bei den Professor:innen diese Gedankenkette aus. Das bietet Ihnen Anknüpfungspunkte. Der sensible Umgang mit der Bedeutung der jeweiligen Keywords prägt also auch die sprachliche Kultur Ihrer Diskussionsrunde.

Die Übersichtlichkeit der Karte darf nicht darüber hinwegtäuschen, dass es unmöglich sein wird, alle neun Punkte dieses ersten Themenblocks in 20 Minuten abzuhandeln. Bei knappem Zeitbudget geht es nie um Vollständigkeit und Gleichverteilung. Sie müssen Prioritäten setzen. Die ersten Keywords (Minderwertigkeitsgefühl, Profilverdünnung) sind emotional aufgeladen und führen direkt zum Kern des Problems. Dafür räumen Sie gleich zu Beginn Platz ein. Jeder wird dazu etwas sagen wollen. Für die restliche Zeit ist dann Jonglage mit den anderen Punkten angesagt.

Höchstwahrscheinlich sind in der ersten Runde bereits andere Keywords gefallen. Das braucht Sie nicht verunsichern, nach der Devise: „Jetzt bröselt alles weg, die sprechen ja alles viel zu früh an!" Sondern Sie können das als Ihre Chance einordnen: „Es läuft doch genau so, wie gedacht!" Merken Sie sich ein Keyword und greifen Sie es nach der ersten Runde ganz selbstverständlich auf: „Sie haben vorhin gesagt, der Streit schade dem Image, woran machen Sie das genau fest?"

Machen Sie sich immer klar: Niemand außer Ihnen kennt Ihre Karten. Wenn Sie Dinge weglassen, dann bekommt das außer Ihnen erst einmal niemand mit. Keiner wird Ihnen ankreiden, Punkt 7 weggelassen zu haben. Weil Sie aber die Liste vor Augen haben, meinen Sie, unvollständig unterwegs zu sein. Das setzt Sie als Moderator:in unter Druck. Sie sollen ja zuhören und nicht darüber nachdenken, was alles noch kommen müsste. Wolfgang Heim, der Doyen des Radiotalks beim Südwestrundfunk, hat es in einem Podcast mal in einem Satz zusammengefasst: „Folge dem Gespräch, nicht dem Konzept." Dass Sie das können, erleben Sie, wenn Sie abends mit Freund:innen bei einem Glas Wein am Tisch sitzen und sich lebhaft austauschen. Bei diesem „Privattalk" folgen Sie automatisch dem Gespräch, weil es gar kein Konzept gibt. Sobald Sie etwas aufschreiben, beginnt die „Verkopfung". Podiumsgespräche gelingen, wenn Sie mit der inneren Haltung „Privattalk" ins Rennen gehen. Ihre Karten sind die inhaltliche Reling.

Kurz gesagt

- Methode „Drei Karten plus X" strukturiert die Diskussion.
- Nur drei Karten lassen Platz für die „Jonglage".
- Keywords auf den Karten stehen für Lebenswelten.
- Gleichverteilung und Vollständigkeit sind nicht zwingend.
- Folge dem Gespräch, nicht dem Konzept.
- Karten sind eine inhaltliche Reling – Weglassen ist erlaubt.

Checkliste

- ☐ Drei Themenkarten mit je einer Headline formulieren.
- ☐ Keywords auf der Karte hervorheben.
- ☐ Den Keywords Protagonist:innen zuordnen.
- ☐ Während des Gesprächsverlaufs priorisieren.
- ☐ Keywords aufgreifen und damit jonglieren.

E4 MODERATIONS-DRAMATURGIE

Alles beginnt mit Ihrem Auftritt. Bevor Sie die Rolle als Podiumsmoderator:in einnehmen, präsentieren Sie sich dem Publikum zunächst einmal selbst. Dieser Augenblick gibt Ihnen die Möglichkeit, eine Beziehung zum Publikum aufzubauen. Es lohnt sich also zu überlegen, wie der Einstieg gestaltet wird. Je nach Design der Veranstaltung sind unterschiedliche Abläufe möglich.

Ganztagesveranstaltung

Sie führen durch einen Fachtag, in dessen Verlauf Sie auch ein Podium moderieren. Dieses Setting entspricht der Veranstaltung in Abbildung 15, in der die Moderation im Laufe des Tages wechselnde Aufgaben übernimmt: 1. Begrüßung und Einführung, 2. Anmoderation der Fachvorträge, 3. Interviews mit Expert:innen, 4. Podiumsdiskussion, 5. Verabschiedung.

Gerade weil Sie bei Begrüßung und Einführung allein auf der Bühne stehen, werden Sie das Bedürfnis verspüren, ihren Text von Karten ablesen zu wollen, weil es Sicherheit gibt. Das funktioniert dann besonders gut, wenn alles in Sprechsprache und nicht in Schriftsprache formuliert ist. Im deutschsprachigen Raum liegen Schrift- und Sprechsprache weit auseinander. Wird Schriftsprache vorgelesen, wirkt das bürokratisch und unpersönlich. Machen Sie es umgekehrt: Erzählen Sie vorab Ihre Gedanken als Sprachnachricht in Ihr Handy und tippen Sie dann die Tonspur ab. Danach üben Sie, dieses Intro frei zu sprechen. Sie müssen nicht auswendig lernen, sondern „erzählen wortgetreu". Es wird Ihnen leichtfallen, denn es ist gesprochener Text. Wenn Sie darin eine gewisse Routine erlangt haben, können Sie noch weiter loslassen und Ihren Einstieg nur noch anhand von Stichworten auf der Karte erzählen.

Bevor Sie nun mit Ihren Begrüßungskarten in der Hand die Bühne betreten, sammeln Sie sich erst noch einmal. Nehmen Sie sich einen kurzen Augenblick für sich und konzentrieren Sie sich auf das, was jetzt gleich kommt: „Ich gehe auf diese Bühne, um genau diesem Publikum zu erzählen, warum sie gekommen sind. Die Besucher:innen sollen es von mir erfahren. Ich bin für sie da." Indem Sie sich selbst noch einmal bewusst machen, in welcher Rolle Sie gleich auftreten, nehmen Sie sie ein. Sie ermutigen sich selbst. Sie werden Lampenfieber in dieser Situation empfinden. Lampenfieber ist nicht nur lästig, sondern es ist auch eine positive Spannung, die Ihnen Präsenz verleihen kann.

Betreten Sie die Bühne, indem Sie sie bewusst „entern". Gehen Sie zu dem Punkt, von dem aus Sie gut gesehen werden, gehen Sie in den Scheinwerferkegel hinein. Sie müssen sich nicht klein machen. Stehen Sie so, dass Sie sich wohl fühlen (Details dazu in Kapitel F), vielleicht Standbein oder Spielbein. Sie betreiben das, was in der Kognitionswissenschaft „Embodiment" genannt wird: Psyche und Körper stehen in einer Wechselwirkung zueinander. Horchen Sie in sich hinein: Es ist in dieser Sekunde Ihre Aufgabe, hier und nirgendwo anders zu stehen. Was Sie jetzt sagen, sagen Sie mit allem, was Sie haben: Körper und Stimme. Sie erarbeiten sich gerade Ihre Authentizität.

Legen Sie noch nicht los: Nutzen Sie die nächsten Zehntelsekunden und schauen Sie zuerst ins Publikum. Wenn Sie es schaffen, schauen Sie ein, zwei Besucher:innen bewusst kurz in die Augen. Alle anderen Zuschauer:innen nehmen wahr – Sie bauen Bindung auf. Dann erst beginnen Sie zu sprechen, von Anfang an mit deutlicher Präsenz. Versuchen Sie dabei, Ihr Publikum zu adressieren, indem Sie möglichst früh Possessivpronomen verwenden: „IHR Fachtag heute trägt den Titel …", „… es geht um IHR Kernthema". So drücken Sie

Respekt vor Publikum und Thematik aus. Sie werfen ein Lasso ins Publikum. Und ja, Sie dürfen sich bei alledem an Ihren Moderationskarten festhalten, Zitate oder Zahlen ablesen – dann wirken Sie nicht allwissend.

Einen solchen sauberen Ablauf des Auftritts gibt es in der Praxis selten. Denn gerade kurz vor Ihrem Auftritt prasseln viele Dinge auf Sie ein, die mit Ihrem Kernjob gar nichts zu tun haben. Eine Expert:in spricht Sie wegen des Interviews am Nachmittag an. Eine Besucher:in fragt Sie, wie die Fahrtkosten erstattet werden. Sie sehen, dass auf dem Podium ein Mikrofon zu wenig liegt. Ein Besucher will unbedingt inhaltlich etwas loswerden, dem Techniker liegt der Zuspielfilm jetzt doch im falschen Format vor. Schließlich erfahren Sie noch, dass ein Podiumsgast krank ist. „Irgendwas ist immer", Sie müssen lediglich entscheiden, was für Ihren Auftakt tatsächlich relevant ist. Aus den oben genannten Beispielen ist das der erkrankte Podiumsgast. Für den Rest trainieren Sie sich die Haltung an: „freundlich weglächeln und nichts an sich rankommen lassen". Suchen Sie sich deshalb ca. 30 Minuten vor Beginn für einige Minuten einen separaten Raum, indem Sie für sich noch einmal das Intro üben und sich sammeln. So bleiben Sie fokussiert für die jeweilige Situation und müssen Ihre Aufmerksamkeit nicht teilen.

Podium etablieren

Wie kommen die Panelist:innen auf das Podium? In der Beispielveranstaltung in Abbildung 15 kommt der Moderator von seinem Platz in der ersten Reihe auf die Bühne, sammelt dabei einen Experten am Stehpult ein und bittet die anderen Teilnehmer:innen hoch, um in der Sitzgruppe Platz zu nehmen. Nach seiner Sitzordnungskarte weist er ihnen den Platz zu. Idealerweise hat er den Diskussionsteilnehmer:innen vorher zeigen können, wo sie sitzen sollen. Dann gibt es kein Durcheinander.

Nachdem alle Platz genommen haben, dreht sich der Moderator um und stellt sich vor die Sitzgruppe. Seine Anmoderation der Diskussion richtet er an das Publikum, das Podium hört von hinten zu. Damit wirft er wieder das Lasso ins Publikum. Im Fernsehtalk würde der Regisseur jetzt die Anweisung an Kamera 1 geben: „Moderator Gesicht groß". Nach dem Intro dreht sich der Moderator um und nimmt seinen Platz in der Sitzgruppe ein. Im Fernsehtalk würde es heißen: „Kamera 2: Totale von der Sitzgruppe". Der Vergleich soll zeigen: Sie selbst richten den Fokus für das Publikum aus. Eine Ansage physisch stehend vor dem Podium unterstreicht die Bedeutung Ihrer Rolle. Sie sind es, der die Fäden in der Hand hält. Auf diesem Wege etablieren Sie das Podium. Dieses Vorgehen sollte mit Auftraggeber:innen abgesprochen sein. Ist es zurückhaltender gewünscht, kann man auch in der Sitzgruppe begrüßen.

Vorstellungsrunde

Wie stellt man die Panelist:innen vor? Vier Gäste, vier Lebensläufe, acht Minuten weg: Das ist eine Rechnung, die zeigt, warum eine Vorstellungsrunde à la Wikipedia für die Diskussionsgäst:innen zwar Balsam sein mag, für das Publikum aber ermüdend. Vor allem bei Fachtagungen wird diese Form immer wieder gern gewählt, obwohl doch ausgerechnet dort das Publikum am ehesten weiß, mit wem es es zu tun hat. Da liegt der Verdacht nahe: Wiki-Anmoderationen befriedigen Eitelkeiten. Ist es gewünscht, kann man es so machen. Auf jeden Fall sollte man bei diesem klassischen Einstieg über Funktion und Lebenslauf die Länge im Verhältnis zur Podiumsdauer im Blick haben. Mehr als eine Minute pro Teilnehmer:in ist bei einem Podium von 45 Minuten Dauer schon fast zu lang.

Außerdem ist damit ein Bezug zum Thema noch gar nicht genannt. Die Diskutant:innen sitzen ja wegen ihrer jeweiligen Positionen auf dem Panel. Vom TV können wir lernen, wie in der Vorstellungsrunde von *Hart aber fair* Funktion und Position in Windeseile kombiniert werden: Gesicht Gast groß, darüber der Moderator: „XY, der stellvertretende Vorsitzende der FDP ist überzeugt: Die Bundesregierung und die Koalition schaffen es durch diese Krise, aber einfach wird das nicht." Der Moderator zieht den Panelist:innen mit einem Satz den passenden Hut auf. In einer Minute ist er mit allen durch, alle wissen, warum er oder sie dort sitzt. Schnell ein eindeutiges Label verpassen: So geht es immer.

Emotionale Einstiegsfrage

Eine weniger hektische Variante ist das „Storytelling" mit einer emotionalen Einstiegsfrage gleich zu Beginn.

Meistens haben die Diskussionsteilnehmer:innen auch einen persönlichen Bezug zu dem fachlichen Thema. Dieser Zusammenhang lässt sich für den Einstieg nutzen. Es geht also darum, das Podium mit dem Erzählen von Geschichten zu eröffnen. So ziehen Sie in das Thema hinein ohne gleich mit Fakten zu eschlagen. Ein Beispiel: Auf einem Podium zum Thema „Inklusion in Grundschulen" sitzen vier Expert:innen. Der Moderator stellt sie jeweils mit einem Satz vor und richtet dann an alle dieselbe Einstiegsfrage: „Das staatliche Schulamt ist vertreten durch XY. Sie leitet dort die „Begleitstelle Inklusion". Wann ist Ihnen das Thema „Menschen mit Behinderungen" bewusst das erste Mal persönlich begegnet?" Expertin 1 schildert, dass ihre Schwester unter Trisomie 21 leidet und das ganze Familienleben danach ausgerichtet wurde, was für sie nicht einfach war. Experte 2 beschreibt, wie ihm als jugendlicher Betreuer einer Behindertenfreizeit erstmals bewusst wurde, dass junge Menschen mit Behinderung in unserer Gesellschaft weitgehend isoliert werden. Expertin 3 erzählt von der Begegnung mit einem spastisch gelähmten Mann. Sie war unsicher in der Kommunikation, ihr war nicht klar, dass der Mann geistig gar nicht beeinträchtigt war. Experte 4 schildert seine Motive, warum er in einer Schule für Kinder mit Körperbehinderung arbeitet.

Mit diesem emotionalen Einstieg wird gleich zu Beginn deutlich, dass hier Menschen sitzen, nicht nur Funktionär:innen. Das prägt die Atmosphäre der gesamten Diskussion. Als „Überfallfrage" ist dieses Opening nicht geeignet. Die Diskussionsteilnehmer:innen müssen

Ihre emotionale Frage vorab kennen, um selbst abschätzen zu können, wie persönlich sie auf dem Podium werden wollen. Sprechen Sie sie vorher genau ab, am besten kommunizieren Sie sie gleich bei der Mailanfrage zum Vorgespräch mit. Manchmal erinnern sich Besucher:innen noch Jahre später an diese emotionalisierenden Einstiege der Expert:innen.

Innerer und äußerer Rahmen

Im Kapitel E3 haben wir für ein Beispielpodium festgehalten: pro Themenblock eine Karte, bei drei Themenblöcken in etwa eine Drittelung der Podiumszeit. So erhalten Sie einen groben äußeren Rhythmus für die Diskussion. Je nach inhaltlicher Anforderung sind vielleicht weniger oder auch mehr Themenblöcke passend. Diese grobe Rechnung soll helfen, ein Gefühl für Zeitbögen zu bekommen.

Denn grundsätzlich – und das ist dann der innere Rahmen – ist es während der Gesprächsführung immer eine Abwägung aus der jeweiligen Situation heraus: Wenn sie aktiv zuhören und spüren, dass das Gespräch gut läuft, werden Sie Platz freigeben und weniger umschwenken. Sie sollten lediglich im Blick behalten, welche Themen ein Muss sind. Ansonsten dürfen Sie weglassen. Niemand außer Ihnen weiß, was Sie weglassen. Nur ein scheinbarer Widerspruch: Diese eher freihändige Gesprächsführung vermittelt dem Publikum das Gefühl, Sie folgten einem roten Faden. Als Neuling im Metier werden sie denken, dass das überhaupt nicht der Fall ist. Mit der Zeit lernen Sie: Dem Gespräch zu folgen heißt, den Gedanken und Emotionen der Diskutant:innen zu folgen.

Steuernde Elemente

Freihändig bedeutet allerdings nicht, das Podium sich selbst zu überlassen. Der Unterschied zwischen einem Podium und dem Gespräch bei einem Glas Wein ist, dass Sie gezielt bestimmte Themen sichtbar machen wollen. Dazu müssen Sie immer wieder strukturierend eingreifen, Sie brauchen die Draufsicht. Die Herausforderung dabei: Sie müssen gleichzeitig dem Gespräch folgen und steuern. Ihre Gesprächshaltung professionalisieren Sie mit diesen Methoden:

- Keywords aufgreifen oder selbst platzieren: Lernen Sie bewusst auf die Schlüsselwörter zu achten. Mit ihnen können sie „Ball spielen", anknüpfen, neue Themen einführen oder anderen Diskutant:innen zuweisen.
- Unterschiedliche Ebenen nutzen: Das Fachliche kommt von allein. Fragen Sie auch nach Motiven und Emotionen. Lassen Sie Emotionales zu, auch Humor. Es darf gelacht werden auf einem Podium, auch Sie dürfen mitlachen.
- Passend agieren: Empathie heißt einfühlen, um angemessen agieren zu können. Wenn es laut wird, dämpfen. Wenn es zu leise ist, motivieren. Wenn es langweilig wird, provozieren. Wenn es zu hitzig ist, beruhigen. Tempowechsel tun dem Podium gut.
- Aktiv unterbrechen: Vielredner:innen finden kein Ende. Während Sie überlegen, wie Sie unterbrechen können, sprudelt der Redefluss weiter. Deswegen nicht abwarten, sondern sofort intervenieren und zu einem anderen Gesprächsgast gehen. Sie unterbrechen, indem Sie für den anderen sichtbar tief Luft holen. Oder Sie gehen dazwischen, wenn das Gegenüber Luft holt.
- On the Fly einkürzen: Protagonist:innen erzählen ihre eigene Geschichte oft zu ausführlich. Gehen Sie freundlich dazwischen und erzählen Sie selbst weiter, indem Sie die Geschichte in wenigen Sätzen raffen.
- Themenschwenk: Führen Panelist:innen in ihren Statements neue Themen an unpassender Stelle ein, können Sie strukturieren: „Das ist ein interessanter Punkt, den ich später gern aufgreife. Bleiben wir zunächst bei XYZ …"
- Fürsorge: Sie tragen eine Verantwortung für die Panelist:innen. Stärken Sie schwächeren Panelist:innen den Rücken und bremsen Sie die selbstbewussteren aus.
- Mit Publikumsreaktionen arbeiten: Reagieren Sie auf Publikumsreaktionen und beziehen Sie sie in das Gespräch mit ein.

Reagieren kann auch heißen, an passender Stelle einen Applaus einzufordern.

- Dienstleister:in für die Sache: Machen Sie als Moderator:in die Diskussion nicht zu Ihrer eigenen Show. Versuchen Sie sich nicht durch eigene Wissensbeiträge zu profilieren. Nutzen Sie das Wissen vielmehr, um an passenden Stellen das Gespräch voranzubringen.

Publikumsbeteiligung

Bei Podiumsdiskussionen stehen die Diskussionsteilnehmer:innen im Vordergrund. Das Publikum als aktives Element einzubeziehen, kann bereichern. Aber klar ist: Publikumsbeteiligung ist immer zeitlich beschränkt. Anders ist das bei sogenannten „partizipativen Diskussionsformaten", die hier nicht Thema sein können. Die gängigste Beteiligungsform bei einer Podiumsdiskussion sind die Fragen aus dem Publikum. Die Länge sollte in einem passenden Verhältnis zu der Dauer des Podiums stehen. Dabei sind ca. 25 Prozent eine gute Zielgröße. Bei einer Gesamtzeit von 60 Minuten heißt das: 45 Minuten für die Diskussion, 15 Minuten für die Fragen aus dem Publikum.

Für Moderator:innen bedeutet eine Fragerunde einen kommunikativen Wechsel. Der Fokus richtet sich nicht mehr auf das Podium, sondern auf das Publikum. Sie können das zum Ausdruck bringen, indem Sie im klassischen Setting Ihren Moderationsplatz verlassen, aufstehen und sich an den Bühnenrand Richtung Publikum bewegen. Sie moderieren die Fragerunde stehend zwischen Publikum und seitlich zum Podium. So signalisieren Sie den Besucher:innen, als ihr:e Anwält:in agieren zu wollen. Stehend strahlen Sie zudem disziplinierende Wirkung aus.

Formulieren Sie glasklare Beteiligungsregeln. Soll es ausschließlich Fragen an die Panelist:innen geben? Oder auch eigene Beiträge oder Statements? Soll der eigene Name genannt werden? Soll der Beitragende besser aufstehen, damit man sieht, wer spricht? Nur wenn Sie diesen Rahmen abstecken, haben Sie die Möglichkeit, schnell einzugreifen. Das geht in wenigen Sätzen: „Wir haben jetzt 15 Minuten für Ihre Fragen. Bitte stellen Sie jetzt Ihre Frage und sagen Sie dazu, an wen Sie sie auf dem Podium richten. Bitte nennen Sie uns Ihren Namen und verraten uns vielleicht noch, woher Sie kommen, dann lernen wir Sie ein bisschen kennen. Bitte schön, hier an der Seite ist ein Standmikrofon für Sie aufgebaut."

Kommt nach dem Aufruf niemand ans Mikrofon, überbrücken Sie die Zeit, indem Sie selbst eine „Anschubfrage" stellen. In dieser Zeit werden sich dann die ersten trauen. Vergisst die erste Fragestellerin, ihren Namen zu nennen, unterbrechen Sie sie schnell, aber höflich: „Entschuldigung, dass ich unterbreche. Können Sie uns geschwind Ihren Namen sagen und woher Sie kommen, damit wir wissen, mit wem wir es zu tun haben." Sollte sich eine Besucherin in einem Statement verirren, können Sie sie nach ca. einer Minute unterbrechen, indem Sie sie persönlich ansprechen: „Frau Müller, das ist interessant und eine Diskussion wert. Aber wir hatten ja gesagt: Bitte nur Fragen an die Expert:innen. Wie lautet Ihre Frage und an wen geht sie, Frau Müller?" Sie setzen für alle sicht- und hörbar die Beteiligungsregeln wirksam um.

In aufgeheizter Atmosphäre kann es vorkommen, dass Sie als Moderator:in zum Prellbock werden, weil aus Sicht mancher Besucher:innen das Podium nicht befriedigend verlaufen ist. Sobald Sie oder Panelist:innen angegriffen werden, hilft der Rückzug auf die Sachebene und die Weitergabe an die Diskussionsteilnehmer:innen: „Vielen Dank für Ihre Anmerkung. Ich habe wahrgenommen, dass Sie mit Thema ABC unzufrieden sind. Expertin XYZ: Hat die Besucherin recht?"

Klassische Fragerunden am Ende des Podiums sind nur eine Möglichkeit, das Publikum zu beteiligen. Es gibt weitere Möglichkeiten mit unterschiedlicher Wirkung, die u. a. Martin Hoffmann in seinem Experteninterview in Kapitel D6 beschrieben hat. Mögliche Alternativen sind:

- Fragen in Papierform sammeln: Auf vorab verteilte Zettel schreiben Besucher:innen die Fragen, die während der Diskussion auftauchen. Redaktionelle Helfer:innen sammeln die Zettel ein, sortieren und strukturieren sie und geben sie an die Moderation weiter.
- Hände hoch: Bitten Sie das Publikum auch zwischendurch um eine Abstimmung per Handzeichen. Das Ergebnis thematisieren Sie mit den Expert:innen auf dem Podium.
- Zettel hoch: Lassen Sie vorab jeweils einen grünen und einen roten A5-Zettel auf die Stühle des Publikums legen. Bitten Sie das Publikum bei einer Fragestellung entweder mit der grünen oder der roten Karte abzustimmen. So wird das Meinungsbild im Publikum auch farblich sichtbar.
- Digitale Umfragen: Bereiten Sie digitale Umfragen mit entsprechenden Tools wie z. B. Slido vor. Das Publikum scannt einen QR-Code ein und nimmt per Handy an der Umfrage teil. Vorteil dieser Methode ist, dass inhaltlich wesentlich differenzierter gefragt werden kann. Das setzt ein gutes WLAN und einen Beamer voraus.

Scheuen Sie sich nicht, an den Umfragen selbst teilzunehmen und sich in diesem Falle parteiisch zu zeigen. Sie übernehmen damit eine Position des Publikums, was Ihre Rolle als Anwält:in wiederum stärkt.

Ausstieg

Ausstiege kann man planen. „Ein Plan ist immer wichtig, damit man ihn verlassen kann", hat der Liedermacher Wolf Biermann 2023 im Podcast *Alles gesagt* formuliert. Er bringt damit auf den Punkt, was für die Vorbereitung des Podiums generell gilt: Tief drin sein macht generell unabhängig. Ob es dann so kommt, ist eine ganz andere Geschichte. Genau das ist auch die richtige Haltung in Bezug auf einen geplanten Ausstieg. Denn oft rast in der Diskussion die Zeit. Für einen langen Ausstieg bliebt dann keine mehr. Nach einer

Fragerunde im Publikum macht eine Rückkehr auf das Podium oft auch keinen Sinn mehr. Niemand wird den Ausstieg vermissen, wenn die Diskussion und die Fragerunde spannend verlaufen sind. Ein allgemeiner Dank ist dann ausreichend. Sollten Sie dennoch Zeit für einen Abschluss finden, sind mehrere Varianten möglich:

- Spontaner Schluss: Einen scheinbar spontanen Schluss können Sie gezielt herbeiführen, indem Sie eine emotionsgerichtete Frage an die- oder denjenigen stellen, der über das größte erzählerische Potenzial verfügt: „Wir haben jetzt eine Stunde über Bildungschancen für die Kleinsten diskutiert. Ich möchte Sie als Kitaleiterin fragen, XYZ, was wünschen Sie sich für Ihre Kinder am meisten?" Nach den Schilderungen können Sie beruhigt abschließen: „Vielen Dank – ein wunderschönes Schlusswort."
- Gemeinsamer Nenner: Vielleicht gab es im Verlauf der Podiumsdiskussion einen oder mehrere Punkte, bei dem man sich weitgehend einig war. Wenn Sie diesen Punkt am Ende noch einmal betonen, verlässt das Publikum den Saal mit einem positiven Gefühl.
- Ins Handeln kommen: Hat sich im Laufe der Diskussion herausgestellt, was in Zukunft dringend zu tun ist, können Sie das am Ende noch einmal aufgreifen und wiederholen. Diese Handlungsaufforderung ist ein Aufruf Richtung Zukunft.
- Schlussrunde: Sie können ein Schlusswort von allen Panelist:innen einfordern: „Was nehmen Sie aus dieser Runde mit?" Wenn Sie sich dafür entscheiden, muss es gleichberechtigt ablaufen: Jede:r darf noch einmal etwas sagen. Deshalb sind Schlussrunden schwer berechenbar. Gerade professionelle Diskutant:innen versuchen, noch einmal möglichst viele Punkte unterzubringen. Selbst der Hinweis, es „kurz zu halten" wird ignoriert. Beginnen Sie die Schlussrunde deshalb bei der oder dem diszipliniertesten Gesprächspartner:in. Das hat regelhaften Charakter für die anderen.

- (K)eine Zusammenfassung: Immer wieder kommen Veranstalter:innen auf die Idee, Moderator:innen sollen die Diskussion am Ende „inhaltlich kurz zusammenfassen". Niemand will das im Publikum. Auch die nicht, die es vorschlagen. Das ist ein rein aus dem akademischen Umfeld getriebener Gedanke und passt bei einer Podiumsdiskussion nicht wirklich.
- Feedback nach der Veranstaltung: Nach der Diskussion wollen sich einige aus dem Publikum mit Ihnen inhaltlich austauschen. Das ist ein großes Kompliment, denn man hält Sie für kompetent in allen Belangen. Es gibt aber auch einige, die Sie auf das hinweisen, was Sie nicht angesprochen haben. Es sind oft Spezialisten in einem bestimmten Themenfeld. Mit dem Hinweis auf zeitliche Einschränkungen geben sie sich in der Regel nicht zufrieden, weil sie ihr Thema für das wichtigste halten. Ein offenes Ohr nachträglich und ein Hinweis auf die vielen anderen fehlenden Vertiefungen gleicht hier aus.

Checkliste

- [ ] Vor dem Auftritt auf die eigene Rolle fokussieren.
- [ ] Bühne bewusst „entern".
- [ ] Vorstellung der Protagonist:innen emotional gestalten.
- [ ] Mit Keywords Diskussion steuern.
- [ ] Unterschiedliche Gesprächsebenen nutzen.
- [ ] Passend einfühlen und agieren.
- [ ] Aktiv unterbrechen.
- [ ] Gespräch fürsorglich steuern.
- [ ] Mit dem Publikum interagieren.
- [ ] Beteiligungsform und -regeln festlegen.
- [ ] Ausstiegsvarianten durchspielen.

E5 FRAGE- UND GESPRÄCHS-TECHNIKEN

50 Prozent sind Persönlichkeit, 50 Prozent sind Handwerk: Mit dieser Aufteilung hat Roland Wagner im Experteninterview in Kapitel C4 beschrieben, was Moderator:innen von Podiumsdiskussionen ausmacht – und dass beides zusammengehört. Genau unter diesen Vorzeichen widmen wir uns jetzt dem Handwerk. Fragetechniken funktionieren nur dann gut, wenn die innere Haltung dazu passt. Denn die richtige Frage stellen Sie immer auch dann, wenn Sie vorher gut zugehört haben. Oder umgekehrt: Konnten Sie nicht zuhören – weil Sie zum Beispiel überlegt haben, wie Sie in Ihrem Konzept fortfahren –, nutzt die beste Fragetechnik wenig, Sie werden mit Ihrer Frage vorbeischießen. Vor der Frage steht also das bedingungslose Zuhören.

Um diesen Vorgang des Zuhörens zu entschlüsseln, hilft es, sich noch einmal klarzumachen, wie komplex menschliche Kommunikation ist. Denn die „Sender:innen" schicken ihre Botschaften auf ganz unterschiedlichen Ebenen – verbal und nonverbal: Auf der sachlichen Ebene informieren sie. Zugleich geben sie aber auch von sich selbst etwas preis, zum Beispiel durch eine engagierte Diktion. Zusätzlich werden auf der Beziehungsebene Botschaften gesendet: Ist der Tonfall nicht bevormundend? Schließlich kann es sein, dass Sender:innen einen Appell loswerden: „Wir müssen hier handeln, weil ..." Vielleicht erkennen Sie in der Beschreibung das Kommunikationsquadrat des Kommunikationspsychologen Friedemann Schulz von Thun wieder (Schulz von Thun 2014: 25). Dann wissen Sie, dass es ein Pendant für das Zuhören gibt.

Wir – also auch Moderator:innen – empfangen das Gesagte auf vier Ebenen, sie hören mit „vier Ohren" zu: Einmal erfassen Sie den Inhalt. Beim „zweiten Ohr" sind Sie „personaldiagnostisch" unterwegs, wie Schulz von Thun das nennt. Sie fragen sich: „Was ist das für eine(r), wie ist er oder sie gerade drauf?" Das „dritte Ohr" ist die Beziehungsebene: „Wie fühle ich mich behandelt?" Das „vierte Ohr" steht für die Appellebene: „Was sollte ich jetzt tun?" Wenn Sie es verstehen, alle Ebenen wahrzunehmen, sind Sie als Moderator:in eines Podiums in einer komfortablen Situation. Dann können Sie entscheiden, welche Botschaft welcher Ebene Sie aufgreifen. Sie können auf der sachlichen Ebene bleiben und die Fakten in den Vordergrund schieben. Sie können aber auch die engagierte Ansprache aufgreifen und fragen: „Wir merken: Sie sind ganz bei der Sache, warum ist Ihnen dieser Punkt so wichtig?" Die unterschiedlichen Ebenen der Kommunikation sind also Handwerkszeug im Werkzeugkoffer der Gesprächstechniken. Sie zu nutzen, ist für jedes Podium ein Gewinn.

Dieses Privileg der Moderator:in – zu entscheiden, welche Ebene aufgegriffen wird – kann aber auch zu Kommunikationsstörungen führen. Der engagierte Redner möchte vielleicht auf der Sachebene bleiben, Sie aber gehen in das Zwischenmenschliche und fragen nach seinen Motiven. Solche Mikrokonflikte werden sich kaum vermeiden lassen, sie gehören zu einer Gesprächsführung dazu, wiewohl sie irritieren. Schauen wir, mit welcher Strategie oder Fragetechnik diesem Problem beizukommen ist.

- Problemfeld #1: Ich höre nicht wirklich zu, weil ich unentwegt überlege, mit welcher Frage ich anschließe:
  - Das passiert selbst Profis. Richten Sie ganz bewusst Ihre komplette Aufmerksamkeit auf die Gesprächspartner:innen und folgen Sie deren Gedanken. Hören Sie aktiv zu. Ertragen Sie Pausen und lassen Sie sie bei sich zu. Pausen entstehen

durch Nachdenken. Sie kommen Ihnen länger vor als dem Publikum. Sie werden in den meisten Fällen eines der Keywords Ihrer Themenkarten hören können. Das greifen Sie dann auf. Wird keines genannt, machen Sie selbst eines zum Thema. Vielleicht reicht es auch aus, einfach vertiefend anzuknüpfen? „Warum beschäftigt Sie das so?" „Warum ist das aus Ihrer Sicht so?" Ingo Zamperoni hat in seinem Interview in Kapitel A5 weitere vertiefende Beispielfragen genannt.
  - Versuchen Sie vorab, Ihren Gesprächsverlauf zu antizipieren. Wie könnten die Dialoge ablaufen? Manchen Sie sich vorab klar, wie die Argumentationslinien verlaufen könnten, wenn Sie eine der Keywordfragen Ihrer Themenkarten stellen. Spielen Sie es gedanklich durch: „Für frühkindliche Bildung brauchen wir mehr Geld im System", stellt die Professorin fest. Für das Geld sind Land und Träger verantwortlich. Mit ihnen machen Sie weiter und spielen den Ball dorthin: „Wann fließt denn mehr Geld, Frau Ministerin?" Anschlussfragen sind kein Zufall.
- Problemfeld #2: Wie kann ich passend dazwischen gehen? Wie gelingt mir das Nachfragen?
  - Grundsätzlich ist es auf einem Podium nicht unhöflich dazwischenzugehen, im Gegenteil. Es gehört sogar zu den Kernaufgaben – im Auftrag der Verständlichkeit. Unterbrechen können Sie, indem Sie die Atempausen des Gegenübers nutzen und ihn sozusagen „abnehmen", um dann selbst weiterzusprechen. Sie können aber auch sichtbar Luft holen und Ihr Gegenüber dabei fixieren. Körpersprachlich reicht es manchmal, einfach die Hand leicht anzuheben. Eine weitere Methode ist, die Gedanken des Gegenübers selbst zu Ende zu formulieren.
  - Erster Fall: Ein Podiumsgast findet mit seinem Statement kein Ende. Sobald Sie das bemerken, unterbrechen Sie in einer Atempause. Dann fassen Sie das Gesagte ganz kurz zusammen und gehen zum nächsten Punkt: „Sie sind also für Steuersenkungen. Wäre das für die Wirtschaft ein Schub?"

- Zweiter Fall: Ein Podiumsgast bleibt nebulös oder weicht aus. Sobald Sie das bemerken, dürfen Sie freundlich insistieren und zuspitzen: „Darf ich nochmal fragen …", „Das war nicht meine Frage. Ich wollte wissen …", „Ich habe das nicht verstanden. Könnten Sie versuchen, das verständlicher zu erklären?" Wenn sich das Gegenüber dann immer noch nicht positionieren will, ist es eben so. Das Publikum merkt das dann auch. Die TV-Moderatorin Anne Will war geübt in der kalkulierten, thematischen Konfrontation. Dabei positionieren Sie Panelist:in 1 mit einer eindeutigen Frage: „Sie sagen, die Steuern sollen gesenkt werden, warum?" Anschließend geben Sie kurz und knapp den Ball an denjenigen, der die gegenteilige Auffassung vertritt und schließen an: „Überzeugt Sie das?"
- Manchmal ist es aber auch die eigene innere Haltung, die angemessene Unterbrechungen verhindert. Da ist zu viel Respekt vor den Großkopfeten im Spiel, zu viel Ehrfurcht vor der weltberühmten Schauspielerin. Da gilt: nur Mut! Behandeln Sie sie wie alle anderen.

• Problemfeld #3: Soll ich eher geschlossene oder offene Fragen verwenden?
  - Beide Fragearten haben ihre Berechtigung und unterschiedliche Auswirkungen auf den Gesprächsfluss. Geschlossene Fragen helfen, das Gegenüber eindeutig zu positionieren: Moderatorin: „Sind Sie für Steuersenkungen?" Gast: „Ja." Die Moderatorin schließt sofort an mit der kurzen, offenen Frage: „Warum?" Mit diesem Doppelschlag geht es schnörkellos und direkt ans Eingemachte.
  - Rein offene Fragen (die klassischen „W-Fragen" des Journalismus: Was? Wo? Wer? Warum? Wie? Wann?) geben dem Gegenüber mehr Platz, um sich und das Anliegen breiter zu schildern: Sie rufen damit Geschichten ab, mit der Gefahr, dass die Antworten der Gesprächspartner:innen ausufern. Im Journalist:innensprech werden diese Fragen „Scheunentor-

fragen" genannt: „Für ein Austauschsemester waren Sie sechs Monate in Israel. Was haben Sie da erlebt?" Die Befragte kann hier mühelos minutenlang alles Mögliche schildern, weil jegliche Steuerung fehlt. Trotzdem wird diese Form der offenen Frage oft zum Einstieg gewählt, weil man glaubt, so „erst einmal ins Thema reinzukommen". Tatsache ist: Man gibt die Führung damit aus der Hand. Lieber selbst den Weg vorgeben: „Für ein Austauschsemester waren Sie sechs Monate in Israel. Wie haben Sie die politischen Spannungen wahrgenommen?"
  - Interessant ist übrigens der Einsatz von Suggestivfragen. Hier arbeiten Sie mit einer Unterstellung, um die Debatte emotional anzuheizen. „Sie würden mir sicher zustimmen, dass Steuererhöhungen die beste Lösung sind, oder?" Die Gefahr: Sie machen sich durch die Unterstellungen selbst angreifbar. Besser ist es, nicht selbst suggestiv zu fragen, sondern den Standpunkt mit einer Quelle zu verknüpfen: „Die Wirtschaftsweisen sagen: Steuererhöhungen sind die beste Lösung. Haben sie recht?"
- Problemfeld #4: Ich habe mir Fragen nur auf der Sachebene notiert. Wie kann ich mein Kommunikationsspektrum erweitern?
  - Indem Sie sich zunächst vorbehaltlos interessiert zeigen, auch wenn Ihnen das Thema fremd ist. Nur so erhalten Sie einen Zugang zu den unterschiedlichen Ebenen, den sachlichen und den emotionalen. Sie begegnen damit den Diskutant:innen mit einem professionellen Respekt vor dem Thema und dem Menschen, den das Thema umtreibt. Hier offenbart sich Ihre innere Haltung in der Gesprächsführung.
  - Bringen Sie dann die anderen 50 Prozent ins Spiel: Ihre Persönlichkeit. Sie haben Humor? Vielleicht sind Sie charmant? Setzen Sie beides ein, lachen Sie, staunen Sie, wenn es lohnt zu staunen. Sie dürfen es sich leisten, als Mensch zu reagieren. Sie haben ja trotzdem noch Ihre Karten auf dem Schoß und

behalten alle Fäden in der Hand.

- Fragen Sie nach Motiven und Intentionen Ihrer Diskussionsteilnehmer:innen: Was treibt sie an? Warum engagieren sie sich für das Thema? Welche Schlüsselmomente gab es? Fragen Sie nach Emotionen, greifen Sie sie auf, wenn sie spürbar werden. Das sind Momente der Reibung, denen Sie nicht ausweichen müssen, sondern auf die Sie bewusst zugehen dürfen. Das bedeutet nicht, dass Sie selbst emotional werden, in Betroffenheit versinken und mit zitternder Stimme reagieren. Die Regel lautet: Je emotionaler die Gäste, desto kontrollierter Ihre Draufsicht. Sie spüren zwar, dass Gefühle im Spiel sind, werden deshalb selbst aber nicht gefühlig nach der Devise „Oh, mein Gott, das ist ja schlimm!". Sondern Sie zeigen vielmehr Empathie und arbeiten strategisch mit den Emotionen: „Ich kann mir vorstellen, dass es schwierig für Sie war. Wie konnten Sie damit umgehen?" Andernfalls überstrapazieren Sie Ihre Rolle als Moderator:in und wirken für das Publikum anbiedernd oder sogar berechnend.
- Ingo Zamperoni hat es im Experteninterview in Kapitel A5 klar formuliert: Ein Podium sollte nicht als Plattform zur eigenen Selbstdarstellung missbraucht werden, selbst wenn die Verführung groß ist. Meist geschieht dies mit scheinbar spaßigen Bemerkungen auf Kosten des Themas oder der Panelist:innen. Auch Ironie und Satire sind im Kontext eines Podiums gefährliche Stilmittel, die schnell falsch verstanden werden. Provozierende Frotzeleien bei Persönlichkeiten des öffentlichen Lebens dagegen sind durchaus möglich: „Herr Minister, so wie Sie sprechen, müssten Sie jetzt eigentlich die Partei wechseln ..."

- Problemfeld #5: Wie vermeide ich die gängigsten Fragetechnikfehler in der Moderation?
  - Immer wieder kommt es vor, dass Namen nicht richtig ausgesprochen werden. Das ist ein No-Go. Thomas Gottschalk

hat in seiner letzten *Wetten, dass..?*-Sendung Matthias Schweighöfer und Bastian Schweinsteiger verwechselt und daraus einen „Matthias Schweinsteiger" gemacht. Der Journalist Harald Martenstein hat danach zwar versucht, das in einer *Zeit Magazin*-Kolumne zur Petitesse zu marginalisieren. Seine Kollegin Sophie Passmann zeigte in einem Podcast dagegen Unverständnis und attestierte Gottschalk Respektlosigkeit den Gäst:innen gegenüber. Der Disput zeigt: Namen sind nicht Schall und Rauch. Auf einem Podium, auf dem Gäste nur eine Armlänge entfernt sitzen, schon gar nicht. Recherchieren Sie, wie die Namen korrekt ausgesprochen werden und üben Sie das vorab. Es zeugt von Höflichkeit und Augenhöhe. Alles andere wirkt leichtfertig arrogant. Nicht ganz ohne Grund gab und gibt es den angloamerikanischen Benimmkodex, der da heißt: „No jokes with names".

- Der nächste Fehler: Füllformulierungen. Sie werden oft eingefügt, um Zeit zu schinden. Zeit, die man sich verschaffen will, um im Denkprozess zur eigentlichen Frage vorzudringen. „Mich würde noch interessieren …" oder „Was ich mich in dem Zusammenhang frage …", „Vielen Dank für Ihren Beitrag. Damit komme ich zu Ihnen, Frau XY …". Das sind kleine Anmoderationen, oft „gesprochene Regieanweisungen", die der eigentlichen Frage vorausgehen. Sie werden vom Publikum schnell als Tick wahrgenommen, weil sie überflüssig sind. Beschreiben Sie nicht, was Sie machen wollen, sondern machen Sie einfach.
- Dasselbe gilt für Floskeln und Kommentierungen. Auch die sprechen wir vor uns hin, um im Denkprozess Zeit zu schinden: „Toll, was Sie da schildern". Zu unterscheiden sind davon Reaktionen, die aus einer empathischen Haltung heraus formuliert werden, die einen Ball aufgreifen und unter Umständen weitergeben: „Herr AB, dass Thema beschäftigt sie intensiv. Wie ist das bei Ihnen, Frau XY?"

  - Ein weiterer „Klassiker": Zwei Fragen auf einmal stellen. Auch den Geübten passiert es immer wieder. Die Frage ist nur: warum? Wie lässt sich das am besten vermeiden? Sic! Offenbar ist der Mensch schlicht gestrickt. Zwei sind immer eine zu viel. Beantwortet wird immer die zuletzt gestellte Frage.
    Hier im Buch ist das natürlich anders. Antwort auf Frage 1. Es passiert immer wieder aus zwei Gründen. Erstens wollen wir auch hier wieder Zeit schinden und uns an die eigentliche Frage durch lautes Denken heranpirschen. Zweitens glauben wir durch den eigenen, kleinen Redeschwall die Gedankenpause der Antwortenden übertünchen zu können. Da gibt es offenbar eine Urangst, dass das Gegenüber nicht antwortet. Die Pirouette macht es aber nur noch schlimmer.
  - Antwort auf Frage 2: Lernen Sie bewusst, zehntelsekundenlange Nachdenkpausen Ihrer Gesprächspartner:innen auszuhalten. Sie kommen Ihnen viel länger vor als dem Publikum. Beim gemütlichen Gespräch mit Freund:innen nehmen Sie sie gar nicht wahr. Dieses Mindset brauchen Sie. Dann stellen Sie nur noch eine Frage.
  - Ein weiterer Klassiker der falschen Fragen: „Wiki"- oder „Google"-Fragen. „Was machen Sie in diesem Projekt?" „Wer macht da alles mit?". Das sind lexikalische Fragen, die im Vorfeld abgehakt und höchstens noch auf Ihre Fact-Sheet-Karte notiert werden sollten, um sie bei Bedarf in die Diskussion einfließen zu lassen. Faktenschilderungen fressen Zeit, die für Motive und Hintergründiges fehlen. Nehmen Sie essenzielle Fakten in die Anmoderation, dann können Sie beim Gespräch schneller in die Tiefe gehen.
- Problemfeld #6: Wie gehe ich mit herausfordernden Situationen und Diskutant:innen um?
  - Dominante Diskutant:innen wissen in der Regel, dass Sie die Runde bestimmen. Sie dürfen entsprechend kompromisslos mit ihnen umgehen und sie unterbrechen, so, wie es weiter

oben beschrieben ist. Zusätzlich können Sie den extrovertierteren oder ausschweifenden Gäst:innen Ihr Gesprächsverhalten auf der Metaebene spiegeln. „Wir wollen jetzt auch einmal die anderen Teilnehmer:innen zu Wort kommen lassen" oder „Kommen wir nochmal zurück auf die Ausgangsfrage. Sie lautete ...".

- Die Metaebene bietet sich auch für Teilnehmer:innen an, die hauptsächlich mit ihren Emotionen in der Runde präsent sind. Dabei geht es weniger um die Krawallmacher, die sich auf Podien eher selten finden. Sondern es geht vielmehr um diejenigen, die emotional ergriffen sind, wie auch immer. Begegnen Sie dem grundsätzlich mit Empathie: „Verständlich, dass sie das bewegt". Geben Sie der Situation etwas Zeit und machen Sie von dort aus weiter, indem Sie die Ebene wechseln und den Ball an andere Diskutant:innen weitergeben: „Wir wollen nach den Gründen schauen: Frau AB, warum glauben Sie, regt das Herrn XY so auf?" oder „Diese Frage von Herrn AB will ich gleich weitergeben an Sie, Frau XY ...". Geht es einmal kunterbunt durcheinander, dann können Sie sortieren: „Also, dann jetzt erst einmal Frau AB, dann Frau XY und dann Herr Z".
- Was tun, wenn Pannen passieren? Ganz einfach: ansprechen. Alles, was das Publikum an Störungen hört und sieht, können und müssen Sie zum Thema machen. Es gelten dieselben Regeln wie bei der Fragetechnik: Was Ihnen auffällt, machen Sie zum Thema.

• Problemfeld #7: Wie umgehen mit demokratiefeindlichen Diskussionsteilnehmer:innen?
  - Das ist ein Problemfeld, das mit dem Erstarken der extremen Rechten zugenommen hat. Soll man solche Menschen überhaupt einladen? Viele Veranstalter:innen sind unsicher, wie sie redaktionell vorgehen sollen, Moderator:innen sehen sich in der Fragetechnik herausgefordert. Denken wir es einmal

durch. „Niemals mit Extremist:innen reden und ihnen eine Bühne geben", sagt die eine Seite. Sie befürchten, dass möglicherweise menschenverachtende Thesen und Ideologien damit überhaupt erst salonfähig gemacht werden. Tatsächlich ist die Gemengelage schwierig, denn extremistische Panelist:innen haben kein Interesse an einem offenen Diskurs, in dem unterschiedliche Perspektiven herausgearbeitet werden. Vielmehr missbrauchen sie das demokratische Instrument der Meinungsfreiheit, um die Demokratie selbst zu unterwandern – indem sie selbstreferenziell die eigene Klientel bedienen. Ihnen geht es darum, Konfliktthemen bewusst emotional aufzuladen. Steffen Mau und sein Autorenteam haben in ihrem Buch *Triggerpunkte. Konsens und Konflikt in der Gegenwartsgesellschaft* diese Personen als „Polarisierungsunternehmer" beschrieben (Mau/Lux/Westheuser 2023: 375). Das lässt sich regelmäßig in Plenardebatten im Bundestag beobachten. Dort formulieren AfD-Abgeordnete bewusst provozierend, um die Mechanismen ihrer Social-Media-Kanäle auszunutzen: Stimmung machen für die hohe Klickrate.

- Die anderen sagen: Es sind mittlerweile so viele, man muss die Rechten in der Diskussion stellen, um sie inhaltlich zu entlarven. Gerade weil Extremist:innen es geschickt verstünden, ihre eigenen Kanäle für ihre plumpen Thesen zu nutzen, helfe jeder öffentliche Auftritt, um eine Gegenöffentlichkeit herzustellen. Nur so werde sichtbar, wer sich an Fakten hält und wer nicht. Zudem: Werden Rechtspopulist:innen nicht eingeladen, bedient das das Narrativ der öffentlichen Ausgrenzung. Sie sehen sich als Märtyrer:innen in der medialen Opferrolle bestätigt.
- Für Podiumsdiskussionen heißt das, vorab zu klären: Wollen Teilnehmer:innen diskutieren oder wollen sie agitieren? Sind alle Gesprächspartner:innen überhaupt auf einer vernunftbezogenen Ebene zugänglich oder nicht? Dann gilt zu

überprüfen, was Hadija Haruna-Oelker in dem Expert:innen-Interview in Kapitel E6 festgehalten hat: Traue ich mir eine Debatte zu? Kenne ich die Strategien meines Gegenübers und bin ich in der Lage, kritisch und konfrontativ zu hinterfragen? In den Haltungen der Rechtspopulist:innen spiegelt sich oft die Frustration enttäuschter Menschen. Unabhängig davon, dass Mitläufer:innen den Extremist:innen den Boden bereiten, kann das Gefühl der Enttäuschung auch ein Anknüpfungspunkt in einer Podiumsdiskussion sein. Sie ernst zu nehmen, bedeutet gleichzeitig, den Narrativen der Rechtspopulist:innen mit Sachkenntnis zu begegnen.

- Denn sie nutzen die Frustration, um gezielt Politikbereiche und gesellschaftliche Gruppen gegeneinander auszuspielen und Zusammenhänge herzustellen, die faktisch nicht stimmen. Moderator:innen müssen das herausarbeiten und die Verhaltens- und rhetorischen Muster kennen. Dazu gehört es, eine fundierte Position zu den wichtigsten Themen der Rechtspopulist:innen zu entwickeln. Moderator:innen müssen historisch, ökonomisch oder gesellschaftspolitisch argumentieren können, um deren wichtigsten Politikfelder einordnen zu können. Was bedeutet Nation? Was heißt Demokratie? Was genau bedeutet Migration? Was unterscheidet den Begriff von dem des Flüchtenden? Wofür steht das Grundgesetz?
- Die Vereinfachung gehört zum populistischen Argumentationsarsenal, ebenso die Beschimpfung. Mit sprachlichen Umdeutungen werden Kampfbegriffe in die Mitte der Gesellschaft gerückt, beispielhaft bei den Worten „Lügenpresse", „Altparteien" oder „Asyltourismus". Damit versuchen sich Populist:innen am sogenannten „Issue Ownership". Dieser Fachbegriff aus der politischen Kommunikation beschreibt, welche Partei als Absender einer bestimmten Thematik wahrgenommen wird. Fehlen Moderator:innen Wissen und Einordnung, ist die Gefahr groß, in die inhaltliche

und sprachliche Falle der Rechtspopulist:innen zu laufen. So tragen Moderator:innen, wenn auch ungewollt, zur sprachlichen Normalisierung bei.

- Es besteht dann die Gefahr dessen, was Politolog:innen als „False Balance" bezeichnen. Hierbei stehen gegensätzliche Meinungen gleichberechtigt nebeneinander, obwohl sie es nicht sind. Wissenschaftliche Evidenz der Klimawissenschaft kann nicht gleichberechtigt neben der Einzelmeinung des Klimawandelleugners stehen. Gezielt die politische Urteilsfähigkeit zu trainieren, sollte Voraussetzung für Moderationen in einem solchen Umfeld sein, thematische Kompetenz inklusive. Einen Einstieg in das Themenfeld „Rechtsextremismus" liefert dabei ein Dossier der Bundeszentrale für politische Bildung (Link am Ende des Buches). Denn was in einer Moderation nicht funktioniert: Gesprächspartner:innen mit der eigenen Emotionalität und Empörung zu konfrontieren, weil Fakten fehlen.
- Der Diskurs endet immer dort, wo Menschenverachtendes, Rassistisches, Sexistisches, Fremdenfeindliches oder Antisemitisches zur Sprache kommt. Beendet werden muss der Dialog auch dann, wenn mit Lügen gearbeitet wird, die einen geschichtsrevisionistischen Charakter haben. Podien im demokratischen Sinne sind keine Plattformen für Verschwörungsmythen.

Kurz gesagt

- Bedingungsloses Zuhören führt zu passenden Fragen.
- Zuhören auf allen vier „Schulz van Thun"-Ebenen.
- Mikrokonflikte gehören zur Gesprächsführung dazu.
- Im Auftrag der Verständlichkeit unterbrechen.
- Geschlossene und offene Frage haben Berechtigung.

- Vorbehaltloses Interesse, um inhaltlich UND emotional fragen zu können.
- Als Mensch reagieren, nicht nur in der Rolle.
- Podium ist keine Plattform für Selbstdarstellung.
- Keine Ironie und Satire auf Kosten der Diskutant:innen.
- Emotionen mit Empathie begegnen.
- „Polarisierungsunternehmern" (Mau/Lux/Westheuser 2023: 375) mit Kompetenz und Fakten konfrontieren.
- Narrativen der Populisten mit Sachkenntnis begegnen.
- Keine „False Balance" zulassen.

Checkliste

- [ ] Unterschiedliche Kommunikationsebenen nutzen.
- [ ] Den Gedanken der Diskutant:innen folgen.
- [ ] Anknüpfungsfragen nutzen.
- [ ] In Atempausen unterbrechen.
- [ ] Gedanken fortführen, um zu unterbrechen.
- [ ] Nachfragen durch Konfrontierung mit anderen.
- [ ] Suggestivfragen mit externen Quellen verknüpfen.
- [ ] Nach Motiven und Emotionen fragen.
- [ ] Namen üben.
- [ ] Füllformulierungen und Floskeln vermeiden.
- [ ] Immer nur eine Frage stellen.
- [ ] Fakten selbst präsentieren.
- [ ] Argumentationstraining betreiben, um Narrativen von Populisten begegnen zu können.

E6 EXPERTINNEN-INTERVIEW: HADIJA HARUNA-OELKER

Sich in die Perspektive der Panelist:innen einzudenken, gehört zu den Kernaufgaben einer guten Podiumsmoderation. Vorbereitung und Recherche tragen wesentlich dazu bei, sich in die Lebenswelten ihrer Gesprächspartner:innen einzufühlen. Sie sind offen für alle Standpunkte und versuchen im Gespräch, weder dominierend noch einseitig unterwegs zu sein. Wie fühlt sich das Ganze aber aus der Perspektive einer Gästin an? Hadija Haruna-Oelker ist oft beides: Gästin auf Podiumsdiskussionen – oder eben erfahrene Moderatorin. Das macht die Journalistin, Moderatorin und Autorin zu einer spannenden Expertin.

Die Politikwissenschaftlerin arbeitet u. a. für den Hessischen Rundfunk und schreibt eine monatliche Kolumne für die *Frankfurter Rundschau*. Ihre Themenschwerpunkte sind Jugend, Soziales, Migration, Rassismusforschung und Intersektionalität. Ihr Buch *Die Schönheit der Differenz. Miteinander anders denken* war für den Preis der Leipziger Buchmesse 2022 in der Sparte „Sachbuch" nominiert. Zusammen mit Kübra Gümüşay und Uda Strätling hat Hadija Haruna-Oelker das Gedicht *The Hill We Climb* von Amanda Gorman ins Deutsche übersetzt. Am Institut für Moderation an der Hochschule der Medien ließ sie sich zur Moderatorin ausbilden.

Abb. 19: Hadija Haruna-Oelker für die Neuen Deutschen Medienmacher*innen (NDM) auf einem Panel der NxMedienkonferenz 2023 in Berlin.

Raus aus der Bubble

Du bist oft Gästin auf Podien und kannst Moderator:innen aus dieser Perspektive beobachten. Was erlebst du?

Ich erlebe ganz unterschiedliche Moderationen. Manche Moderator:innen halten sich an ihren Zetteln fest, verfolgen ihren Plan und hören deshalb weniger zu. Andere hören genau hin und reagieren auf das, was ich gerade gesagt habe. Sie lösen sich unter Umständen von ihrem Plan, um später dorthin wieder zurückzukehren. Diese Flexibilität hat viel mit Erfahrung zu tun. Und ich schaue als Gästin, dass ich mich auf die jeweilige Gesprächssituation einlasse. Was besser gelingt, wenn die Moderator:innen ein Vorgespräch mit mir geführt haben, denn dabei kann man zumindest grob klären, um welche relevanten Punkte es gehen soll. Das ist für mich ein wichtiger Austausch, weil ich sehen kann, ob die Schwerpunkte der Moderator:in nachvollziehbar sind oder nicht.

Und dann gibt es natürlich auch Gäste, die legen sich im Kopf eine Dramaturgie zurecht, um ihre Themen gezielt loszuwerden. Viele Politiker:innen agieren so. Sie spulen quasi ihre Agenda ab, was aber nicht meine Methode ist – es sei denn, der Zeitrahmen ist eng und mir werden nur wenige Minuten eingeräumt. Dann gehe auch ich inhaltlich gezielt vor. Ansonsten versuche ich als Gästin, eher die Bälle im Gespräch aufzufangen, um meine Punkte passend unterzubringen.

Was machst du, wenn du der Frage der Moderator:in ausweichen willst?

Da gibt es natürlich Tricks, die diejenigen kennen sollten, die ein Podium leiten. Eine Art „Seitwärtsbewegung“: Die Moderatorin fragt nach Thema A. Aber das interessiert mich nicht wirklich. Dann antworte ich zwar höflich auf A, aber nur kurz und gehe dann schnell zu meinem favorisierten Thema B über. Entweder um Thema A aus dem Weg zu gehen. Oder um Thema B bewusst in der Runde zu platzieren. Diesen Themenwechsel wende ich auch an, wenn nicht mehr genug Zeit bleibt und ich vielleicht nur noch eine einzige Chance habe, das Wort zu ergreifen.

Wie gehst du als Gästin vor, um das Wort zu erhalten?
Ich gebe der Moderator:in ein Handzeichen oder signalisiere ihr über die Körpersprache, dass ich gern zu diesem oder jenem Punkt etwas sagen möchte. Manchmal spreche ich es auch ganz offen an, sodass man es mir nicht abschlagen kann. Grundsätzlich versuche ich keine Monologe zu halten, weil ich Respekt vor dem Time-keeping der Moderator:in habe. Aber wenn ich merke, dass andere Gäst:innen etwas formulieren, das aus meiner Sicht gar nicht geht, dann ist es mir wichtig, mich einschalten zu können. Und das gelingt immer dann gut, wenn vorher ein Vertrauensverhältnis zwischen Gäst:innen und Moderator:in hergestellt werden konnte.

Wie erlebst du die Vorbereitung von Moderator:innen?
Es gibt Moderator:innen, die schicken Ihre Fragen vorab per Mail. Das ist absolut okay, wen das Thema klar abgesteckt ist. Für mich als Gästin ist solch ein kurzes Briefing auch zeitsparend. Dann gibt es Moderator:innen, die möchten vorab ein persönliches Gespräch führen. Das respektiere ich, weil ich spüre: Sie wollen hineinhorchen, um sich dann zu überlegen, wie sie das Podium orchestrieren. Sie erstellen ihren Leitfaden also erst nach den Vorgesprächen mit den Gäst:innen. Am Ende, das muss ich ganz klar sagen, führt dieser Weg zu den besseren Podiumsdiskussionen. Er ist natürlich zeitintensiver für alle Seiten.

Im Sinne der Inhalte lohnt sich das aber. Ich habe die Diskrepanz zwischen beiden Vorbereitungsmethoden neulich erst auf einem Podium erlebt. Die Moderatorin hatte uns schriftlich gebrieft. Das Gespräch entwickelte sich aber ganz schnell in eine völlig andere Richtung. Hätte sie vorher mit uns gesprochen, hätte sie gewusst, was uns eigentlich unter den Nägeln brennt. Und wir

Gesprächsgäst:innen hätten dann bei der Podiumsdiskussion keine „Seitwärtsbewegungen" machen müssen.

Hast du das Gefühl, Podien werden mittlerweile diverser besetzt – mit Gäst:innen, aber auch, was die Moderation angeht?
Ich werde heute als Moderatorin angefragt, weil man weiß, wie ich moderiere, und man meinen Stil kennt, den ich entwickelt habe. Und bestimmt ist es auch gern gesehen, dass ich bestimmte Diversitätsfaktoren mitbringe: Ich bin Schwarz, eine Frau und dabei noch eine Journalistin, die politisch denkt und politische Panels moderieren kann. Bei Podiumsdiskussionen nehme ich dahingehend im Veranstaltungssegment durchaus eine Veränderung wahr, da wird in bestimmten Feldern mittlerweile auf Diversität geachtet. In anderen Feldern ist das aber immer noch weniger der Fall – zum Beispiel im Fernsehen.

Woran liegt das?
Man verfügt über keine Netzwerke, man kennt sich nicht oder zu wenig oder wird nicht zu Fernsehcastings eingeladen. Wenn wir auf die Gäst:innen schauen, sagen Veranstalter:innen Dinge wie: „Ich möchte gern das Publikum diverser besetzen, aber ich finde niemanden. Oder die, die ich finde, wollen nicht." Das Argument höre ich seit Langem. Deshalb breite ich mein Netzwerk aus und teile es. Ich empfehle andere Moderator:innen, die aus einem diverseren Spektrum kommen, von denen ich weiß, dass sie Potenzial und Skills haben. Ihnen wünsche ich, dass sie mehr gesehen werden. Denn es gibt nach wie vor gläserne Decken in bestimmten Bubbles, die erschweren, dass man sich einen Namen machen. Es fehlen Zugänge und das wird oft nicht hinterfragt. Es ist ein strukturelles Problem in allen etablierten Räumen, egal ob im Literaturbetrieb, im Journalismus oder eben auch im Moderationsbereich.

Ich vermute, dass das auch damit zu tun hat, dass es bei der Moderation an einem festen Vorstellungsprofil fehlt. Wer ist denn wann eine gute Moderatorin? Was muss man haben, um anerkannt zu sein? Eine tolle Homepage? Tolle Zeugnisse von Formaten oder Kund:innen, für die man gearbeitet hat? Ich denke, man wirkt mit seinem Portfolio. Im besten Fall braucht man Empfehlungen. Aber es ist eben auch eine Frage des Typs und da gibt es halt auch Zuschreibungen und Vorstellungen, mit denen man umgehen muss, die man als Schwarze Frau auch vorher klären muss.

Welche Auswirkungen können diese Zuschreibungen haben?
Ich erinnere mich an eine Moderation in meinen Anfangsjahren bei einem Wirtschaftsforum, bei dem der Kontinent Afrika im Fokus stand. Inhaltlich war ich dafür die Richtige. Aber als Schwarze Moderatorin mit nur weißen Gäst:innen zum Thema hatte ich ein ungutes Gefühl. Das Panel war nicht ausreichend divers besetzt und ich wollte als Moderatorin nicht die Person sein, die „Afrika" repräsentiert oder inhaltlich Stellung bezieht. Bei dieser Veranstaltung wurden von den Veranstaltern Perspektiven vergessen und verwechselt. Deshalb setze ich mich heute bewusst damit auseinander, welche Rolle man mir zuschreibt und frage, wie Veranstalter:innen mich positionieren. Ich frage auch nach der Besetzung der Panels, um mich zu entscheiden, ob ein Job wirklich etwas für mich ist.

Veranstalter:innen tragen hier also eine Verantwortung. Wie komme die denn in andere Bubbles hinein, wenn sie ein Podium planen?
Es gibt, nennen wir es „Diskursblasen". Zwischen denen gibt es keinen Austausch. Bestes Beispiel: auf der einen Seite die virtuelle Welt in Social Media, auf der anderen Seite die reale Welt. Wer nicht auf Instagram unterwegs ist, bekommt bestimmte Diskurse und Debatten einfach nicht mit. Wer sich nur in Zeitungsfeuilletons aufhält, ist auch in einer Blase. Es hilft allein schon, sich an verschiedenen Orten umzuschauen. Man muss nicht einmal mitmischen, sondern nur mitbekommen, was in der jeweiligen Blase passiert. Das erweitert den Horizont bei der Planung von Podiumsdiskussionen, ganz gleich, ob

ich ein politischer oder kirchlicher Träger bin, ein Wirtschaftsunternehmen oder ein Verein. In allen Blasen werden die Themen des Lebens verhandelt.

So komme ich zu einem intergenerationalen und diverseren Blick. Divers heißt ja nicht nur nach Herkunft besetzen, nach Schwarz, Weiß oder POC. Divers besetzen bedeutet auch nach Alter, nach Gender, je nach Kontext nach Religionszugehörigkeit, auch nach Behinderung und Nichtbehinderung oder in der Frage nach sozialer Herkunft zu besetzen. Es lohnt sich in jedem Fall, immer die ganze Klaviatur unseres Seins anzuschauen. Um dann zu entscheiden: Was wäre mir für dieses Panel wichtig? Welche Fragestellungen passen? Welche Perspektiven wirken bereichernd, wenn ich die Runde erweitere und nicht immer die üblichen Verdächtigen einlade?

Also aus der Box heraus denken?

Ja, wenn ich das erst mal geschafft habe, bin ich raus aus meiner Bubble im Kopf. Damit muss es anfangen. Dann erst kommt der nächste Schritt: die Recherche. Hier gebe ich jetzt ganz andere Schlagworte ein und auf einmal entdecke ich Menschen, auf die wäre ich vorher gar nicht gestoßen. Dann muss ich die Gäst:innen mit Migrationsgeschichte nicht nur einladen, weil sie über Rassismus, Flucht und Zuwanderung reden, sondern weil sie Expert:innen auf allen Gebieten sein können, etwa im Landschaftsgartenbau. Sie sprechen also nicht zu Themen, die ihnen zugeschrieben werden. Sondern sie sollen einfach nur dasitzen, weil ihre Expertise aus ihrer Perspektive den Raum verändert, weil sie biografisch geprägt sind. Jemand, der einen Bildungsaufstieg hinter sich hat, wird auf Wirtschaftsthemen anders schauen.

Aber unbekannte Gäst:innen sind für Veranstalter:innen doch auch ein Risiko?

Mir ist schon klar, dass es eine Art „Anerkennungsdunstkreis" bei der Besetzung von Podien gibt. Weil der eine auf Podium X funktioniert, wird er auch für Podium Y angefragt. Das führt aber zu den immer gleichen Gäst:innen, oft ist das auch gendergeprägt. Erfahrungsgemäß sagen Männer schneller zu, vielleicht weil sie gern „senden", auch zu Themen, bei denen es nicht immer ganz passt. Und es gibt Buchungen von Personen, die als „sichere Bank" bei der Besetzung gelten. Deswegen ist es wichtig, neue Expert:innen gut zu recherchieren und sie bei der Anfrage passend zu rahmen: Was genau zeichnet Frau XY aus und warum passt sie zum Thema?

Wir sprechen über Gäst:innen auf dem Podium. Eine andere Frage in diesem Kontext, die viele umtreibt, die Podien besetzen: AfDler sind zwar demokratisch gewählt, wollen oft am Diskurs aber gar nicht teilnehmen. Im politischen Kontext: Soll man sie einladen oder nicht?
„Mit Rechten reden" ist ein großes Thema im Journalismus – und ein großes Problem. Auch im Falle eines Podiums muss ich als Moderator:in selbstkritisch mehrere Punkte überprüfen: Habe ich die Skills, Interviews mit Rechten zu führen? Mit welcher Haltung gehe ich in das Gespräch? Was ist das Ziel des Gesprächs? Kenne ich die Interviewstrategien der Rechten? Wenn ich Politiker einlade, dann muss ich in der Lage sein, die Inhalte und die Person auch kritisch zu hinterfragen. Entsprechend muss ich mich vorbereiten.

Ich beobachte aber, dass viele Medienschaffende Angst vor diesen Gesprächen haben und mit einer Haltung in Gespräche gehen, die ein „Überführen" zum Ziel haben. Dann aber stellt sich die Frage, warum dieses Gespräch überhaupt führen. Inzwischen stelle ich aber auch eine gefährliche Normalisierung der Gespräche mit rechten Politikern fest, nach dem Motto: Bei so vielen Prozenten in den Wahlumfragen muss man mit ihnen sprechen. Und das eben auch in banalen Interviews, in denen sie sich als „nette Nachbarn von nebenan" präsentieren können, die sie vielleicht ja auch sind. Ein fatales Missverständnis, weil auch nette Nachbarn Demokratiefeinde sein können, die Rechtsextreme sind oder vom Verfassungsschutz beobachtet werden. Inhaltlich konfrontieren muss man sie also trotzdem, aber inhaltsbezogen und sachkundig. Dafür braucht man das entsprechende Handwerk und Wissen, dann kann man das Gespräch auch gut führen.

Was meinst du in diesem Kontext mit „Haltung"?

Ich muss überprüfen: Mit welchem Gefühl gehe ich in das Gespräch? Welche Ängste und Sorgen habe ich? Ich überprüfe, wo ich stehe, mache mir meine Position klar. Mein Tipp: Ich schaue mir vorab Interviews an, die andere mit AfDlern geführt haben. Mit welchem Ziel sind die Moderator:innen in die Gespräche gegangen? Dann die eigenen Inhalte erarbeiten. Bei einem Podium etwa auf kommunaler Ebene muss ich das Programm der AfD kennen. Denn es sollte nur um das Programm gehen, nie um die Person. Das heißt, wenn ich in der Lage bin, über die Inhalte zu sprechen, dann kann ich viele Dinge enttarnen. Wenn aber das Wissen und die Einordnung fehlen, klappt das nicht. Dann fehlt auch die Haltung.

Welche Rolle hast du als Moderatorin eines Podiums?

Das hat mit dieser Haltung zu tun. In meinem Fall ist es eine persönliche Haltung, eine positionierte. Ich bin als Moderatorin ja kein Neutrum, sondern ich positioniere mich ja auch als Mensch und als inhaltlich kompetent. Nicht nur als diejenige, die bloß Fragen stellt. So sorge ich im besten Fall im Publikum für eine Reise. Ich höre zu, spiele mit den Bällen, sorge für die Dramaturgie im Gespräch, halte im Idealfall den roten Faden, formuliere ein Ziel und binde am Ende das Gespräch ab. Ich habe die Hoheit über das Gespräch und nutze diese als Mensch aus. Ich sehe mich dabei als „kommentierende Moderatorin". Das heißt nicht, dass ich meine Meinung platziere. Sondern ich greife vielmehr auf, was gesagt wurde und fasse das in meinen Worten zusammen, als Sprecherin des Publikums: Habe ich alle richtig verstanden? Vielleicht auch falsch? Ich lasse die Argumente in meinem Kopf noch einmal durchlaufen, um erst danach weiterzugeben. So bleibe ich immer Teil des Gesprächs und bin keine Marionette, die nur Fragen stellt, sondern kann authentisch reagieren.

Wie gehst du als Moderatorin mit Sympathien und Antipathien um?
Es ist zunächst mal ehrlich, sich zu sagen, dass es solche Sympathien und Antipathien geben kann. Dann muss man sie bearbeiten, am besten im Vorfeld. Vorgespräche ergeben ein Bild. Dann kommt es auf die Vorbereitung des Themas an. Damit steht und fällt alles. Ich muss mir klarmachen, wo die inhaltlichen Linien verlaufen, auch wenn ich sie nicht unbedingt teile. Wenn es dann im Podium zu Irritationen kommt, bin ich in der Lage, sie direkt anzusprechen, sie transparent zu machen. Also etwa zu sagen: „Das kann ich gerade nicht nachvollziehen." Das ist geradliniger, als die Irritation einer anderen Person auf dem Podium zuzuschieben. So vorbereitet kann ich meiner Wahrnehmung folgen und authentisch bleiben. Diese Souveränität muss ich mir allerdings vorab erarbeiten. Das braucht Übung und bedeutet mehr, als nur die Position abzufrühstücken und die Gäst:innen einfach reden zu lassen.

Wie tief gehst du als Moderatorin in die Vorbereitung?
Das hängt davon ab, wie kontrovers das Podium besetzt ist. Es gibt ja Besetzungen, da sind alle einer Meinung. Das ist einfach. Das Thema ist klar, ich höre nur zu und hake das Wichtigste ab und halte die Bälle mit sauberer Interviewtechnik im Spiel. Interessanter wird es bei heikleren, bei mehrperspektivischen Themen. Diese Perspektiven muss ich mir vorab herausarbeiten, gerade bei kontroversen Panels. Ich muss vorher die Positionen durchspielen, um in der Diskussion dann einordnen zu können. Ich muss mein Panel kennen, was die Protagonist:innen, aber auch was die Inhalte angeht. Ich muss ihnen im Gespräch noch genauer zuhören. Das muss ich in meine Kalkulation gegenüber der Veranstalter:in übrigens mit hineinnehmen: Wird anerkannt, dass ich mich anders auf solche Podien vorbereiten muss? Habe ich ausreichend Vorbereitungszeit? Wird das bezahlt?

Wie bereitest du dich ganz konkret auf eine Moderation vor?

Das sind mehrere Schritte. Erst lese ich mich zum Thema ein. Dann überlege ich mir, was ich von den Gesprächsgäst:innen auf dem Podium will. Daraus entwickle ich grobe Themenblöcke. Im nächsten Schritt spreche ich mit den Gäst:innen und gleiche diese Themenblöcke mit ihnen ab. Die finden das in der Regel gut, wenn ich schon themenvertraut daherkomme und geben mir gezielter Rückmeldungen aus ihrer Sicht. In diesem Dialog komme ich unter Umständen auf neue Gedanken oder Herleitungen, die ich in der Diskussion dann verwenden kann. Je nachdem, wie lange das Podium dauert, rechne ich dann durch, wie viel Gesprächsanteil jeder Gast hat. Bei 45 Minuten habe ich Zeit für zwei, maximal drei Themenblöcke. Hier ist weniger mehr. Dann antizipiere ich den Gesprächsverlauf. Wenn A etwas sagt, was wird B oder C dazu einbringen?

Wie schreibst du das auf deine Moderationskarten?

Zu jedem Themenblock mache ich eine oder mehrere Karten. Dann überlege ich mir, in welcher Reihenfolge die Personen sprechen sollen. Denen ordne ich Fragen zu. Zu diesen Fragen überlege ich mir eine Herleitung, einen Gedanken, eine Position, eine Geschichte. Die notiere ich dazu. Ob ich sie dann wirklich einbringe, ergibt sich aus dem Gesprächsverlauf. Aber so kann ich die Fragen und Themen persönlich aufladen. Und dann überlege ich mir gezielte Überleitungen zwischen den Blöcken, die ich ebenfalls in Stichworten aufschreibe. Auf diesem Wege kann ich meine journalistisch-faktische, moderative Position einbringen, um das Gespräch in die gewünschte Richtung zu lenken. Diese Technik macht mich frei, das Gespräch steuern zu können und auf der Metaebene draufzuschauen: Muss ich redestarke Personen einfangen? Warum schert eine Person immer aus? Wo steht sie politisch mit ihrer Aussage?

Welchen Tipp kannst du jungen Moderator:innen auf den Weg geben?

Ich habe neulich eine neue Kollegin in mein Empfehlungsportfolio aufgenommen. Ich empfehle sie, obwohl sie noch nicht so viel Moderationserfahrung hat. Aber sie moderiert so souverän, weil sie sich bedingungslos auf die Menschen einlässt. Das habe ich festgestellt, weil ich auf ihrem Panel zu Gast war. Sie war dabei offen, interessiert und verbunden mit den Menschen. Sie hatte ein ehrliches Interesse an dem, was die Gäst:innen zu sagen haben. Ihr gelang es, dafür einen Raum zu schaffen. Und in dieser Atmosphäre erzählen die Gäst:innen mehr, als sie vor dem Podium vielleicht bereit waren zu erzählen. Der Tipp heißt also: Man muss den Mut haben, sich als Mensch zu zeigen, nicht nur in der Rolle der Moderator:in.

Kurz gesagt

- Sich vom Plan lösen kommt mit der Erfahrung.
- Persönliche Gespräche vorab steigern Podiumsqualität.
- Podien werden mittlerweile diverser besetzt.
- In etablierten Räumen gibt es aber „gläserne Decken".
- Zuschreibungen haben Auswirkungen auf Podien.
- Mit diverserem Blick Diskursblasen durchbrechen.
- Beim Besetzen „gesamte Klaviatur des Seins" sehen.
- Neue Expert:innen suchen und passend rahmen.
- „Nette Nachbarn" können Demokratiefeinde sein.
- Moderator:innen positionieren sich auch als Menschen.
- Moderator:innen sind Sprecher:innen des Publikums.

Checkliste

- ☐ Narrative der Populisten kritisch hinterfragen können.
- ☐ Inhaltsbezogen und sachkundig konfrontieren.
- ☐ Sympathien und Antipathien bei Vorgesprächen einordnen lernen.
- ☐ Mehrperspektivisches vorab herausarbeiten.
- ☐ Fragen und Themen persönlich aufladen.
- ☐ Überleitung zwischen den Themenblöcken überlegen.
- ☐ Auf die Menschen bedingungslos einlassen.
- ☐ Sich als Mensch zeigen, nicht nur als Moderator:in.

SPRACHE UND KÖRPER

F1 SPRACHLICHE SENSIBILITÄT

Sprache spiegelt kulturelle Prägungen und Identitäten. Sie verrät viel über persönliche Einstellungen oder Stimmungen. Sprache steht für Lebenswelten und gesellschaftliche Normen. Für Moderator:innen von Podiumsdiskussionen ist es wichtig zu wissen, in welchem sprachlichen Umfeld sich einerseits die Panelist:innen bewegen und wie man sich selbst dabei positionieren will. Die folgenden Punkte sollen helfen zu sensibilisieren.

Sprachliche Stereotypen

In Kapitel E haben wir die „Keywords" eingeführt, die Ihre Moderationskarten gliedern. Gleichzeitig stehen diese Keywords für die Gedankengebäude der Diskutant:innen. Keywords müssen deshalb von allen Seiten betrachtet und hinterfragt werden, um nicht in eine Falle zu laufen – die der unkritischen Übernahme oder Relativierung durch die Moderator:innen.

Sie müssen erkennen und einordnen können, welche Worte Stereotype verstärken oder von bestimmten Seiten verwendet werden, um zu agitieren. Das Unwort des Jahres 2023 „Remigration" ist ein passendes Beispiel. Dieses Wort ist ein Euphemismus, der von Rechtsextremisten genutzt wird, um die eigentlichen Ziele zu verharmlosen und zu verschleiern, nämlich die massenhafte Abschiebung von Menschen mit Migrationsgeschichte. Es unkommentiert auf einem Podium zu benutzen, würde den Boden für rechte Ideologien bereiten und extremistische Narrative verstärken.

Sprache ist immer Ausdruck einer Bedeutung, einer Interpretation gesellschaftlicher Zusammenhänge. Sprache wird innerhalb eines bestimmten Bezugsrahmens verwendet und gestaltet, der Werte und Lebensformen spiegelt. Sprachwissenschaftler:innen bezeichnen das als sprachlichen Code einer Gruppe. Der Linguist Erich Straßner hat es so formuliert (Straßner 1987: 17): „Wer einen Begriff gebraucht, deutet damit an, dass er eine bestimmte Sicht einnimmt und wünscht, dass auch andere in bestimmtem Sinne sehen und handeln." Für Diskutant:innen auf einem Podium ist das ein Ziel, nicht aber für die Moderator:innen – im Gegenteil.

Sie sollten gesteuerte Kommunikation und gelenkte Sprache als solche kennzeichnen und möglichst objektivieren. „Sterbehilfe" legt den Fokus auf die Unterstützung. Dagegen wirkt „Euthanasie" neutraler. „Investition in Bildung" ist wertend, „Bildungsausgaben" erst einmal nicht. „Umsatzrückgang" klingt euphemistischer als der „Verlust". „Umstrukturierung" klingt beschönigender als „Stellenabbau", „Anpassungen" verharmlosender als „Einsparungen". Diese Art der sprachlichen Verschleierung sollen Moderator:innen nicht verstärken, indem sie zumindest in Podien mit einem journalistischen Anspruch dieses Wording unkritisch übernehmen. Einordnung gelingt, indem Sie sich mit einem vorangestellten „sogenannt" von dem Begriff sprachlich distanzieren. Dann lässt er sich als Spielball nutzen: „Der Arbeitgeberverband sprach letzte Woche in einer Pressemeldung von sogenannten Umstrukturierungen, Frau XY von der Gewerkschaft: Sind damit Entlassungen gemeint?"

Es ist nicht einfach, den „gelenkten Formulierungen" zu entkommen. Wir sind umzingelt von intendierter Sprache, in den Sozialen Medien, in der Werbung, in der Politik. Gerade hier wird Emotionalität geschürt, indem zugespitzt und mit sprachlichen Feindbildern polarisiert wird, vor allem an den extremistischen Rändern. Das Ziel ist immer gleich: Es geht um die Diskreditierung und Diskriminierung bestimmter Gruppen oder Lebenswelten. Moderator:innen von Podiumsdiskussionen sollten hier immer und zu jeder Zeit ein sprachlicher Filter sein.

Gendern

In diesem Buch wird gegendert, weil sich alle Leser:innen gleichermaßen repräsentiert und angesprochen fühlen sollen, und zwar unabhängig vom Geschlecht oder der Identität. Das entspricht einer persönlichen Präferenz, die nicht von allen gleichermaßen geteilt wird. So haben sich die Expert:innen in den Interviews für eine unterschiedliche Form der Ansprache entschieden. Für die einen sind es die „Zuschauer:innen", für die anderen die „Zuschauerinnen und Zuschauer". Diese unterschiedliche Handhabung zeigt: Es gibt kein allgemeingültiges Vorgehen. Leitlinie kann sein: Machen Sie es so, dass Sie sich, das Publikum und die Auftraggeber:innen damit wohl fühlen.

Warum überhaupt gendern? Der gesellschaftliche Wandel im Sprachgebrauch in den letzten Jahren steht für einen sensibleren Umgang mit der Sprache mit Blick auf die Gleichbehandlung. Wer möchte schon gern „mitgemeint" sein? Sprache schafft Bewusstsein, Sprache beeinflusst unser Denken. Eben weil Moderator:innen in den öffentlichen Raum hineinwirken, übernehmen sie in diesem Punkt Verantwortung und wirken als Vorbild. Aber gendern Sie nicht einfach drauflos, sondern überlegen Sie, was Ihre Zielgruppe von Ihnen erwartet und ob sie dem entsprechen können oder wollen. Machen Sie es vom jeweiligen Kontext abhängig. Auf machen Podien steht das Gendern für Fortschrittlichkeit und wird geradezu erwartet. Vielfalt und Inklusivität sollen bewusst in der Verwendung gendersensibler Sprache zum Ausdruck kommen. Während es in anderen Kontexten aber als störend oder gar unerwünscht wahrgenommen wird. Aber auch in diesem Umfeld ist gendersensible Sprache möglich.

Wenn Sie Doppelformen verwenden und von den „Zuschauerinnen und Zuschauern" sprechen, dann nutzen sie einen Kompromiss, der einen bewussten Umgang mit der Sprache signalisiert und Frauen und Männer gleichermaßen anspricht. Nicht angesprochen sind indes andere Geschlechtsidentitäten. Diese finden sich in der Schriftsprache im Genderstern, Binnen-I oder Doppelpunkt wieder. Manche setzen es sprachlich so um, dass sie nach der Grundform des Substantivs eine Pause machen, um dann anzuhängen („Zuschauer … innen"). Diesen sogenannten „Glottisschlag" oder „Knacklaut" – Begriffe aus der Phonetik – verwenden meist Moderator:innen, die es in ihrem alltagssprachlichen Umgang sowieso schon tun.

Wollen Sie Doppelformen variieren, sind auch geschlechtsneutrale Bezeichnungen möglich. „Das Mitglied", „die Person", „die Teilnehmenden". Vermeiden sollten Sie stereotype Rollenbilder, wie „seinen Mann stehen" oder „schwaches Geschlecht".

Du oder Sie

Zur sprachlichen Sensibilität gehört ebenso die Entscheidung, auf dem Podium zu duzen oder zu siezen. Dieses Thema hat Relevanz, weil es Teil eines kulturellen Wandels ist. Das Du steht für Gleichberechtigung und einen weniger formellen Umgangston. Es hat etwas scheinbar Hierarchiefreies und signalisiert Kommunikation auf Augenhöhe. In den Sozialen Medien ist es Standard, in vielen Arbeitsumgebungen gehört es mittlerweile zu einer professionellen, auch der Internationalisierung geschuldeten Kommunikationskultur. Das ist der Grund, warum in diesem Buch alle Expert:innen geduzt werden. Sie alle arbeiten lange im Institut für Moderation zusammen und kennen sich persönlich.

Moderator:innen auf Podien sind in einer anderen, in der Regel journalistischen Rolle unterwegs. Sie müssen kritisch nachfragen, Distanz wahren und Respekt zeigen können. Alles klassische Attribute, die durch die Verwendung der Sie-Form zum Ausdruck gebracht werden kann. Ein kumpelhaftes und Vertrauen signalisierendes „Du" scheint da fehl am Platz. Denn das Publikum mag es nicht, wenn sicht- und spürbar wird, dass sich Moderator:innen und Panelist:innen gut kennen, vielleicht schon seit Jahren. Sollte das der Fall sein, hilft ein „Disclaimer": „Wir kennen uns, trotzdem gilt heute die journalistisch-kritische Distanz."

Aber daraus lässt sich leider keine generelle Regel ableiten, denn längst verständigen sich die ältere Ministerin und die junge Podcast-Host auf das Du im Gespräch. Kritisch geht es trotzdem zu. Und weil auf dem Podium der 60-jährige Familienunternehmer beim Sie bleiben möchte, werden auch die jungen Start-ups gesiezt – und es funktioniert. Die Lösung kann nur sein: Sie müssen sich mit ihren Diskussionsteilnehmer:innen auf eine Form einigen. Die älteren siezen und die Jungen duzen, das geht nicht, weil es Ungleichheit signalisiert. Machen Sie sich selbst zum Maßstab und wählen Sie die Form, die Ihnen im jeweiligen Umfeld liegt und passend erscheint. Auf der Digitalmesse wird sicher seltener gesiezt als auf politischen Podien. Kommunizieren Sie Ihre Entscheidung an das Publikum, wenn sie ungewöhnlich ist. Dann herrscht Transparenz und niemand wundert sich.

Kurz gesagt

- Sprache steht für Lebenswelten.
- Wir sind umzingelt von intendierter Sprache.
- Gendern steht für sensiblen Umgang mit Sprache.
- Beim Gendern gibt es nichts allgemein Gültiges.
- Moderator:innen sind sprachliche Vorbilder.
- Duzen oder Siezen ist kontextabhängig.

Checkliste

- ☐ Überprüfen: Stehen Keywords für Stereotypen?
- ☐ Gelenkte Sprache auf dem Podium kennzeichnen.
- ☐ Sprachliche Verschleierungen entlarven.
- ☐ Diskreditierungen und Diskriminierungen nicht zulassen.
- ☐ So gendern, dass alle sich damit wohlfühlen.
- ☐ Geschlechtsneutrale Bezeichnungen verwenden.
- ☐ Anredeform Du oder Sie einheitlich regeln.

F2 GESPROCHEN, NICHT GESCHRIEBEN

Viele Moderator:innen sind akademisch ausgebildet. Sie verfügen damit über eine mindestens 15-jährige Ausbildungszeit, in der sie gelernt haben, ihre Schriftsprache immer weiter zu perfektionieren. Am Ende befähigt sie sie, Abstraktes in immer komplexeren Texten auszudrücken. Im beruflichen Umfeld verlernen wir das Erzählen von Geschichten. Um uns abzusichern, nutzen wir die komplexe Schriftsprache, die wir im ungünstigsten Fall dann vorlesen. Wir vermischen die Kanäle: Was eigentlich für das Lesen – das Auge – gedacht ist, richtet sich an den falschen Kanal, an das Ohr. Oder umgekehrt: Auf einem Podium, auf dem es um nichts anderes als Sprechen geht, hat die Schriftsprache nichts verloren.

Dieser Zwiespalt wird besonders bei Hauptversammlungen von Aktienunternehmen deutlich. Weil jede Äußerung den Aktienkurs beeinflussen kann, wird nichts dem Zufall überlassen und jedes Wort verschriftlicht. Der CEO liest dann solche Satzungetüme vor:

„Aufgrund der guten Entwicklung unseres Unternehmens im letzten Jahr und der dadurch gestärkten Ausgangsbasis unseres Konzerns haben wir auf der diesjährigen Bilanzpressekonferenz erklärt, dass wir für das laufende Jahr ein verbessertes operatives Ergebnis ohne Einmaleffekte gegenüber dem Vorjahr planen."

In diesem einen Satz mit 39 Wörtern, zu vielen Nebensätzen und unendlich vielen Einzelinformationen stecken alle Fehler, die das gesprochene Wort unverständlich wirken lässt:

„Aufgrund (BEHÖRDENDEUTSCH) der guten Entwicklung (SUBSTANTIVIERUNG) unseres Unternehmens im letzten Jahr und (NEBENSATZ) der dadurch gestärkten Ausgangsbasis (PASSIV) für den Konzern haben wir auf der diesjährigen Bilanzpressekonferenz erklärt (NEBENSATZ), dass wir für das laufende Jahr ein verbessertes operatives Ergebnis ohne Einmaleffekte gegenüber 2002 planen (VERB HINTEN)."

Warum nicht einfach erzählen, was ist? Es geht auch so:
„Unser Unternehmen hat sich im letzten Jahr gut entwickelt. Wir haben für den Konzern eine stärkere Ausgangsbasis. Das haben wir auf der Presskonferenz erklärt. Wir planen deshalb für das laufende Jahr ein verbessertes operatives Ergebnis im Vergleich zum Vorjahr. Einmaleffekte sind dabei nicht berücksichtigt."

Die Komplexität wird zerschlagen, ohne dass Inhalt verloren geht. Es sind fünf Sätze, der längste hat dabei 15 Wörter, der kürzeste fünf. Die Formulierungen sind nahe an der Sprechsprache, wenn auch fachlich noch nicht übersetzt. Je nach Publikum wäre das dann der nächste Schritt. Es ist kein Zufall, dass die Prinzipien der sogenannten „Leichten Sprache", etwa in den Webauftritten von Behörden, fast wie gesprochen wirken. Wenn Sie denn etwas wortwörtlich aufschreiben wollen, etwa für die Begrüßung, dann nehmen Sie sich diese Checkliste zu Herzen:

- ☐ Kurze, verständliche Sätze.
- ☐ Lineare Sätze, keine Schachtelsätze.
- ☐ Satz zerschlagen, Nebensätze anhängen.
- ☐ Verben statt Substantivierungen.
- ☐ Verb vorn platzieren.
- ☐ Aktiv statt Passiv.

Noch näher dran an der Sprechsprache sind Sie, wenn Sie sich anhand einiger Stichwörter eine Sprachnachricht frei in Ihr Handy formulieren, siehe Kapitel E4. Dann formulieren Sie mit Ihren individuellen Pausen, Rhythmen und Ihrer eigenen sprachlichen Grammatik. Wenn Sie das vorab üben, merken Sie, dass Sie schon nach ein paar Durchgängen in Ihrem persönlichen Sprechduktus alles mühelos wiederholen können. Es klingt anders, als wenn Sie es einfach auswendig lernen. Ihr Text erklingt in Ihrer Sprachfärbung, die so individuell ist, wie Ihr Dialekt. Er darf zu Ihnen gehören, Sie müssen ihn nicht verstecken, solange alles verständlich bleibt. Alles andere wäre künstlich.

Haben Sie einige Male erlebt, dass Ihre Sprechsprachenmoderationen funktionieren, können Sie im nächsten Schritt noch weiter loslassen. Ziel soll sein, zu einer eigenen, authentischen Präsentation zu kommen, für die Sie Ihre Karten dann nur nach als Gedächtnisstütze benötigen. Die einzelnen Schritte Ihrer Begrüßung oder Zwischenmoderationen notieren Sie hier nur noch in Stichworten oder markieren Sie im Fließtext mit einem Marker. Nehmen wir noch einmal den Teasertext zum Podium *Stromverteilnetze* aus Kapitel D2:

Das Ziel der Klimaneutralität ist formuliert. Die Energiewende hat Fahrt aufgenommen. Derzeit sind die Stromnetze dafür aber nicht ausgelegt. Einig ist man sich: Ohne den Ausbau der Netze bis zum Endverbraucher gelingt die Energiewende nicht. Die Podiumsdiskussion mit Expert:innen aus Energiebranche, Verbänden und der Politik klärt: In welchem Umfang müssen Energieversorger und Netzbetreiber investieren? Wo kommt das Geld dafür her? Und wie schnell kann es gehen?

Daraus entsteht dieser Stichwortzettel:

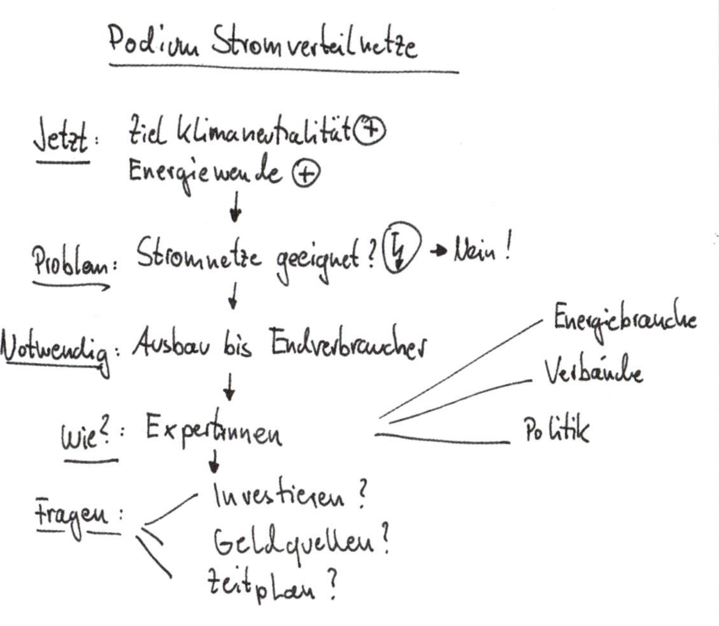

Abb. 20: Beispiel für einen Stichwortzettel in Form eines Flussdiagramms.

Der Zettel ist ein Handwerkszeug für Ihre Moderation. Er befreit sie, weil Sie nicht mehr am Text auf der Karte kleben müssen. Ein kurzer Blick genügt, um weiterzuerzählen. Er befreit Sie, weil Sie in Ihrer Präsentation in eine erzählende Haltung kommen, Versprecher sind dabei in Ordnung, Ihr persönlicher Wortschatz passt immer. Der Zettel schafft Platz für Ihre authentische Wirkung, für die „Freude am Performen", wie es das Autorenteam Stefan Wachtel, Antje Keil und Clemens Nicol formuliert hat. *Sprechen und Moderieren* heißt ihr Buch, mit dem Moderator:innen von Podiumsdiskussionen unter anderem die Themen „Stimme" und „Präsenz" gezielt vertiefen können.

Inhalt, Stimme und körperliche Präsenz sind zwei Seiten einer Medaille. In den nächsten beiden Expert:inneninterviews wird genau das der thematische Schwerpunkt sein. Wir beginnen mit Clemens Nicol. Er ist Experte für Mediensprechen und seit der ersten Stunde als Dozent am Institut für Moderation an der Hochschule der Medien Stuttgart tätig, um sich dort unter anderem auf die Stimmbildung der jungen Moderator:innen zu konzentrieren. Clemens Nicol hat an der Hochschule für Musik und Darstellende Kunst in Stuttgart Sprechkunst und Sprecherziehung studiert. Er ist Sprecher und Moderator beim Bayerischen Rundfunk und Trainer bei der ARD. Aus dieser langjährigen Praxis heraus kommt er zu dem Schluss: Freies Sprechen ist ein Erfolgsfaktor für eine gelungene Moderation.

Kurz gesagt

- Geschichten erzählen haben wir verlernt.
- „Gesprochen" heißt nicht, Geschriebenes vorzulesen.
- „Leichte Sprache" wirkt oft wie gesprochen.
- Stichwortzettel führen zur Authentizität.

Checkliste

- ☐ Keine Schriftsprache verwenden.
- ☐ Anhand der Stichwortliste frei ins Handy diktieren.
- ☐ Stichwortzettel anstatt Fließtext aufschreiben.

F3 EXPERTEN-INTERVIEW: CLEMENS NICOL

Abb. 21: Experte für Mediensprechen: Clemens Nicol, beim Workshop *Stimmbildung* für das Qualifikationsprogramm Moderation am Institut für Moderation.

Freies Sprechen ist der Schlüssel

Was bedeutet „professionelle Mündlichkeit"?

Wir sind ja in der Regel sprechende Wesen, ohne dass wir dafür etwas tun mussten. Denn mit der Sprache wachsen wir auf. In diesem Sinne sind wir alle relativ gute Sprecher:innen im persönlichen Umfeld und im Alltag. Da sind wir kommunikativ stark. Die Frage ist dann: Kann ich diese Fähigkeiten übertragen auf andere, besondere Situationen, zum Beispiel wenn ich in der Öffentlichkeit stehe, vor Publikum? Dann geht es um professionelles Präsentieren. Hier muss ich mir viel bewusster machen, wie ich spreche. Das ist ein Lernprozess. Wenn es mir aber gelingt, meine alltäglich-authentischen Geschichten, mein lebendiges Erzählen und Erklären etwa mit den professionellen Elementen zu verbinden, dann sind wir bei dem, was ich als „professionelle Mündlichkeit" bezeichne.

Welche Rolle spielt die Schriftsprache in diesem Prozess?

Sie führt uns in ein Dilemma. Aus den sprechenden Wesen werden im Laufe des Lebens schreibende Wesen. Wir tauschen uns mehr und mehr über abstrakte Schriftzeichen aus und verlieren das Gesprochene aus dem Blickfeld. Wir schreiben uns einen Vortrag oder eine Moderation auf und wundern uns, dass alles hölzern klingt. Warum? Weil es Schriftsprache ist. Das passiert uns doch allen am Anfang. Das ist auch verständlich. Über die Schrift wollen wir uns absichern. Weil wir Angst haben, den roten Faden zu verlieren, Angst vor dem Blackout, Angst vor dem Ungeordneten. Dieses Dilemma kann ich nur auflösen, indem ich einen Perspektivwechsel betreibe. Das Ganze ist für das Sprechen bestimmt, nicht für das Lesen. Verstehen läuft über das Akustische, über das Hören. Es braucht eine Weile, das zu verinnerlichen. Daran muss man bewusst arbeiten. Aber freies Sprechen kann man lernen. Nicht strukturlos und nicht ohne Plan, Handwerk ist sehr wichtig. Ziel ist es, die ursprünglichen kommunikativen Stärken wieder für sich nutzbar zu machen.

Zu dem freien Sprechen kommt noch hinzu, dass ich mich auf einem Podium etwa auch als Mensch sichtbar machen muss …

… ja, das Element der Selbstdarstellung gehört zu jeder Moderation, zu jeder Podiumsdiskussion dazu. Für die Schauspieler:in im Theater ist es eindeutig. Für sie ist ihre Rolle gleichzeitig ein gewisser Schutz. Da sehe ich nicht viel von der Person. Als Moderator:in aber kann ich mich nur teilweise hinter einer Rolle verstecken. Ich zeige mich vielmehr als der Mensch, der ich bin. Das ist ein Wagnis und erfordert auch Mut. Dafür kann man sich aber wappnen. Gute, inhaltliche Vorbereitung auf die Podiumsdiskussion zum Beispiel gibt Sicherheit. Die richtige Atmung und Stimmlage zu kennen, hilft. Wie gehe ich, wie ist mein Stand, wie sitze ich? Kenntnisse des eigenen Köpergefühls bringen mich weiter. Es geht also nicht nur um die intellektuelle Arbeit. Vielmehr muss ich in mich hineinspüren und akzeptieren, wie ich bin – was nicht immer einfach ist. Wie ist mein Körper? Wie groß oder klein bin ich? Wie dick oder wie dünn? Alles das macht die Basis aus und prägt das, was man als „Authentizität" bezeichnet.

Was bedeutet denn Authentizität im Kontext von Sprache?

Glaubwürdig wirkt man, wenn man seinen eigenen Wortschatz, die eigenen Formulierungen verwendet. Das macht meinen Stil aus, ich spiele nichts. Wenn ich Schriftsprache auf Moderationskarten vorlese, dann spiele ich die Moderator:in. Das bin nicht ich. Authentisch sein bedeutet vielmehr, dass ich zurückgeworfen werde auf das, was ich als Mensch mitbringe, meine Sprache, meine Sprechkompetenz, die ich auch im Alltag benutze, jeden Tag. Also: Freies Sprechen ist der Schlüssel.

Wie entwickle ich die passende Ansprechhaltung?

Ansprechhaltung heißt ja: Für wen spreche ich eigentlich? Ich muss mir als Moderator:in einer öffentlichen Diskussion zunächst einmal bewusst machen, dass ich es gleichzeitig mit echten Menschen auf dem Podium und mit echten Menschen im Publikum zu tun habe.

Das ist etwas grundlegend anderes, als in einem geschützten Büro vor einem Zoom-Bildschirm zu sitzen oder etwa in einem Hörfunkstudio. Das Publikum ist Spielfläche, ich muss es mitdenken und mitfühlen. Das kann ich mit meiner Köpersprache signalisieren, indem ich mich zum Publikum hin öffnen. Das Schlimmste wäre ja, wenn das Publikum denkt: „Da sitzen jetzt fünf Leute und machen ihr eigenes Ding." Dann fühlt es sich ausgeschlossen. Mit klassischer Rhetorik gelingt es mir dann, das Publikum einzubinden, aus seiner Perspektive zu formulieren und mir zu überlegen: Welche Fragestellungen im Publikum sind für das Podium relevant? Welche Vorbildung haben sie? Das zwingt mich, aus der eigenen Bubble herauszudenken.

Im Kontext des Sprechens verwendest du zwei zentrale Begriffe: Der eine heißt „Sprechdenken", der andere „Hörverstehen". Was steckt hinter dem „Sprechdenken"?

Der Schriftsteller Heinrich von Kleist hat das einem Aufsatz beschrieben, der schon über 200 Jahre alt ist. Er heißt: *Über die allmähliche Verfertigung der Gedanken beim Reden*. Die Lektüre lohnt sich heute noch. Er beschreibt, dass die „Idee beim Sprechen" kommt. Das heißt: Ich formuliere beim Sprechen meine Gedanken. Dabei ist überhaupt nicht wichtig, ob mein Gegenüber in der Materie drin ist oder nicht, sondern ich mache mir beim Sprechen selbst klar, worum es bei dem Sachverhalt geht. Ich belehre mich quasi selbst. Ich „erspreche" mir etwas, entwickle meine Gedanken aus dem Sprechen heraus, unmittelbar. Anders, als wenn ich mir im Kopf etwas Abstraktes zurechtlege und dann überlege, wie ich es strukturiere, ein Buchkapitel zum Beispiel. Ich muss also etwas sprechend in echten Worten ausformen. Das Gehirn muss dabei ganz andere Arbeit leisten, als wenn die Gedanken nur im Kopf bleiben. Das verbirgt sich hinter dem „Sprechdenken".

Wenn ich mich als Moderator:in ans Publikum richte, bedeutet „Sprechdenken" aber auch „Mitdenken". Das heißt, ich verlasse mich nicht darauf, was ich mir in schönen Sätzen auf die Karten geschrieben habe. Ich lese sie nicht einfach nur vor. Sondern ich denke die Inhalte und die Emotionen beim Sprechen unmittelbar mit, auch und gerade, wenn ich es schon x-mal gemacht und durchdacht habe. Für das Publikum ist es immer neu. Das muss ich mitnehmen, Schritt für Schritt, nach dem Motto: „Ich weiß, wie ihr denkt." Danach richte ich mich – ich bin dabei!

Was heißt dann „Hörverstehen"?
Das knüpft unmittelbar daran an. Mir muss als Moderator:in klar sein, dass ich hauptsächlich einen Kommunikationskanal nutze. Senden und empfangen über Mund und Ohren. Ich spreche – das Publikum hört. Ich habe kaum weitere Hilfen, sondern nur mein Sprechen, darüber läuft der Verstehensprozess beim Publikum. Inhalte verankern und nachvollziehen gelingt dem Publikum fast ausschließlich über das Hören. Alles wird akustisch transportiert. Als Moderator:in muss ich Sorge tragen, dass das Publikum meine Inhalte bei sich einlösen kann. Das bedeutet „Hörverstehen".

Das gelingt aber zum Beispiel nicht, wenn ich zu schnell spreche und keine Pausen lasse. Ohne Pausen hat mein Gegenüber, das Publikum, kaum Chance Inhalte einzulösen. Die Moderator:in sagt etwas, die Besucher:in hört zu, sie hängt aber im Hörverstehen immer ein bisschen hinterher, wenn ich zu schnell bin. Es gilt eben nicht: „Wenn ich was sage, hast du's schon verstanden." Verstehen braucht Zeit. Dafür sind Pausen gut. Ansonsten schalten die Zuhörer:innen einfach ab. Mir ist schon klar: Gerade als Neuling auf einem Podium bin ich aufgeregt. Da fängt man schnell an zu rasen, vergisst die Umgebung und das Publikum. Da gilt einfach nur: sich Zeit lassen und trauen, sich Zeit zu nehmen.

Wie gelingt freies Sprechen?
Frei sprechen heißt nicht „labern". Frei sprechen gelingt, wenn ich mir eine Struktur mache. Zum Beispiel drei Stichworte, an denen ich mich entlanghangle. Drei Dinge, die ich sicher ansprechen will. Ich

flechte ein Zitat ein oder ein Beispiel, das ich mir vorher im Kopf zurechtgelegt habe. Man kann sich auch eine Art Flussdiagramm aufmalen, an dem man sich orientiert. Oder ein Treppendiagramm in Stichworten. Da schreibe ich mir diese wesentlichen Inhalte in Stichworten auf, abgetreppt. Das schafft auch für das Auge eine Struktur. Man schaut einmal auf den Zettel und erfasst Schlagworte und Struktur sofort und muss nicht mühsam im Fließtext suchen. Zusätzlich kann ich farbig markieren. Alles geht, da muss man seine eigene Methode finden. Nur eines funktioniert in der Regel nicht beim Podium: der ausformulierte Text. Letztlich geht es immer darum, auf seinen eigenen Wortschatz zurückgeworfen zu werden.

Sicher ist: Das Publikum spürt die Struktur sofort, auch wenn sie ganz einfach ist. Und wenn man mal kurz abschweift, ist man schnell wieder drin. Strukturlosigkeit quittiert das Publikum schnell mit Desinteresse. Zur klaren Struktur gehört auch, einen eindeutigen Anfang und ein eindeutiges Ende finden. Kurt Tucholsky hat in seinem Essay *Ratschläge für einen schlechten Redner* die üblichen Stolperfallen zusammengetragen – auch lesenswert!

Aber zum Start einer Veranstaltung kann ich die Anmoderation auswendig lernen, oder?

Eigentlich nicht. Ganz viele halten sich zur Sicherheit an ihrem auswendig gelernten Intro fest. Aber nur freies Sprechen führt unmittelbar zum persönlichen Stil. Deswegen gilt gerade auch beim Einstieg: Freie Rede funktioniert besser. Als Neuling kann ich ja einen Mittelweg gehen und mir mein gesprochenes Wort aufschreiben – dann bin ich schon mal weg von der Schriftsprache. Trotzdem sollte ich dann versuchen, bei der Präsentation möglichst häufig ins Publikum zu schauen und nicht auf meine Karte. Den Blick weg vom Manuskript kann man üben.

Und vielleicht lerne ich den Text nicht bis ins allerletzte Wort auswendig, sondern gönne mir noch ein bisschen Freiheit. Dann erhalte ich mir einen lebendigen Ton, eine natürliche Sprechmelodie und eine natürliche Betonung. Je freier, desto natürlicher. Das ist ja der große Vorteil. Ich muss den Text nicht mehr gestalten, sondern der gestaltet sich dadurch, dass ich ihn im aktuellen Moment entwickle. Dann ist die Hauptbetonung richtig, dann sind die Pausen organisch genauso wie der Sprechmelodieverlauf.

Sollte man eine Sprechausbildung machen, bevor man ein Podium moderiert?
Ich habe ja vorhin gesagt, dass wir eigentlich alle eine große Sprechkompetenz besitzen. Es ist gut, auf dieser Basis ins Machen zu kommen, Erfahrungen zu sammeln, Routine zu entwickeln. Eine Sprechausbildung ist dabei nicht zwingend. Aber ideal wäre es, wenn Sprechausbildungselemente parallel dazu in den Blick genommen würden und beides Hand in Hand geht. Dann können Moderator:innen auf bestimmte Dinge zurückgreifen: eine ruhige und kontrollierte Atmung etwa. Oder vielleicht kann man stimmlich etwas arbeiten. Man nimmt sich also individuelle Baustellen vor. Denn klar ist: Geht man völlig blank raus, ist das natürlich schon ein größeres Risiko.

Wie geht man mit Lampenfieber um?
Also zunächst einmal: Eine gewisse Spannung ist immer gut. Wenn ich zu abgezockt bin, ja vielleicht gar nichts mehr fühle oder spüre, dann führt das sehr weit weg von mir selbst. Um dann das Lampenfieber zu regulieren, helfen mehrere Dinge. Eines haben wir schon angesprochen: die Vorbereitung. Gute Vorbereitung gibt Sicherheit. Sie senkt das Lampenfieber. Dann hilft es, sich zu besinnen, bevor man auf die Bühne geht: „Was mache ich hier jetzt? Ich moderiere ein Podium an!" Ich gönne mir einen kurzen Moment der Konzentration, sammle mich, gehe nochmal ganz bewusst in meine Atmung. Vielleicht mache ich in einem stillen Raum eine Artikulationsübung. Dann gibt es Typen, denen hilft es, Adrenalin abzubauen, indem sie in Bewegung kommen, rumtigern oder Treppen steigen. In unserem

Buch *Sprechen und Moderieren* haben wir auch die Klopfstrategie erläutert. Ich denke, wichtig ist es, ein eigenes Ritual zu entwickeln. Rituale beruhigen. Und Erfahrung auch. Schnell wird man feststellen: Zu Beginn eines Podiums muss ich meinen Mut zusammennehmen und reinspringen in die Situation, mich dem Livepublikum stellen. Nach ein paar Minuten merkt man dann aber: „Also bis jetzt haben sie mich noch nicht aufgefressen!" Spätestens dann sinkt das Lampenfieber wieder auf ein Normalmaß.

Welchen Tipp gibst du jungen Moderator:innen mit?
Vielleicht weniger ein Tipp als vielmehr einen Gedanken, eine Geschichte. Ich hatte einen akademischen Lehrer, der mich sehr geprägt hat. Es war der viel zu früh verstorbene Prof. Dr. Thomas Kopfermann, Professor für Theorie und Didaktik der Sprecherziehung an der Hochschule für Musik und Darstellende Kunst in Stuttgart. Es ging um Unterrichtspraxis: Wie gestalte ich meine Stunde, welche pädagogischen Ziele habe ich etc. Dafür gab es dann Unterrichtstagebücher, in denen ich vorher ein Konzept und einen Plan ausführlich schriftlich festgehalten habe. Und Kopfermann fand den Unterricht immer dann am gelungensten, wenn in der eigentlichen Stunde der ganze Plan über den Haufen geworfen wurde. Den Plan brauche ich trotzdem. Denn dann bin ich nicht nackt. Das heißt, durch meinen Denkprozess habe ich eine Basis, die trägt. Sie macht mich spontaner, ich kann mich trauen, umzuschmeißen, weil ich sicher in den Themen bin. Dann hast du Platz, bei deinen Gästen zu sein, beim Publikum. Zugespitzt: Du musst in der Situation sein, sonst wirst du scheitern.

Kurz gesagt

- Erzählen + professionelles Präsentieren = professionelle Mündlichkeit.
- Perspektivwechsel: nicht Kontrolle durch Lesen, sondern Freiheit durch Sprechen.
- Moderator:innen sind auch Selbstdarsteller:innen.
- Zeigen sich in Moderationsrolle und als Mensch.
- Eigener Wortschatz wirkt authentisch.
- Ansprechhaltung heißt, das Publikum mitdenken.
- Sprechdenken bedeutet mitdenken.
- Publikum braucht Zeit für das Hörverstehen.
- Eigene Methode für das freie Sprechen entwickeln.
- Je freier, desto natürlicher.
- Rituale helfen bei Lampenfieber.
- In der Situation sein, sonst scheitert man.

F4 KÖRPERSPRACHE

Mit der Stimme wirken wir in den Raum hinein, aber gleichzeitig immer auch mit dem Körper. Wenn uns etwas bewegt, bewegen wir uns. Wir positionieren uns, im wahrsten Sinne des Wortes. Wir sitzen im Podiumssessel oder stehen auf einer Bühne und haben einen Standpunkt – auf der Moderationskarte notiert, aber auch physisch mit den Füßen auf dem Boden. Wenn wir sprechen, wollen wir eine Beziehung mit dem Publikum oder dem Podium eingehen. Wir richten uns an die anderen um uns herum. Alles, was ich mache, passiert öffentlich – die Körpersprache bringt es sichtbar zum Ausdruck.

Lampenfieber

Das ist ein wesentlicher Grund für Lampenfieber. Wie damit umgehen? Zunächst einmal hilft ein mentales „Mindset": Lampenfieber hat etwas Gutes! Es macht wach, steigert die Leistungsfähigkeit und hilft zu fokussieren. „Lampenfieber" ist das, was in der pädagogischen Psychologie als „leistungsrelevantes Gefühl" bezeichnet wird. Will heißen: Ohne Lampenfieber keine Motivation, wir brauchen es. Die Methoden, mit dem „fièvre de la rampe", wie es treffender auf Französisch heißt, umzugehen, sind unterschiedlich. Der eine legt die Hand auf Opas Uhr, die andere versucht durch Selbstsuggestion die Anspannung in einen positiven Adrenalinschub umzumünzen. Eine gute Vorbereitung beruhigt, das Einüben der Anmoderationen ebenso. Wieder andere klopfen Arme und Beine ab, springen hoch, laufen auf der Stelle, atmen bewusst aus oder gähnen laut. Jede:r hat eine eigene Taktik. Clemens Nicol und sein Autor:innenteam haben in ihrem Buch *Sprechen und moderieren* dem Thema „Lampenfieber" ein ganzes Kapitel gewidmet, gespickt mit Tipps auf mehreren Seiten.

Grundsätzlich beruhigt es, zu wissen, dass die Selbst- und die Fremdwahrnehmung der eigenen Nervosität oft meilenweit auseinanderliegen. Während Sie das Gefühl haben, vor lauter Anspannung keinen klaren Gedanken fassen zu können, nimmt das Publikum Sie unter Umständen ganz anders wahr: als ganz normale Moderator:in, die ihren Job macht. Der Grund: Das Publikum sieht und spürt Ihr Gewitter in Kopf und Körper kaum. Selbst wenn es Nervosität wahrnehmen sollte – die Schwelle dafür ist hoch –, wird es mitfühlen. Zu viele kennen das Gefühl.

Noch etwas wirkt beruhigend: Sobald Sie die erste Anmoderation hinter sich haben, wird die Anspannung rasch abfallen. Lampenfieber verglüht schnell. Sollten alle Stricke reißen und Sie haben doch einen Blackout – dann sprechen Sie es an: „Puh, jetzt habe ich glatt den Faden verloren, ich geb's zu, ich bin ganz schön nervös heute." Sobald der Talk beginnt, werden Sie spüren, wie Sie sich plötzlich lösen können. Letztlich geht es darum, einen Weg zu finden, die eigenen Ängste anzunehmen und in positive Energie zu transformieren. Lernen Sie zu akzeptieren, dass das Lampenfieber dazu gehört. Sie können es managen und müssen es nicht beseitigen.

Körper

Ein wacher Geist ist auch körperlich wach. Für ein Podium heißt das im Wortsinn, mit den Gesprächspartner:innen auf Augenhöhe zu sein. Wer in sich zusammensackt, bietet keine Reibungsflächen. Sie stellen sich dem Podium vielmehr zur Verfügung, indem Sie aufmerksam aus Ihrer eigenen Mitte heraus selbstbewusst agieren. Das bedeutet nicht, die anderen zu dominieren, sondern bewusste Körperlichkeit befähigt Sie zu führen. Mit einer leichten Drehung hin zum Publikum können Sie einen Raum über das Podium hinaus öffnen. Das Publikum wird spüren, wie Sie sich hinwenden, um Bindung herzustellen. Mit der nächsten leichten Drehung wenden Sie Gast X auf dem Podium den Rücken zu, weil er einfach nicht aufhören will zu reden. So riegeln Sie ihn ab, lassen ihn regelrecht hinter sich und richten die Frage nach vorn an Y: „Jetzt möchte ich Sie, Y, aber mal fragen …" Sie können und dürfen mit dem Finger zeigend gestikulieren. Wenn Sie mit der Handfläche ein Stopp signalisieren, wenden Sie eine sogenannte „sprachersetzende Geste" an. Den ganz impulsiven Gäst:innen können Sie sogar behutsam die Hand auf den Arm legen – sie werden sofort verstehen und aufhören zu reden. Andere reagieren auf Ihren fixierenden Blick. So bleiben Sie als Moderator:in dynamisch in Bewegung, auch aus Ihrem Moderationsstuhl heraus.

Das Ganze gilt natürlich auch umgekehrt: Was signalisieren die Diskussionsteilnehmer:innen? Sie riegelt sich ab, indem sie die Arme verschränkt. Er ist skeptisch, runzelt die Stirn und zieht die Augenbrauen zusammen. Sie atmet hörbar schwer, weil sie etwas nicht mehr hören kann. Er lächelt – wirkt es arrogant oder ist er erheitert? Nehmen wir diese Gefühlsregungen wahr, steigen wir in einen „gestischen Dialog" ein, wie Prof. Cornelia Krawutschke diesen Prozess des einfühlenden Gebens und Nehmens in ihrem Expertinneninterview im nächsten Kapitel beschreibt. Gestiken liefern Informationen meines Gegenübers, sie sind Ausdrucksmittel und Verständigung über den Körper. Vor lauter intellektueller Disziplin fällt es schwer, uns mimisch zu entfalten. Genau das aber können wir für das Podium nutzen – wenn wir uns diese Körperlichkeit klar machen. Körpersprache weitet das Feld unserer Kommunikationsmöglichkeiten. Für Menschen, die weitgehend kognitiv und abstrakt unterwegs sind, ist diese Erkenntnis vielleicht überraschend. Für ein Podium aber bietet sie Chancen.

Kurz gesagt

- Lampenfieber ist ein leistungsrelevantes Gefühl.
- Publikum spürt „Gewitter im Kopf" nicht.
- Lampenfieber verglüht schnell.
- Lampenfieber managen, nicht beseitigen.
- „Gestischer Dialog" ist Ausdrucksmittel.
- Körperlichkeit lässt sich für Podium nutzen.

F5 EXPERTINNEN-INTERVIEW: PROF. CORNELIA KRAWUTSCHKE

„Wenn sich der Körper im Sprechen nur bedingt abbildet, bleiben die Äußerungen unverbindlich" (Schmidt 2019: 43), bringt es die Sprechwissenschaftlerin Viola Schmidt in ihrem Buch *Mit den Ohren sehen* auf den Punkt. Wir alle kennen Menschen, die lustlos präsentieren und monoton herunterleiern. Sie glauben, allein das Umcodieren ihrer Gedanken in Worte reiche aus, um uns zu erreichen. Für Viola Schmidt ist klar: „Sie übernehmen keine Verantwortung für ihre Worte. Die Worte haben kein Gewicht, wie die Sprecher keinen Standpunkt haben. Die Körper sind nicht im Spiel."

Für kognitive Arbeiter:innen ist der Aspekt der eigenen Körperlichkeit ungewohnt. Sprechtrainer:innen müssen bei Fortbildungen für akademisches Personal erst einmal alle möglichen Blockaden und Verspannungen am Nacken, Hals oder Schultern lösen, die durch emotionale Selbstkontrolle entstehen. Wie den eigenen Körper ins Spiel bringen? Im Expertinneninterview mit Cornelia Krawutschke geht es genau um dieses Thema. Sie ist Professorin für Sprecherziehung an der Hochschule für Schauspielkunst Ernst Busch in Berlin. Dort hat sie das Amt der Prorektorin inne. Zuvor war sie Professorin an der Hochschule für Musik und Theater in Hamburg. Sie ist gelernte Schauspielerin, ihr Diplom in Sprechwissenschaften hat sie an der

Martin-Luther-Universität in Halle-Wittenberg erworben. Cornelia Krawutschke ist seit 15 Jahren Dozentin am Institut für Moderation an der Hochschule der Medien Stuttgart.

Abb. 22: Prof. Cornelia Krawutschke weiß, wie man den eigenen Körper ins Spiel bringt.

Der Raum ist ein Ort öffentlicher Kommunikation

Moderator:innen auf einem Podium tragen ihre Gedanken im Kopf nach außen, über ihre Stimme, aber auch über ihre Körper. Was überhaupt ist „Körpersprache"?

Kommunikation ist ein elementares Bedürfnis des Menschen, sich mitzuteilen. Noch bevor sich Worte artikulieren, spricht ergo der Körper. Der Körper als Ausdrucksmittel war und ist zuerst da. Mit ihm kommunizieren wir ab dem ersten Moment über Gesten, über Mimik, über alles, was uns körperlich zur Verfügung steht. Mit dieser Körpersprache machen wir uns dem anderem gegenüber kenntlich, wir weisen sie oder ihn auf etwas hin. Es gibt ganz verschiedene Arten von Gesten, Hinweisgesten etwa oder Warngesten. Wir nehmen vieles, scheinbar ohne es zu bewerten, am Gegenüber wahr, Proportionen, Körpergröße, Gewicht, Geschlecht, manchmal auch nur die Augenfarbe, mitunter auch den Geruch. Daher kommt bspw. die Redewendung, dass man jemanden nicht riechen kann.

Unwillkürlich beeinflusst das Äußere unser kommunikatives Verhalten. Vieles erfahren wir durch die direkte taktile Wahrnehmung, dadurch, wie der andere sich anfühlt, z. B. wenn wir uns die Hand reichen. Ist der Händedruck weich, ist er kräftig? Das alles ist bereits Kommunikation über die Körpersprache. Sie wirkt stark, stärker mitunter als das gesprochene Wort, weil das Gegenüber oft, wenn auch unbewusst, entscheidet, ob es mitgeht oder die Kommunikation ablehnt. Deswegen lohnt es sich, sich mit dem Körper auseinanderzusetzen. Das geht übrigens bis hin zur Kleidung. Auch sie ist Teil des Körpers, wir haben ja kein Fell mehr. Mit der Kleidung signalisieren wir Zugehörigkeit zu einer Gruppe, wir zeigen uns modisch oder eben nicht. Mit Jeans und Flip-Flops werden wir keine Diskussion mit Bankern moderieren. In einem Wort: Der Körper kommuniziert.

Augenfarbe oder Körpergröße: Das ist das Äußere. Was prägt unsere Körpersprache von innen heraus?

Mit dem Körper verbindet sich noch etwas sehr Schönes. Ich nenne das den „persönlichen Habitus". Das Gegenüber spürt ihn, nimmt ihn wahr, ohne gleich zu wissen, wo er genau herkommt. Das Bild entsteht durch den direkten Kontakt, das Sichanschauen, mehr noch durch das Sichverhalten, durch das Auftreten, durch Schwingungen, durch die Art des Lächelns oder des Augenblicks. Wir alle kennen Menschen, die betreten einen Raum und nehmen ihn sofort ein. Nicht, weil sie die Chefin oder der Chef sind, sondern weil es ihr persönlicher Habitus ist. Sie setzen sich hin, als ob der Stuhl schon seit Jahrhunderten zu ihnen gehört, sind einfach „da".

Auf der anderen Seite gibt es die weniger Unmittelbaren. Sie scheinen vorsichtiger oder zögerlicher zu sein, strecken erst den Kopf zur Türe rein und der Körper kommt sozusagen hinterher. Das ist kontrollierter, sicherer, sich das Geschehen erst einmal aus einer Distanz heraus anschauen, bevor man eingreift. Natürlich gibt es auch die Stürmischen, die Neugierigen, die den Kopf interessiert nach vorn nehmen. Die Wenigsten stehen immer ausgewogen im sogenannten Mittelfuß, gehen immer ausbalanciert. Je nach Habitus und Kommunikationshaltung ist der Körper in Bewegung, es ist ein Geben und Nehmen. Nehme ich den Raum und bin ich offensiver oder gebe ich Raum frei? Es sind Entscheidungen, die auch mit meinem Habitus zu tun haben, aber ebenso mit der Kommunikationssituation, den Kommunikationspartnern, der Absicht und dem Motiv. Bewegung, das heißt bewegt sein und in Bewegung bleiben, ist das A und O in der Kommunikation und lassen den persönlichen Habitus präsent werden, den das Gegenüber über alle Sinne wahrnimmt. Übrigens, wir entscheiden in Sekundenschnelle, ob uns ein Mensch sympathisch oder unsympathisch ist. Der erste Eindruck zählt, und zwar bevor jemand mit Stimme oder Sprechsprache zu uns spricht.

Die Stimme kommt dann hinzu?

Ja, die Stimme verrät ganz viel über den Körper, selbst wenn wir ihn gar nicht sehen, das Geschlecht oder vielleicht das Alter. Wir hören auch, wie sich jemand uns gegenüber verhält: Distanziert? Offensiv? Wir hören Körperliches: Friert sie oder er? Ist der Körper eingeengt? Persönliche Erfahrungen lagern sich in der Stimme ein. Wir hören Stimmungen, etwa ob sich jemand wohl fühlt. Und selbst über die Schriftsprache können wir körperlichen Merkmalen nachspüren. Es ist spannend, zum Beispiel Dichtungen laut zu lesen, um hörend zu empfinden, wie aufregend die Biografien der Dichter unter Umständen waren. Zum Beispiel galoppiert der Vers, weil sie immer in Bewegung waren, vielleicht eine Fluchtgeschichte hatten. Und wenn ich sage, der Körper spricht, dann heißt es auch, der Körper spricht mittels der Stimme und erzählt uns etwas über den Menschen und seine Stimmungen.

Körpersprache ist also immer auch ein Spiegel der Lebensrealität?

Ganz genau. Was mein Körper dir zeigt, wie er mit dir spricht, das nimmst du wahr, darauf reagierst du, es ist ein Dialog. Und ein Körper spricht nur aus dem, was er ist, was er zu sein glaubt, wie und als was er sich selbst versteht. Ein Dialog, der nicht im luftleeren Raum stattfindet, sondern der gekoppelt ist an unser Lebensumfeld, an unsere Lebenswirklichkeit, an unsere Gesellschaft. Podiumsdiskussionen sind ganz stark von Konventionen geprägt, nicht von Anarchistischem.

Die Teilnehmer auf dem Podium haben ja eine Vereinbarung getroffen, nämlich, dass sie nicht aufstehen und rumbrüllen. Das Publikum teilt diese Verabredungen. Konventionen wie diese wirken von frühester Kindheit auf uns ein und sind hier in Europa ganz andere als etwa in Asien. Diese Konventionen sind grundlegende Kommunikationsvereinbarungen. In der einen Kultur ist ein weicher Händedruck zum Beispiel Ausdruck von Zurückhaltung, von Respekt, wer fest zudrückt, gilt als unfreundlich. Wir interpretieren hierzulande den gleichen Händedruck dagegen als eher lasch. Bei der körperlichen Nähe ist es ähnlich. Eine Armlänge stehen wir beim Sektempfang auseinander, das empfinden wir als idealen Abstand, die Intimsphäre respektierend. Unterschreite ich ihn, trete ich dem Gegenüber im wahrsten Sinne des Wortes zu nahe. Mit diesem Wissen kann ich bewusst arbeiten und über die physische Nähe Macht ausüben. In anderen Kulturen kommen sie einander körperlich viel näher, ohne dass es etwas ausmacht. Konventionen drücken sich also auch über unseren Körper aus.

Und das können wir für eine Podiumsdiskussion nutzen?
Körperhaltung beeinflusst unser kommunikatives Verhalten. Es ist „Körperphysik": Wo ein Körper ist, ist kein zweiter. Welchen Raum nehme ich in Anspruch, welchen Raum möchte ich den anderen auf dem Podium geben? Gebe ich ihnen genügend Raum, sich zu äußern? Oder verdränge ich die anderen? All das drückt sich über Körpersprache aus. Das sind Wissensmomente, die ich einsetzen kann, schon beim ersten Kennenlernen der Podiumsgäste, etwa beim Vorgespräch. Wie bewusst gebe ich ihnen die Hand zur Begrüßung und nutze diesen direkten Kontakt, um die Persönlichkeit, den Menschen wahrzunehmen und kennenzulernen? Körperliche Momente, mit denen ich Türen öffnen oder auch schließen kann.

Wie kann ich mir meine eigene Körperlichkeit bewusst machen?
Moderatoren von Podiumsdiskussionen kommen in der Regel von der intellektuellen Seite. Zugespitzt formuliert, sie machen viel über den Kopf und benutzen kaum ihren Körper. Sie vertrauen ihrem Wissen und weniger ihrem Körper. Es geht also darum, ein Empfinden für den eigenen Habitus zu entwickeln, rauszukriegen, was für ein körperlicher Typ man ist. Das ist wirklich Handwerk. Als Erstes muss man sich bewusst machen, dass der Körper nicht nur „melancholische Verlustmasse" ist, sondern ein Ausdrucksmittel, das als solches zu begreifen, zu entdecken und zu erkennen ist.

Es geht nicht um die Frage, wie man sich selbst findet, wie ich gekleidet bin oder aussehe. Sondern es geht darum, zu erfassen, was mein Körper macht und wie er agieren kann, um zu kommunizieren. Es ist ratsam, sich der Kommunikationsfähigkeit des eigenen Körpers bewusst zu werden, sich das Unbewusste bewusst zu machen. Wie weit gehe ich in den Raum hinein, wie weit gehe ich zum anderen hin? Beim Workshop im Institut für Moderation machen wir dazu eine Gruppenübung, um diese Balance zu erspüren. Ich beschreibe nun den ersten Teil dieser Übung, die ich „Das Durchzappen" nenne. Alle stehen im Kreis, sodass jeder sich und gleichzeitig die anderen wahrnehmen kann. Es geht immer um zwei Fragen: Erstens kann und möchte ich, so wie ich stehe, in Kontakt treten und zweitens kann ich erkennen, ob der andere mit mir kommunizieren möchte.

Der Teil, den ich beschreiben will, beschäftigt sich mit den Füßen. Es gibt viele Möglichkeiten, auf ihnen zu stehen, unser Fuß besitzt eine Fläche, die sich einteilen lässt in eine vordere (Ballen), mittlere und hintere (Hacken). Zudem kann man auch das Gewicht auf die Innenkante verlagern und damit die Wölbung minimieren oder auf die Außenkante.

Steh gern auf und mach mit! Beginnen wir damit, unser Gewicht ein wenig nach hinten auf den Hacken zu verlagern. Welcher Eindruck stellt sich ein? Lust, zu kommunizieren? Oder eher Lust, zuzuhören, sich ein Bild anzuschauen, Distanz zu wahren? Wie nimmst du den Raum wahr? Salopp gefragt, hast du den Raum oder hat er dich? Wie verhält sich die Atmung? Blickst du allgemein freundlich in die Runde oder fokussiert sich dein Blick? Welchen Eindruck hast du von deinem Gegenüber? Nun begeben wir uns in die Mitte des Fußes? Entspannen sich die Knie? Fließt der Atem besser und wahrnehmbarer durch den ganzen Körper? Stehst du insgesamt gelöster, zum Beispiel lösen sich die Knie? Und wiederum die Frage, hast du mehr Lust, mit dem Gegenüber zu reden und umgekehrt?

Was passiert, wenn du – Achtung nicht zu stark, sonst fühlst du dich wie ein Skiflieger nach dem Absprung –, dein Gewicht nach vorn auf die Ballen verlagerst? Lust zu kommunizieren? Fließt der Atem? Etc.

Insgesamt wirst du feststellen, dass die Extreme nicht optimal sind, dass aus der Balance der Mitte zu starten, angenehm und lustvoll ist, und vor allem wirst du spüren, dass sich während des kommunikativen Miteinanders dein Gewicht leicht, aber stetig verlagert, also du allein schon mit deinen Füßen stetig in Bewegung bist. Welche Auswirkungen die Fußstellung auf Offensivität und Raumanspruch haben, kann man über das Stehen auf der Innen- bzw. Außenkante feststellen. Du wirst merken, drückst du mit deinem Gewicht auf die Innenkante, fällt das Brustbein ein und du fühlst dich kleiner im Raum, welch ein Erstaunen erfasst dich, wenn sich dein Gewicht auf die Außenkante verlagert, mit welchem Genuss du wächst! In den Raum hinein. Die Atmung fließt wahrnehmbar und der Körper ist für den Austausch bereiter, besser und durch den ganzen Körper wahrnehmbar.

Durch solche Übungen können wir uns bewusster werden, dass unser Körper ein intelligenter Partner ist, den ich als solchen auch anerkennen darf. Wie wichtig ist mir mein Körper in der Durchsetzung meiner Ziele? Welche Verhaltensmuster habe ich, die mich daran hindern? Wann kann mein Körper gut oder weniger atmen, je nachdem wie ich sitze oder stehe? Wie blockiere ich mich selbst dabei?

Kann ich mich dafür auch im Alltag sensibilisieren?

Gerade da. Es muss ja nicht erst bei einer Podiumsdiskussion oder bei einem Auftritt sein. Warum nicht auch bei einem Cafébesuch oder in der U-Bahn, wenn es gerade nicht um Existenzielles oder beruflich Wichtiges geht. Alltagsgespräche, in denen ich meinen Blick schule: Was passiert, wenn ich meinem Gegenüber sage: „Nein, das finde ich jetzt nicht so gut?" Reagiert er oder sie zunächst körperlich und redet erst später? Oder bewertet er sofort mit der Sprache und bleibt körperlich defensiv? Dabei lohnt es sich, Kinder zu beobachten. Die sind körperlich viel unmittelbarer und schneller als wir

Erwachsenen. Sie bewerten nicht über den Kopf, reflektieren oder stellen infrage. Kinder sind viel direkter – ihr Körper spricht.

Leider hören wir viel zu früh auf, körperliche Erfahrungen zu sammeln, an die wir uns lebenslang erinnern. Deswegen ist der Blick auf die Kinder wertvoll. Von ihnen können wir einiges übernehmen. Sie machen Mut, unsere Verfestigungen in der Körperhaltung – und damit in der Kommunikation – aufzubrechen. Das befähigt uns, unser Kommunikationsspektrum zu erweitern und Emotionalität ganzkörperlich zeigen zu können. Können wir Tränen zulassen oder nicht? Können wir den entsetzten Blick zulassen oder nicht? Können wir Contenance wahren oder nicht? Erst wenn wir es können, sind wir in der Lage zu entscheiden, ob wir es wollen. Wir befähigen uns so, nicht nur über unsere Gefühle zu sprechen, sondern mit unseren Gefühlen.

Also geht es darum, zwischen verbaler und körperlicher Kommunikation zu unterscheiden?

Wir alle kennen das Beispiel der Tratschtante im Hausflur, die mündlich versichert „Ich will ja nichts sagen …", ihre Gestik aber das pure Gegenteil verrät. Wenn ich solche gestischen Widersprüche erkenne, kann ich das als Moderator einer Podiumsdiskussion nutzen. Dazu muss ich aber lernen, zu sehen und zu spüren: Gibt es beispielsweise eine Synchronität zwischen Sprachausdruck und Körperausdruck? Kommunikation bedeutet ganzheitliche Bewegung. Es besteht eine gestische Einheit von Kopf als der Schaltzentrale voll mit den intellektuellen Informationen und Körper mit all seine Ausdrucksfacetten. Ziel ist es, unsere innere Einstellung und Haltung, unsere Absichten in sichtbares kommunikatives Handeln zu veräußern. Das gilt für die Gäste aber eben auch für die Moderatoren. Die spielen ja keine Rolle wie Schauspieler.

Wenn es Moderatoren gelingt, ihren Körper so in Bewegung zu bringen, dass sich Lust und das Interesse am anderen mitteilt, dann ist der Körperausdruck, Mimik und Gestik und alles, was uns zur

Verfügung steht, gerichtet. Dann fühlen sich Podium und Publikum gleichermaßen angesprochen. Nicht nur über den Kopf, sondern auch emotional. Es lohnt also, sich körperlich ganz zur Verfügung zu stellen. So werden wir als Persönlichkeit sichtbar, nicht nur in unserer Rolle. Sokrates soll gesagt haben: „Sprich, damit ich dich sehe." Er meinte damit: Ich möchte deine Persönlichkeit kennenlernen, damit ich dir vertrauen kann. Nur wenn ich dir vertraue, erzähle ich dir auch Geheimnisse oder Wissenswertes.

Als Persönlichkeit, die Empathie für andere wahrnehmbar zeigt, signalisiere ich, dass ich zuhöre, lade ein. Alles, was gesagt wird, nehme ich gut auf, bewahre es und gehe damit verantwortungsvoll um. Es geht nicht nur ums Mitleiden, sondern um das Mitfühlen. Ich kann erkennen, wie es anderen geht, wenn sie über etwas sprechen. Man wird also sichtbar mit dem gesamten Körper. Dafür muss man zunächst ein Bewusstsein entwickeln und lernen, den Körper dafür zu nutzen.

Das beginnt doch schon in dem Moment, in dem ich die Bühne betrete, ich also meinen Auftritt als Moderator:in habe.
Es beginnt alles mit einem Erscheinen, dem Auftritt mit oder aus einem Grund. Man ist ab dem ersten Moment sichtbar, mit der Kleidung, mit der Frisur, mit dem Make-up, aber eben auch, ganz pur, mit dem ganzen Körper sichtbar, mit der Stimme hörbar. Körper und Stimme übertragen nicht nur Informationen, sondern sie wirken als „gestische Einheit", wie ich das nenne. Darin schwingen die innere Haltung, unsere Emotionen, unsere Interessen mit. Das Publikum nimmt das ganz unbewusst mit auf und verarbeitet das, entscheidet, ob jemand gut rüberkommt oder sympathisch ist. Moderatoren müssen wissen, dass sie das auslösen, dann können sie es nutzen.

Was meinst du mit „Erscheinen mit und aus einem Grund"?
Der Grund des Auftritts ist zentral. Dahinter steckt ein Motiv, eine Absicht, so wie wir das auch im Schauspiel haben. Bei einem Podium

geht es ja darum, wie Menschen mit einem Thema umgehen. Darauf will ich aufmerksam machen, ich will verstanden werden, will überzeugen. Letztlich will ich den anderen ein Stück weit verändern. Denn warum sollten wir sonst kommunizieren, wenn nicht, um den andern zu verändern, zu bewegen? Wir wollen Standpunkte herausschälen, Sichtweisen und Blickpunkte auffächern. Da kommt wieder der Körper ins Spiel: Wenn ich andere bewegen will, muss ich mich zuerst bewegen, sonst habe ich keine Chance. Das führt letztlich zu dem, was man „Präsenz" nennt. Jeder Mensch hat eine ihm eigne Präsenz, es gibt niemanden, der keine hat. Sie muss sich allerdings im Raum entfalten können. Das steckt hinter dem Bühnenauftritt, hinter dem Begriff „Erscheinen" und dem Zurverfügungstellen meines gesamten Körpers, ganz gleich ob im Sitzen oder Stehen oder Gehen.

Wie entwickle ich diese Präsenz im Raum?
Indem ich meinen Schwerpunkt aktiviere, indem ich mich aus der Körpermitte heraus stabilisiere und mich damit im Raum positioniere. Fehlt diese körperliche Präsenz, bleibt mir nur noch die Stimme. In dem Fall werde ich nicht wirklich ernst genommen. In der Kommunikation fehlt dann eine im wahrsten Sinne gewichtige Ebene. Zur körperlichen Verhandlung gehört übrigens auch der konkrete, fokussierte Blickkontakt. Sich bewusst in die Augen schauen, nein, sich ins Auge zu schauen, bedeutet eine Zentrierung. Unser Stehen (Standpunkt), unsere Körpermitte (Schwerpunkt) und das fokussierte Auge (Blickpunkt) verbinden sich und treten als zentrierte Einheit auf, die sich nach außen wendet. Wir verhandeln auf zumindest zwei Ebenen: einmal von der Körpermitte der Moderatoren zur Körpermitte des Gegenübers und über die Blickebene. Im direkten körperlichen Kontakt kann man sich das klar machen.

Nehmen wir wieder den Händedruck als Beispiel. Ich nenne diese Übung „Der initiierte Händedruck". Normalerweise ist ein Händedruck ja ein flüchtiger Moment, eine Schulter zeigt häufig nach hinten, nach dem Motto „ich habe jetzt auch noch anderes zu tun". Wenn ich mir jedoch die Zeit nehme und bewusst den ganzen Körper zur Verfügung stelle, nehme ich sowohl mich als auch den Partner ganzheitlich wahr. Unsere Hände begegnen sich etwa auf Höhe der Körpermitte und zielen in die Köpermitte des anderen, Kopf und Augen sind nicht mehr vordergründig, sondern nun Teil des gesamtkörperlichen Ausdrucks, die Stimme verfügt über deutlich mehr Resonanz. Wir können wirklich in den Kontakt treten und spüren muskulär in der Körpermitte, dass wir mit dem anderen in Beziehung treten. Wir spüren den Händedruck des anderen, die Rückmeldung findet in unserem Körper statt. Wir richten uns an dem anderen aus. Präsenz und Ausstrahlung sind beidseitig wahrnehmbar.

Diese Übung kann man auch mit sich selbst machen, indem man sich mit beiden Händen selbst beglückwünscht. Die Muskulatur im Bauchraum gibt eine Rückmeldung. Positionierung heißt also: Ich spüre mich und ich spüre den anderen. Ich habe auch körperliche Lust, mich mit dem oder der anderen auseinanderzusetzen, ich gehe anders an sie ran oder mit ihm um, weil ich den Menschen in seiner Gesamtheit wahrnehme, nicht nur intellektuell oder in seiner Funktion.

Kannst du im Kontext der „Präsenz" einmal die Rolle der Stimme einordnen?

Ich will das gern räumlich einordnen. Dazu arbeite ich über das Bewusstsein von Kuppelräumen. Der erste Kuppelraum ist unser Zwerchfell. In unserer Körpermitte agierend bildet es einen Kuppelraum, der sich vertikal bewegt. Die zweite Kuppel finden wir in unserem Gaumenbereich. Hier entsteht der Resonanzraum für die Stimme, der Klang kann sich unter der Kuppel entfalten. Die dritte Kuppel ist unser Kopf, unsere Schädelkuppel, die weit hoch weist zur Deckenkuppel, darüber ist die Himmelskuppel. Das versuche ich, mit unseren Füßen zu verbinden, verwurzelt in der Erde. Dazwischen bewegen wir uns.

Das heißt: Es existieren Räume nicht nur nach vorn, sondern auch nach oben und unten und auch nach hinten. Präsenz ist im wahrsten Sinne des Wortes eine „Rundumgeschichte". Es geht um die Wahrnehmung des mich umgebenen Raumes. Es ist die Größe, es ist die Höhe, es ist die Entfernung vom Ich zum Du, zum Wir, zum Publikum, auch zum Rückenraum. Ich bin nicht nur nach vorn gerichtet, sondern habe eine Präsenz wie eine Rundumleuchte. Das heißt, ich habe in mir und um mich herum Raum. Diese Räume stützen mich und schützen mich, geben mir Kraft und letztendlich auch Gelassenheit, wenn ich sie einschalte. Raum umgibt mich nicht nur, ich nehme ihn mit und biete ihn an. Und um auf die Stimme zu kommen, in diesen Räumen schwingt die Stimme, verfügt über Resonanz und über viele Facetten.

Sie überwindet die Räume als Verlängerung unseres Körpers. Sie balanciert Nähe und Distanz aus, sie definiert diese. Und, last but not least, schwingt die Stimme, kann sie auch unsere Emotionen, unser Engagement kommunizieren, lässt sie die sprachlichen Bilder sinnlich erhören.

Man kommuniziert über den Raum?

Ja. Ohne Raum keine Kommunikation. Man muss den Raum als einen Ort der öffentlichen Kommunikation begreifen. Ganz besonders, wenn ich, wie bei einer Podiumsdiskussion, verschiedene Räume gleichzeitig bedienen muss. Hier habe ich einmal den Raum zwischen mir und meinen Diskutanten auf dem Podium. Ich bediene aber auch den Raum, in dem das Publikum sitzt. Den Raum zum Publikum muss ich immer „offen" halten, Präsenz signalisieren und in der Lage sein, wahrzunehmen, was aus dem Publikum kommt. Ich lade das Publikum ein, Teil des Raumes zu werden, in dem das Podium stattfindet. Das verstehe ich unter „öffentlicher Kommunikation".

Das geht auch über die Stimme. Aus der privaten Stimme zu Hause wird die öffentliche Stimme. Nicht die Zuschauer müssen sich vorbeugen, um mich zu verstehen, sondern ich komme stimmlich zu ihnen. Ich lade sie ein, reiche in den Raum hinein, die Stimme ist dabei, wie eben bereits erwähnt, die Verlängerung meines Körpers. Mit ihr kann ich Zuschauer anfassen, sie stimmlich umarmen, sie umschmeicheln, sie bewegen. Die Distanz zu überwinden, den Raum zu beherrschen, gelingt, indem ich mich aktiv aufrichte, in den Raum hineinbewege. Das heißt, ich muss wirklich etwas tun, ich muss etwas investieren, über die Höhe gerichtet zum Ziel nach vorn, ohne den Rücken zu vernachlässigen.

Kommunikation bedeutet auch, dass ich den Raum an sich zum Raum für mich mache. Klingt kompliziert, ist aber letztendlich eine öffentliche Gelassenheit, die es anzustreben gilt. Aus deinem Körper heraus mit deinem Körper. Eine kleine, feine, aktive Bewegung des Beckens, die den Körper aufrichtet und zu einer körperlichen flexiblen Konzentration, zu einer Zentrierung führt. Ich kann eindeutiger fokussieren, im Blick, mit den Gesten zielgerichteter arbeiten. Dann bedeutet Raum plötzlich auch Freiraum, in dem das Geben und Nehmen aushandelbar wird.

Ich schaffe als Diskussionsleiter:in im wörtlichen Sinne einen passenden Raum für das Gespräch?

Ja. Es geht doch nicht nur um „Frage und Antwort" auf dem Podium, sondern um einen Freiraum für den Dualismus im Gespräch. Der Bildungsreformer Wilhelm von Humboldt hat das in seiner sogenannten *Dulias-Rede* (von Humboldt 1828) beschrieben. Für ihn bedeutete Dialog die „Verwandlung der Welt in Sprache". Der Akt des Sprechens besteht aus der „Zweiheit der Wechselrede", für ihn eine Voraussetzung für die „einzig mögliche Form zivilen Zusammenlebens in der Gemeinschaft". Das ist ja aktueller denn je. „Es liegt [...] in dem ursprünglichen Wesen der Sprache ein unabänderlicher Dualismus, und die Möglichkeit des Sprechens selbst wird durch Anrede und Erwiderung [!] bedingt. [...] Der Mensch sehnt sich [...] nach einem dem Ich entsprechenden Du."

Freiraum heißt also, dem anderen Raum zu lassen. Er wird zur Inspiration für weiteres Handeln. Freiraum heißt dabei auch, dass der andere nicht genau das denken und fühlen muss, was ich denke und fühle. Es ist immer ein Wechsel von Spannung und Lösung, von Sagen und Zuhören, Anbieten und Greifen in dem Raum. Ein Freiraum für Entscheidungen, Veränderungen und Wieder-zu-sich-Kommen. Bertolt Brecht hat das in seinem Gedicht *Der Nachschlag* beschrieben (Brecht 1937):

„Meine Sätze spreche ich,
bevor der Zuschauer sie hört;
was er hört, wird ein Vergangenes sein.
Jedes Wort, das die Lippen verlässt,
beschreibt einen Bogen
und fällt dann ins Ohr des Hörers,
ich warte und höre wie es aufschlägt,
ich weiß,
wir empfinden nicht das nämliche
und wir empfinden nicht gleichzeitig."

Das hat Brecht in seiner Exilzeit in Dänemark geschrieben. Wenn man sich das bewusst zu Gemüte führt, wird klar, was Freiraum bedeutet.

Mit dem Brecht-Gedicht ergänzt du passend Kapitel A, in dem es um die Bedeutung des Diskurses für unsere Demokratie geht. Aber jetzt ganz praktisch: Wie eigne ich mir als Moderator:in den Raum an?
Das beginnt nicht erst, wenn ich auf der Bühne sichtbar werde, sondern schon vorher. Ich muss mich vorab sammeln, aktivieren, konzentrieren und körperlich und geistig auf das Ziel vorbereiten: Auftritt! Ich will dann da auf die Bühne, wirklich hin, den Raum erobern. Dann muss ich vorab schauen: Welche Akustik herrscht im Raum? Ist es ein kirchenähnlicher Saal oder ist es eher wie in einem Kammertheater, ein Räumchen? Wie groß ist der Raum für das Publikum? Wie groß

ist mein Podiumsbereich? Welche räumlichen Entfernungen muss ich überwinden? Ist der Raum adäquat zu dem, was ich vorhabe? Ist er mein Freund oder ist er manchmal sogar gegen mich, wie etwa auf einer lauten Messe? Muss ich gegen gewisse Sachen anarbeiten, die einfach nicht optimal sind? Das kann ich manchmal nicht ändern, aber damit muss ich umgehen. Reicht meine Stimme, wenn das Mikrofon ausfällt? Kann ich das Mikrofon nutzen, um Atmosphäre zu erzeugen, etwa indem ich dann auch bewusst leiser sprechen kann und trotzdem verständlich bin?

Umgekehrt: Bei Großraumbühnen oder in einer Freilichtsituation muss ich mich länger zur Verfügung halten, weil die Stimme eine gewisse Zeit braucht, um aufgenommen zu werden. Ist noch eine andere Partei beteiligt? Eine Produktionsfirma, die die Podiumsdiskussionen streamt? Alles das sind Dinge, die ich vorher abklären muss, um mir den Raum passend anzueignen.

Der Auftritt ist erfolgt, es ist mein Podium, meine Bühne. Wie wichtig ist der richtige Stand?

Nomen est omen: Mein Stand-Punkt gibt mir Sicherheit und zeigt: Ich stehe zu dem, was ich tue. Ich übernehme die Verantwortung, ich verteidige meine Handlungen und bin auch gewillt, sie durchzusetzen. Nur dann wird das Gegenüber sich auch ernsthaft mit mir auseinandersetzen. Wenn ich mit mir übereinstimme, strahle ich Authentizität aus, dann bin ich glaubhaft. Selbst dann, wenn ich mal Unsinn sage oder Fehler mache. Das ist wie beim Fechten. Aus dem Stand heraus kann ich Impulse starten, Gespräche führen, reagieren.

Nach dem Ausfallschritt geht es zurück in die Grundstellung und ich warte mit einer offensiven Gelassenheit, was kommt. Wie kriege ich den richtigen Stand am besten hin? Wie stehe oder sitze ich richtig? Sowohl der neugierige Mensch, der sich eher nach vorn richtet, oder eher der sich Zurückhaltende, nach hinten gerichtet Agierende, beide Positionen sind nicht abzulehnen, beide sind nicht falsch! Doch es ist eine Ausgangsposition und keine Festhalteposition. In jedem Fall sollte man nach der flexiblen Balance suchen, die den Dialog befördert und den kommunikativen Austausch ermöglicht. Oft höre ich das berühmte „Brust raus“. Das ist nach meiner Erfahrung eine Festhalteposition, die häufig eine Hochatmung und durchgedrückte Knie hervorrufen. Sie behauptet eine Aufmerksamkeit, die sich nicht dauerhaft halten lässt.

Eine wahrlich aufgerichtete Zugewandtheit wird zuallererst aus dem länger anhaltenden Interesse am Gegenüber und dem Thema gespeist und aus einer wie oben beschriebenen beweglichen zentrierten Körpermitte. Diese erreiche ich, wenn ich meinen Stand so optimal ausrichte, das heißt, ich probiere, wie ich stehen oder sitzen kann, um in Bewegung zu kommen und zu bleiben. Wenn ich beispielsweise bemerke, dass sich ungünstigerweise mein Gewicht auf den Innenkanten der Füße befindet, sodass mein Brustbein fast wie von allein einfällt, ich kleiner werde und spürbar weniger Raum einnehme, dann verlagere ich das Gewicht auf die Außenkanten, entspanne die Zehen. Aufrichtung und Zuwendung werden spürbar und nutzbar.

Mit anderen Worten, lieber aktiv nach den Ursachen suchen, als um eine körperliche Behauptung kämpfen. Ich weiß, für Frauen mit hochhackigen Schuhen ist das herausfordernd, denn sie können schwerer verlagern. Aber das Bewusstsein für meinen Körper und das Wissen um seine Fähigkeiten, ermöglichen mir das Moderieren …

… und eben nicht die durchgedrückten Knie?

Durchgedrückte Knie sind wirklich harter Tobak, nach dem Motto: „Jetzt stehe aber mal gerade.“ Das endet im Hohlkreuz. Mit der damit einhergehenden erhöhten und kurzen Brustatmung kann ich nur wie ein steifer General mit überhöhter Stimme agieren. Da ist die Standbein-Spielbeinposition gar nicht so verkehrt. Sobald ich den Schwerpunkt aktiviere, will das Becken die gewünschte Aufrichtung leicht von ganz allein. Beckenknochen sind wie Scheinwerfer. Der

Körper organisiert sich. Und dann kann sich die Atmung vertiefen. Die Stimme kann wirklich Resonanz gewinnen, mitschwingen und bleibt flexibel. Kommt aber alles zueinander, dann ist es wie Kimme und Korn. Dein Standpunkt, den du mit den Füßen auf dem Boden einnimmst und den du vertrittst, verbindet sich mit deinem Schwerpunkt, deinem Präsenzpunkt, der über das natürlich aufgerichtete Brustbein in den Raum strahlt, deinem Blickpunkt, und ergeben insgesamt eine Einheit, mit der du das Publikum erreichst und den Raum füllst.

Ist es anders beim Sitzen?

Nein, grundsätzlich nicht. Auch hier gilt: Die Stimme muss frei sein. Dafür fächere ich mich innerlich und äußerlich auf. Ich quetsche mich nicht wie eine Zitrone in den Sitz oder sitze kerzengerade und verschrecke damit meine Nebensitzer. Sondern ich finde wieder meinen Mittelpunkt über die Erdung der Füße mit dem Boden. Dann kann ich mich frei bewegen, meinetwegen auch mit Momenten, in denen mein Rücken sich rundet. Ich kann mich ja jederzeit verändern, aufrichten, zurückgeben und mit dem ganzen Körper aktiv Raum geben oder nehmen. Damit definiere ich auch meint Verhältnis zu den Gästen und zum Publikum. So kommt es zu einer zentriert geführten kommunikativen Handlung, in der innere und äußere Haltung übereinstimmen.

Welche Rolle spielt die Gestik dabei?

Mit ihr kann ich steuern, das ist ein Pfund. Die Gestik ist kein extra Zierrat, der die Unterhaltung ergänzt. Sie gehört zu uns und ist Ausdruck unserer Persönlichkeit. Die Einheit von Körper und Stimme, die Gesamtheit aller mir zur Verfügung stehenden Gestik und Mimik fügen sich, gekoppelt mit Aussagen, zusammen zu einem Gestus, mit dem wir unsere innere Haltung für andere sichtbar, unsere Absichten kenntlich werden lassen und an andere gerichtet veröffentlichen, wie es Bertolt Brecht mal formuliert hat.

So verstanden, bedienen wir uns ihrer in angemessener Form. Natürlich gibt es Menschen, die zu größeren Gesten neigen und andere, die fast ohne Geste auskommen. All das ist in Ordnung, solange es für einen selbst stimmig erscheint und, wenn die Gesten einen Grund und ein Ziel haben, sie also Teil der kommunikativen Handlung sind. Versuche ich, mit Gestik zu gestalten, kann das zu skurrilen Entäußerungen führen. In einem relativ kleinen Raum mit einer Riesengeste à la Thomas Gottschalk zu agieren, erscheint dann schnell unpassend. Illustrierende Gesten erzählen nichts Wesentliches, man könnte sie auch weglassen und sich ergo abgewöhnen. Dann lieber nach stärkeren sprachlichen Bildern suchen.

Also: Die gerunzelte Stirn signalisiert Unverständnis, das neugierige Kinn richtet sich nach vorn, der Skeptiker drückt es an den Hals. Der schräggelegte Kopf signalisiert Zweifel. Alles das geht und darf man sich trauen. Ich darf mit dem ganzen Körper staunen, mit ihm hören, als Akteur Gestus wagen. Denn es sind handelnde Gesten und haben ihre Berechtigung. Es nutzt nichts, sich festzuhalten und im „Sprecherischen" zu bleiben nach der Devise „bloß nicht zu heftig auftreten". Das wirkt eher verkleinernd. „Nett sein" ist was Furchtbares, für mich jedenfalls.

Im Kapitel B sehen wir, wie Ingo Zamperoni (links) ein Podium im Stuttgarter Rathaus moderiert. Hier sieht man die Situation etwas näher. Stimmen bei ihm innere und äußere Haltung überein?

Absolut. Und das ist für fast zwei Meter große Menschen gar nicht selbstverständlich, weil sie oft mit ihrer Größe hadern, den Kopf einziehen. Bei ihm ist es einfach lässig. Er wirkt nicht dominant beim Moderieren, sondern er ist einfach da, in der Runde, aber mit einem Drittel auch dem Publikum zugewandt. Hier sieht man auch schön, wie er nach hinten seinen Rückraum nutzt und nach vorn einlädt. Er ist zugewandt, so ein bisschen wie auf dem Sprung. Das signalisiert innerliche Konzentration, aber auch: Ich bin körperlich da, ich bin bei euch allen. Er kann sofort reagieren.

Abb. 23: Innere und äußere Haltung stimmen überein.

Das ist eine atmende, unangestrengte und gelöste Präsenz, in der er sich mit seinem Körper zur Verfügung stellt. Mit dem Effekt, dass er den anderen den Raum lässt, den er sich aber in kritischen Momenten wieder nehmen kann, schnell und flexibel. Seine Karten in der Hand unterstützen das. Im Moment braucht er sie nicht und knickt sie sogar ein – er ist ganz bei den Diskutanten auf dem Panel. Er kann aber mit einer kleinen Handbewegung sofort draufschauen, wenn es ihm nötig erscheint. Das signalisiert dem Zuschauer Souveränität. Hier stimmt alles.

Wenn ich derart souverän auftrete, brauche ich mir über meine Atmung keine Gedanken machen – sie passt automatisch. Für viele aber wird Atmung schwierig, wenn sie öffentlich auftreten. Was kann man tun?

Unsere Atmung ist zunächst ein unbewusst gesteuerter Reflex. Wir können, Gott sei Dank, nicht einfach aufhören zu atmen. Erst im Zusammenhang mit dem Sprechen beschäftigen wir uns mit dem bewusst beeinflussbaren Teil der Atmung, den wir aktiv gestalten können. Der Atem verdeutlicht uns und anderen auch, wie sehr wir in eine Situation involviert sind. Atmen wir heftig, scheint uns das Thema wichtig. Sitzt die Atmung gefühlt knapp unterm Hals, sind wir nervös, angespannt oder stehen unter Druck, Stichwort „Lampenfieber". Spannend wird es, wenn wir beginnen, die Atmung als Mittel einzusetzen, beispielsweise, um eine differenzierte Stimme erklingen zu lassen. Ich kann Frequenz, Volumen und Rhythmus der Atmung bewusst verändern. Wir können beeinflussen, wie tief oder wie flach wir atmen. Mitunter passiert es, dass wir, wie beim Sport, aktiv einatmen. Sei es, um ein Gespräch zu eröffnen, sei es, um ins kommunikative Geschehen einzugreifen, sei es, um auf uns aufmerksam zu machen. In solchen Momenten hat es auch einen Grund und eine Funktion.

Doch vom Sprechen isoliertes, aktives Einatmen, ein nicht initiiertes Anatmen kann auch zum falschen Freund werden. Jeder von uns kann feststellen, dass, wenn er kräftig einatmet, eher die Lust verspürt, den Atem wieder gehen zu lassen, als zu sprechen. Jeder Atem braucht einen vorausgehenden Gedanken, einen Einfall. In dem Wort „Inspiration" steckt bereits die Doppelbedeutung: Einfall eines Gedankens und eben auch Einfall des Atems. Der Atem kommt zu uns, um den Gedanken zu entäußern. Demnach ist Sprechen eigentlich nichts anderes als lautes Ausatmen. Ich sage das so salopp, um den Zusammenhang zu verdeutlichen.

Unsere Atmung stützt und unterstützt den Prozess des Sprechdenkens. Es geht erst einmal darum, den Gedanken einströmen zu lassen oder hörend wahrzunehmen, was gesagt wurde, mit anderen Worten, mich beeindrucken zu lassen. Jedweder Eindruck kommt vor dem Ausdruck. Damit einhergeht der Einfall des Atems. Aus diesem Eindruck kann ich dann zu einem Ausdruck kommen, zur Sprache, zur Mitteilung. Es folgt der Impuls zur sprecherischen Äußerung, der auf dem Ausatemfluss basiert. Wenn du die Einatmung zu dir kommen lässt, dann hast du Lust zum Sprechen. Genau darum geht es ja.

Und es ist wieder ein Geben und Nehmen?

Ja, ich finde dieses so einfach scheinende Prinzip sehr wichtig, wenn man über Sprechatmung redet. Wir sind durch unseren Atemrhythmus geprägt und sollten schauen, dass wir uns auf die Atmung einlassen, die ein Gespräch oder ein Dialog von uns abverlangt. Dazu gehört auch, zuzulassen, dass unsere Gedanken und Gefühle und die Wahrnehmung über unsere Sinne die Atmung beeinflussen. Wenn wir das wissen, können wir entscheiden, ob wir das zulassen oder nicht. Kontraproduktiv wird es eigentlich erst dann, wenn ich vor Aufregung verhärte und der Atem mehr oder weniger versagt und ich gar nicht mehr agieren kann.

Mit gezielten Atemübungen und Techniken kann man viel erreichen. Klappt die Atmung, trägt die Stimme. Das ist wesentlich. Die Stimme ist der Träger der Emotionalität. Wenn die Stimme nicht frei fließen kann, klingt nichts durch. Die interessierte innere Haltung wird nicht hörbar. Es geht um eine Stimmkraft, die nicht das Lautsein meint, vielmehr meine Kraft und Energie übertragen kann. Das ist ein Unterschied. Zum Beispiel kann ich meinen Sohn in stressigen, hohen Frequenzen zuschreien, dass er vom Baum runterkommen soll und ernte nur Gelächter. Oder ich kann mit der Bitte, vom Baum herabzuklettern, den Körper einsetzen, dank der kombinierten Atmung meiner Stimme alle Resonanzräume öffnen und wesentlich unaufwendiger die Stimme hören lassen. Mein Sohn nimmt nun wahr, dass ich bewegt bin und mich notfalls auch zu ihm bewege, um ihn vom Baum zu holen. Die tieferen Frequenzen meiner Stimme verdeutlichen ihm, wie wichtig mein Anliegen und der Ernst der Lage ist und welches Gewicht ich in die Waagschale lege. Er wird herabsteigen.

Atmung erzeugt Stimme. Stimmt die Stimme, bin ich stimmig. Sie ist der vielleicht vornehmste Ausdruck unserer Persönlichkeit.

Kurz gesagt

- Verantwortung für die Körpersprache übernehmen.
- Körper ist keine „melancholische Verlustmasse".
- Das Äußere beeinflusst kommunikatives Verhalten.
- Körper zeigt unseren „persönlichen Habitus".
- Kommunikation bedeutet ganzheitliche Bewegung.
- Körpersprache und Stimme spiegeln Lebensrealität.
- Sprache ist die Verlängerung des Körpers.
- Körperliche Momente öffnen oder verschließen Türen.
- Nicht über Gefühle sprechen, sondern mit ihnen.
- Gerichteter Körperausdruck ermöglicht Ansprache.
- Körperlich zur Verfügung stellen, heißt, als Persönlichkeit sichtbar zu werden.
- Körper und Stimme wirken als „gestische Einheit".
- Gesten mit Grund und Ziel wirken kommunikativ.
- Sich selbst bewegen, um andere zu bewegen.
- Präsenz entsteht durch Standpunkt, Schwerpunkt und Blickpunkt.
- Die Kommunikation bedient Räume.
- Aus privater Stimme wird die öffentliche Stimme.
- „Wechselrede" ist Grundlage für ziviles Zusammenleben.
- Räume vor der Veranstaltung aneignen.
- „Brust raus" und durchgedrückte Knie sind Festhalteposition.
- Aus Balance der Mitte heraus kommunizieren.
- Innere und äußere Haltung in Übereinstimmung bringen.
- Sprechen ist nichts anderes als lautes Ausatmen.
- Klappt die Atmung, trägt die Stimme.
- Stimme ist vornehmster Ausdruck der Persönlichkeit.

ANHANG

X1 LITERATUR UND LINKS

Literatur

- Amberger-Thiel, Sabine: *Berufsfeld TV-Moderation.* Regensburg 2001
- Bauer, Joachim: *Selbststeuerung. Die Wiederentdeckung des freien Willens.* München 2015
- Boeser-Schnebel, Christian; Hufer, Klaus-Peter; Schnebel, Karin; Wenzel, Florian: *Politik wagen. Ein Argumentationstraining.* Frankfurt/M. 2016
- Borchardt, Alexandra: *Mehr Wahrheit wagen. Warum Demokratie einen starken Journalismus braucht.* Berlin 2020
- Brecht, Bertolt: *Der Nachschlag.* Thurø 1937
- Brinkmann, Janis: *Journalismus. Eine praktische Einführung.* Baden-Baden 2020
- Brosda, Carsten: *Diskursiver Journalismus. Journalistisches Handeln zwischen kommunikativer Vernunft und mediensystemischem Zwang.* Wiesbaden 2008
- Bryce, James: *The American Commonwealth.* Indianapolis 1995
- Buchholz, Axel; Schupp, Katja: *Fernsehjournalismus.* Wiesbaden 2020
- Burger, Harald; Luginbühl, Martin: *Mediensprache: Eine Einführung in Sprache und Kommunikationsformen der Massenmedien.* Berlin 2014
- Burkhardt, Steffen: *Praktischer Journalismus.* Oldenburg 2009

- Cappon, Rene J.: *Journalistisches Schreiben.* Berlin 2005
- Dong-Sik, Nick: *Camera Acting. Das Schauspiel-Training.* Köln 2019
- Duckwitz, Amelie: *Influencer als digitale Meinungsführer.* Bonn 2019
- Dunning, John: *On the Air: The Encyclopedia of Old-Time Radio.* Oxford 1998
- Eberhard, Fritz: *Der Rundfunkhörer und sein Programm. Ein Beitrag zur empirischen Sozialforschung.* Berlin 1962
- Fischer, Heinz-Dietrich: *Fernsehmoderatoren in der Bundesrepublik Deutschland. Top-Medienprofis zwischen Programmauftrag und Politik.* München 1983
- Friedrichs, Jürgen; Schwinges, Ulrich: *Das journalistische Interview.* Wiesbaden 2016
- Fritzsche, Silke: *TV-Moderation.* Konstanz 2009
- Haller, Michael: *Das Interview.* Konstanz 2013
- Häusermann, Jörg: *Journalistisches Texten. Sprachliche Grundlagen für professionelles Informieren.* Konstanz 2011
- Hermann, Inge; Krol, Reinhard; Bauer, Gabi: *Das Moderationshandbuch.* Tübingen 2002
- Herzog, Uwe: *Das Sprecherhandbuch. Ausbildung und Praxis bei Film, TV, Funk und Werbung.* Köln 2011
- Hoofacker, Gabriele; Kenntemich, Wolfgang; Kulisch, Uwe: *Die neue Öffentlichkeit. Wie Bots, Bürger und Big Data den Journalismus verändern.* Wiesbaden 2018
- Hoofacker, Gabriele; Meier, Klaus: *La Roches Einführung in den praktischen Journalismus.* Wiesbaden 2017
- Humboldt, Willhelm von: *Ueber den Dualis.* Berlin 1928
- Immel, Karl-Albrecht: *Regionalnachrichten im Hörfunk. Verständlich schreiben für Radiohörer.* Wiesbaden 2014
- Jacobshagen, Patrick: *Filmrecht im Kino – und TV-Geschäft.* Feldgeding 2011
- Jacobshagen, Patrick: *Filmrecht – die Verträge.* Feldgeding 2015

- Keller, Harald: *Die Geschichte der Talkshow in Deutschland.* Frankfurt/M. 2009
- Kellner, Hedwig: *Reden, zeigen, überzeugen.* München 2000
- Kiesele, Karin: *Überraschend anders fragen.* Paderborn 2022
- Kleist, Heinrich von: *Über die allmähliche Verfestigung der Gedanken beim Reden, Projekt Gutenberg.* 1805. https://www.projekt-gutenberg.org/kleist/gedanken/Kapitel1.html
- Krieger, Nicole: *Die Gastgebermethode.* Weinheim 2020
- Kurbjuweit, Dirk: Sagen, was ist 2023. In: *Spiegel*, Nr. 41/2023, 7.10.2023
- La Roche, Walther von; Buchholz, Axel: *Radio-Journalismus.* Wiesbaden 2016
- Lampert, Marie; Wespe, Rolf: *Storytelling für Journalisten. Wie baue ich eine gute Geschichte?* Köln 2021
- Leif, Thomas: *Die Talk-Republik.* Koblenz 2012
- Leonhardt, Rudolf Walter: *Auf gut Deutsch gesagt.* München 1986
- Liesem, Kerstin: *Professionelles Schreiben für den Journalismus.* Wiesbaden 2015
- Lynen, Patrick: *Das wundervolle Radiobuch.* Baden-Baden 2010
- MacIntyre, Alasdair: The Storytelling Animal. In: Di Leo; Jeffrey R.: *From Socrates to Cinema: An Introduction to Philosophy.* New York 2006
- Malek, Yvonne: *Die Morgenshow.* Köln 2020
- Mast, Claudia: *ABC des Journalismus. Ein Handbuch.* Köln 2018
- Mau, Steffen; Lux, Thomas; Westheuser, Linus: *Triggerpunkte. Konsens und Konflikt in der Gegenwartsgesellschaft.* Berlin 2023
- Meinert, Sascha; Stollt, Michael: *Alternative Dialog- und Diskussionsformate.* Berlin 2010
- Müller, Mario: *Charakterisierung und Vergleich der Kommunikationsform „gelesene Texte" und „freie Äußerungen".* Norderstedt 2001

- Neuberger, Christoph; Kapern, Peter: *Grundlagen des Journalismus*. Wiesbaden 2013
- Nünning, Ansgar; Zierold, Martin: *Kommunikationskompetenzen*. Stuttgart 2011
- Ordolff, Martin; Wachtel, Stefan: *Texten für TV. Ein Leitfaden zu verständlichen Fernsehbeiträgen*. Konstanz 2009
- Pawlowski, Klaus: *Sprechen, Hören, Sehen, Rundfunk und Fernsehen in Wissenschaft und Praxis*. München 1993
- Pörksen, Bernhard: *Die große Gereiztheit*. München 2018
- Pürer, Heinz: *Praktischer Journalismus in Zeitung, Radio und Fernsehen*. Konstanz 2004
- Reiners, Ludwig: *Stilfibel*. München 1963
- Reiner, Ludwig: *Stilkunst. Ein Lehrbuch deutscher Prosa*. München 2004
- Rossié, Michael: *Frei sprechen in Radio, Fernsehen und vor Publikum*. Wiesbaden 2016
- Rossié, Michael: *Sprechertraining*. Wiesbaden 2017
- Schnee, Philipp: *Französische Revolution: Der Bruch von 1789*. Deutschlandfunk Kultur, Köln 2014
- Ruß-Mohl, Stephan: *Journalismus. Das Lehr- und Handbuch*. Frankfurt/M. 2016
- Schmidt, Viola: *Mit den Ohren Sehen*. Berlin 2019
- Schneider, Wolf: *Deutsch für Profis*. München 2001
- Scheider, Wolf: *Speak German! Warum Deutsch manchmal besser ist*. Reinbek b. Hamburg 2008
- Schneider, Wolf; Raue, Paul-Josef: *Das neue Handbuch des Journalismus*. Reinbek b. Hamburg 2020
- Schulz von Thun, Friedemann: *Miteinander reden. Störungen und Klärungen*. Reinbek b. Hamburg 2014
- Seifert, Josef W: *Visualisieren – Präsentieren – Moderieren. Der Klassiker*. Offenbach 2011
- Straßner, Erich: *Ideologie – SPRACHE – Politik. Grundfragen ihres Zusammenhangs*. Tübingen 1987

- Snyder, Timothy: *Über Tyrannei. Zwanzig Lektionen für den Widerstand.* München 2023
- Steinlehner, Martin: *Qualitätsmoderation oder moderative Qualität. Eine empirische Vergleichsstudie zu Moderationen von Sport-Magazinsendungen im Fernsehen.* Münster 2005
- Tirok, Markus: *Moderieren.* Konstanz 2013
- Troesser, Michael: *Moderieren im Hörfunk. Handlungsanalytische Untersuchungen zur Moderation von Hörfunksendungen des Westdeutschen Rundfunks mit Publikumsbeteiligung.* Tübingen 1986
- Tucholsky, Kurt: Ratschläge für einen schlechten Redner. In: Tucholsky, Kurt: *Lerne lachen ohne zu weinen.* Berlin 1932
- Usinger, Johanna: *Einfach können – Gendern.* Berlin 2023
- Viernickel, Susanne: *Zur Bedeutung der professionellen Haltung in der pädagogischen Arbeit.* Heidelberg 2022
- Wachtel, Stefan: *Schreiben fürs Hören.* Konstanz 2014
- Wachtel, Stefan; Keil, Antje; Nicol, Clemens: *Sprechen und Moderieren in Radio, Fernsehen und Social Media.* Köln 2022
- Weisbach, Christian-Rainer: *Professionelle Gesprächsführung.* München 2015
- Weischenberg, Siegfried: *Medienkrise und Medienkrieg. Brauchen wir überhaupt noch Journalismus?* Wiesbaden 2018

Online-Quellen

t-online: *Zervakis bekam Geld vom Kanzleramt – neue Details.* 7.3.2023. https://www.t-online.de/nachrichten/deutschland/innenpolitik/id_100139472/linda-zervakis-ex-tagesschau-sprecherin-bekam-12000-euro-vom-kanzleramt.html [24.6.2024]

Links

- Bundeszentrale für politische Bildung: Alternative Dialog- und Diskussionsformate. 22.8.2010. https://www.bpb.de/die-bpb/partner/teamglobal/67707/alternative-dialog-und-diskussions-formate/ [24.6.2024]
- Bundesverband Schauspiel, Bühne, Film, Fernsehen, Sprache (BFFS): https://www.bffs.de/
- Institut für Moderation (imo): https://www.moderationzukunft.de
- Hochschule der Medien: https://www.hdm-stuttgart.de
- Produzentenallianz: https://www.produzentenallianz.de/
- Prof. Stephan Ferdinand: http://www.stephan-ferdinand.de
- Johanna Usinger: https://geschicktgendern.de
- ver.di FilmUnion: https://filmunion.verdi.de/

X2 SACHINDEX

F

G

H

I

J

X3 PERSONENINDEX

S

T

W

Z

X4 BILDNACHWEISE

- Autorenfoto (Innenklappe): Prof. Stephan Ferdinand, Hochschule der Medien, Florian Müller
- Abb. 1: Agora Landtag Baden-Württemberg, Stephan Ferdinand
- Abb. 2: *Kennedy Nixon Debate*, 7. Oktober 1960 by United Press International, eBayphoto frontback, Public Domain, https://commons.wikimedia.org/wiki/File: Kennedy_Nixon_Debate_(1960).jpg?uselang=de
- Abb. 3: *Internationaler Frühschoppen* 1956 WDR, v.l.: Dr. W. Wagner, Stephane Roussel, Werner Höfer, Jan Wintraecken, Terence Prittie und R.P. Dreyer
- Abb. 4: Prof. Ingo Zamperoni, Thomas Phu
- Abb. 5: Podiumsdiskussion des Pestalozzi-Fröbel-Verbandes e.V. (pfv) Berlin, Peter Erath
- Abb. 6: Podiumsdiskussion der Stadt Stuttgart, Anca Braedt-Lautmann
- Abb. 7: Podiumsdiskussion des Pestalozzi-Fröbel-Verbandes e.V. (pfv) Berlin, Peter Erath
- Abb. 9: Helene Reiner, privat
- Abb. 10: Roland Wagner, Carla Edelmann
- Abb. 11: Podiumsdiskussion des Pestalozzi-Fröbel-Verbandes e.V. (pfv) Berlin, Peter Erath
- Abb. 12: Podiumsdiskussion des Pestalozzi-Fröbel-Verbandes e.V. (pfv) Berlin, Peter Erath
- Abb. 13: ARD/WDR *Hart aber Fair*, „Was hilft gegen die extrem Rechten: zuhören, demonstrieren, verbieten?“, am Montag (5.2.2024) um 21:00 Uhr im Ersten. Moderator Louis Klamroth mit seinen Gästen: v.l.n.r. Mario Voigt (CDU, Vorsitzender im Landesverband Thüringen), Lamya Kaddor (Bündnis 90/

Die Grünen, Bundestagsabgeordnete und Leiterin der Arbeitsgruppe Inneres und Heimat) und Leif-Erik Holm (AfD, Bundestagsabgeordneter und wirtschaftspolitischer Sprecher der Fraktion). Foto: WDR Oliver Ziebe.

- Abb. 16: Martin Hoffmann, Athenea Diapouli-Hariman 2023, https://www.themomentkept.de
- Abb. 17: Podiumsdiskussion des Pestalozzi-Fröbel-Verbandes e.V. (pfv) Berlin, Peter Erath
- Abb. 19: Hadija Haruna-Oelker, Shore Mehrdju
- Abb. 21: Clemens Nicol, Bela Wendling
- Abb. 22: Prof. Cornelia Krawutschke, Bela Wendling
- Abb. 23: Podiumsdiskussion der Stadt Stuttgart, Anca Braedt-Lautmann

DIESE BÜCHER KÖNNTEN IHNEN AUCH GEFALLEN ...

Sprechen und Moderieren

in Radio, Fernsehen und Social Media

„Dieses Buch schätze ich seit über zwanzig Jahren. Jetzt ist es noch besser geworden."
René Borbonus

Autor*innen: Stefan Wachtel, Antje Keil, Clemens Nicol
ISBN 978-3-7445-2007-2

Radio machen

Wer Radio macht, ist Texter, Sprecherin, Reporter, Moderatorin, Interviewer, Technikerin und Journalist. Sandra Müller erklärt mit viel Kompetenz und Erfahrung die ersten Schritte dahin und wie man Anfängerfehler vermeidet.

Autorin: Sandra Müller
ISBN 978-3-7445-2092-8

Interviews führen

Ein gutes Interview informiert, unterhält und gibt etwas über die befragte Person preis. Was es dabei zu beachten gilt und was zu vermeiden, weiß der Autor aus eigener Erfahrung als regelmäßiger Interviewer. In seinem Buch gibt er sein Wissen weiter – so lehrreich wie nötig und so unterhaltsam wie möglich.

Autor: Christian Thiele
ISBN 978-3-7445-2088-1

Journalismus

Das Lehr- und Handbuch

Das Buch widmet sich der Praxis und dem journalistischen Handwerk, lässt aber auch Erkenntnisse der Journalismus- und Medienforschung mit einfließen. Für alle, die im Journalismus Fuß fassen möchten, aber auch für Profis.

Autoren: Stephan Russ-Mohl, Tanjev Schultz
ISBN 978-3-86962-544-7